人文社科
高校学术研究论著丛刊

青少年社会适应研究

周　云　谢念姿　吴　莹　著

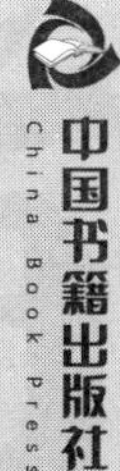

中国书籍出版社
China Book Press

图书在版编目 (CIP) 数据

青少年社会适应研究 / 周云，谢念姿，吴莹著 . --
北京：中国书籍出版社，2020.12
ISBN 978-7-5068-8321-4

Ⅰ. ①青… Ⅱ. ①周… ②谢… ③吴… Ⅲ. ①青少年
– 社会生活 – 适应能力 – 研究 – 中国 Ⅳ. ① D432.64

中国版本图书馆 CIP 数据核字（2021）第 010198 号

青少年社会适应研究

周 云 谢念姿 吴 莹 著

丛书策划 谭 鹏 武 斌
责任编辑 李 新
责任印制 孙马飞 马 芝
封面设计 东方美迪
出版发行 中国书籍出版社
地 址 北京市丰台区三路居路 97 号（邮编：100073）
电 话 （010）52257143（总编室） （010）52257140（发行部）
电子邮箱 eo@chinabp.com.cn
经 销 全国新华书店
印 厂 三河市德贤弘印务有限公司
开 本 710 毫米 ×1000 毫米 1/16
字 数 264 千字
印 张 14.75
版 次 2021 年 10 月第 1 版
印 次 2021 年 10 月第 1 次印刷
书 号 ISBN 978-7-5068-8321-4
定 价 72.00 元

目 录

第一章　青少年社会适应的理论……………………………… 1

第一节　适应与社会适应的概念………………………………1

第二节　社会适应的理论………………………………………9

第三节　青少年社会适应的影响因素……………………… 25

第二章　人口统计学对青少年社会适应的影响……………… 35

第一节　社会适应在人口统计学变量的差异……………… 35

第二节　家庭教养方式在人口统计学变量的差异………… 41

第三节　学校氛围在人口统计学变量的差异……………… 46

第四节　青少年自我控制能力在人口统计学变量的差异……… 52

第五节　青少年应对方式在人口统计学变量的差异……… 57

第六节　青少年疏离感在人口统计学变量的差异………… 62

第三章　家庭因素对青少年社会适应的影响………………… 68

第一节　父母积极教养方式对青少年社会适应的影响……… 68

第二节　父母消极教养方式对青少年社会适应的影响……… 75

第四章　学校因素对青少年社会适应的影响………………… 84

第一节　教师支持对青少年社会适应的影响……………… 84

第二节　同伴支持对青少年社会适应的影响……………… 89

第三节　自主机会对青少年社会适应的影响……………… 95

第五章　个体因素对青少年社会适应的影响……………… 101

第一节　自我控制能力对青少年社会适应的影响………… 101

第二节　应对方式对青少年社会适应的影响……………… 107

第三节　疏离感对青少年社会适应的影响………………… 113

第六章　家庭因素对青少年社会适应的影响机制………… 119

第一节　积极教养方式对青少年社会适应的影响：
积极应对的中介作用……………………………… 119

第二节　消极教养方式对青少年社会适应的影响：
消极应对的中介作用…………………………………… 125
第三节　积极教养方式对青少年社会适应的影响：
自控能力的中介作用…………………………………… 130
第四节　消极教养方式对青少年社会适应的影响：
自控能力的中介作用…………………………………… 136
第七章　学校因素影响青少年社会适应的机制………………… 142
第一节　教师支持对青少年社会适应的影响：
自控能力的中介作用…………………………………… 142
第二节　同伴支持对青少年社会适应的影响：
自控能力的中介作用…………………………………… 150
第三节　自主机会对青少年社会适应的影响：
自控能力的中介作用…………………………………… 158
第四节　教师支持对青少年社会适应的影响：
应对方式的中介作用…………………………………… 166
第五节　同伴支持对青少年社会适应的影响：
应对方式的中介作用…………………………………… 174
第六节　自主机会对青少年社会适应的影响：
应对方式的中介作用…………………………………… 182
第八章　家校共育对青少年社会适应的影响…………………… 191
第一节　父母教养方式和教师支持对青少年
社会适应的影响………………………………………… 191
第二节　父母教养方式和自我控制能力对青少年
社会适应的影响………………………………………… 201
第三节　校园氛围和自我控制能力对青少年
社会适应的影响………………………………………… 209
参考文献…………………………………………………………… 219

第一章 青少年社会适应的理论

良好的适应和社会适应是青少年发展与成熟的重要标志，也是社会心理学、发展心理学、社会学等诸多学科研究的核心内容。遗憾的是对于适应和社会适应的概念目前心理学界还没有形成较为统一的认识，学者从多个角度提出了自己对适应或社会适应的认识与界定。本章将对社会适应的概念、理论等方面进行阐述。

第一节 适应与社会适应的概念

一、适应的概念

(一)生物学视角的适应概念

适应(adaptation)首先来自于生物学的概念。生物学认为适应是生物特有的普遍存在的现象。它一般包含两种基本含义：第一种含义，生物的结构大都适合于一定的功能，在生物的各个层次上都显示出结构与功能的对应关系。第二种含义，生物的结构与其功能适合于该生物在一定的环境条件下的生存和繁殖。生物学上的适应主要指第二种含义上的适应。

生物对环境的适应可以现象型适应和基因型适应两种方式来完成。在第一种情况下，现象型对环境的反应规范，在自然情况下可以因环境条件的不同而作出调节。在第二种情况下，需经遗传特殊化来完成适应作用，基因型的改变可与新环境形成一种新的反应规范，而原有的方式则无法适应这一环境。基因型适应也叫遗传型适应，它是自然选择的结果。现象型适应也叫非遗传型适应，这种在短时间内进行的形状和功能的适应，并不具有基因遗传的特性。

（二）心理学视角的适应概念

总体而言，心理学家都认为适应是个体与环境交互作用中所表现出的动态平衡的过程。适应可以说是个人与环境的互动关系，也可以说是个人以及环境双方的要求，取得了协调一致时的状态。适应是个人借用各种各样的技巧与策略，来掌握应对生活中不同挑战的一种过程。适应是一生的历程，其中包含如何应对所遭遇的危机与压力，并实现目标与达成成果，适应既是历程，也是目的。具体可以从以下几个方面理解心理学视角的适应概念。

第一，适应是个体终生维护心理平衡的持续过程。个体无须付出太高的代价去应对一个具有一般性以及可预期性的环境。适应是一个持续的过程，适应并非一个静止的状态，而是不断调整的行为，也可以是每日、时时刻刻的行为。正常的适应表现应该包括：随时确定以及重新确定压力的来源；当时的反应方式；所采用的处理行为等三个方面。适应需要维持内心的平衡。适应可以使人很舒适地从事均衡协调的工作以及休闲娱乐活动，从而使生活获得满足。适应配合一般性及可预期性的环境。适应并非是指被动的适应态度，而是指有些压力情况短暂的且会导致良好的结果，所以可忍受。但当一个困境已经形成长期性，或变得难以忍受，或许付出代价过高，则必须做相应的选择、调整或者改变。而一个具有一般性及可预期性的环境是指：在社会层面上，一切情形对其成员是常闻易见。对个人而言，是指合乎自己的原则又符合社会规范。另外，一般性及可预期性的环境也包括给予与接受的层面。

适应无须付出太高代价。适应压力是要付出代价的。在正常的适应过程中，减少对压力的反应，应该是不会过度牺牲生活或以后行动上的自由选择。

第二，适应是个体与环境的互动，是一种双向的过程。适应体现的是个体与环境的互动关系。个体在与环境的相互作用中，通过不断调整自我身心状态，使身心与现实环境保持和谐一致，从而达到认识环境、改造环境、发展自我的目的。适应的心理机制主要包括三个环节，即对环境的认知、构筑自己的价值观念、用新的价值观念指导调节自身的需求、动机和情绪，达到与环境的和谐一致，从而达到适应的目的。有学者指出适应是指社会系统和它们的环境打交道，这个问题可以被区分为两个方向：一是社会系统必须对环境所强加的现实要求有一种顺应；二是积极的情景改造过程。耶鲁大学的斯腾伯格在20世纪90年代开创性地提出了人类智力的三元理论，即智力该从经验（处理问题的方法的多寡）、情境（所处的环境）和成分（解决问题的能力）三个方面去考虑，把适应提高到了智力理论研究的水平。

第三，适应是个体成熟与发展中非常重要的一种标志。皮亚杰的发生认识理论认为对环境的同化或顺应就是一种动态的适应过程。适应是主体对环境的作用（同化）与环境对主体的作用（顺应）的均衡。他认为同化是将一定的刺激纳入主体已有的图式，当主体遇到不能以原先的图式来同化新的刺激情境时，便要对它加以修改或重构，以适应变化的环境，但只有当同化和顺应的交替发生处于一种均势时，才能保证主体与客体结构之间的互动作用达到某种相对稳定的适应状态。皮亚杰也认为，适应是智力的本质。个体的每一个心理反应，不管是指向于外部的动作，还是内化了的思维动作，都是一种适应。适应的本质在于取得机体与环境的平衡。适应重要的是个体对自己所处的环境作出判断，发挥积极能动作用，并在可能的情况下，改变某些客观条件。因而，适应是一个积极能动的过程。如果机体与环境失去平衡，就需要改变行为以重建平衡。这种不断的平衡→不平衡→平衡→……的过程，就是适应的过程，也就是心理发展的本质和原因。

二、与社会适应接近的概念

个体的社会适应状况是通过个体与社会环境相互作用的行为活动而实现的，社会适应也是通过其行为表现出来的，故研究社会适应就要研究适应行为。从相关文献可以发现，社会适应、社会适应能力、社会适应行为，三者的内涵基本一致。

（一）适应行为

Grossman 在 1973 年把适应行为定义为：个人承担起他所在文化群体中对他这个年龄期望承担的个人及社会责任的程度。Evans（1991）把适应行为看作是个体适合给定位置的能力，以及适应环境要求而改变自己行为的能力。

适应行为最有影响的定义是心理学家 Heber 在 1961 年代表美国智力落后者协会提出的。他认为适应行为是指个体适应生活环境中的各种自然要求和社会要求的效能。到了 1983 年美国智力落后者协会对适应行为又进行了新的定义，认为适应行为是个体达到人们期望与其年龄和所处文化团体相适应的个人独立和社会责任标准的有效性或程度。个体适应自然与社会环境的有效性,即个体处理日常生活和承担社会责任,涉及交往、自理家庭生活、社会技能、社区的利用、自我定向、健康与安全、实用性学业、休闲生活和工作等技能领域的适应行为。2002 年美国智力落后协会对适应行为作了更进一步的说明,认为个体的适应行为是其在日常生活中所习得的社会和实践技能。明显的适应行为的缺失会影响个体的日常生活。

社会适应行为是个体适应环境的一种外在的行为表现,关注的是心理变化所导致的行为特征是否符合社会环境的变化要求。社会适应行为往往可以用适应性来说明,适应在社会心理学和社会学中指社会或文化倾向的转变;在进化理论中指任何具有生存价值的结构或行为的改变。社会适应性主要指个体面对社会环境的变化,能主动改造坏境以适应自身的需要,或能改造自身以适应环境的要求,从而使自己保持良好精神的一种状态。社会适应性更强调了个体在适应社会环境与变化过程中内在的心理特点和人格特质。社会适应性是人们适应社会所需要的心理素质,是个体在与社会环境的交互作用中,以追求与社会环境维持和谐平衡关系的过程。了解和研究个体的社会适应状况,其中就包含了在适应过程中个体的心理变化、人格特质以及行为表现等。

(二)社会适应能力

社会适应能力与适应行为具有等同性。社会适应行为,早先称为社会适应能力,指的是个人独立处理日常生活与承担社会责任达到与他的年龄和社会文化条件所期望的程度。其研究最先源于有关智力缺陷、智力落后的诊断标准的探讨。有心理学家把社会适应能力等同于适应行为。最典型的代表是 Doll(1953)提出的定义。他认为,社会适应能力是指人类有机体保持个人独立和承担社会责任的机能。这个定义后来演变成 20 世纪 60 年代至 90 年代美国智力落后者协会对适应行为的定义,其内容包括身体发育、语言发展、生活自理能力、经济活动自主、就业前工作表现、责任心、自我管理等。这种定义的外延是很宽的,实际上是把对自然环境的适应能力也包含在社会适应能力的概念中。不过,在 20 世纪 90 年代初,这种定义受到了一些学者的批评。批评者认为在美国智力落后者协会的定义中缺少与社会适应能力真正有关联的项目,如社会认知、人际交往技能等。狭义的社会适应能力是指人际交往或社会性技能。例如,Siperstein(1992)指出,适应行为中所包含的社会性技能会随着年龄的增长而发生数量和性质上的变化，这些变化反映了社会适应能力的发展。他认为，社会适应能力的关键成分就是建立并保持良好社会关系的能力。

社会适应能力是个体在与社会生存环境交互作用中的心理适应。对社会适应行为最先展开研究的是利兰和科恩，他们对社会适应行为的现象以及概念提出了自己的看法，他们都认为社会适应能力是个体在与社会生存环境交互作用中的心理适应，即对社会文化、价值观念和生活方式的应对。社会适应能力是个体心理与环境保持平衡的能力。社会适应能力是指人适应外界环境、赖以生存的能力，也就是说人对付和适应周围自然环境和社会需要的能力。社会适应能力首先指的是适应能力，即个体在与环境相互作用的过程中主动调节自身的机体和心理状态，使之与环境保持平衡的能力；其次，它是应对社会环境变化的一组复杂的技能。概括地说，社会适应能力是指个体为了满足社会环境的要求而逐渐学会独立地掌握社会规范、正确地处理人际关系、学会自我控制与调节，从而有效地适应社会生活的能力。

社会适应能力是个体心理成熟与发育的主要标志。社会适应能力是个体心理成熟与发育过程中同社会生活环境交互作用中一种非常重要的能力，它对个体适应与应对环境变化以及调整和挖掘已有的心理资源都十分重要。社会适应行为也可以被看成是个体适应社会环境的有效性，是个体社会生活能力水平的表现，即个体独立处理日常生活和承担社会责任，达到其年龄和所处社会文化条件所期望程度的能力。社会适应行为包括适应良好与适应不良，后者指个体与其生活环境和社会文化不协调的状况。总之，社会适应能力是一个从较概括的层面上提出的概念。由于不同的社会环境和文化对不同年龄的个体提出的要求存在很大差异，因此，在社会适应能力的研究中需要探讨个体所在的社会坏境和文化对不同年龄个体可能提出的要求，分析和评估个体应该掌握的和已经掌握的各种社会性技能。

三、社会适应的种类

（一）文化适应

文化是人类在社会历史发展过程中所创造的物质财富和精神财富的总和，它包括价值观、伦理道德、宗教、美术、艺术、风俗等。文化既有个性也有共性。不同的文化造就了不同的个性。各种不同的文化又有一些共同特征，这些文化共性反映了人类共同的生物本能，反映了人类应付物质和社会环境的共同需要。在个体从诞生由自然人向社会人过渡时,就打下了所在民族文化的烙印。个体要适应环境与社会,就是要适应社会的文化,如遵守该社会的法律制度、有强烈的民族认同感与归宿感、有共同的价值观和信仰、维系一定的社会关系、保持一定的生活习俗或习惯。当个体从一个社会群体迁移或跨越到另外一个社会群体时,文化冲击或文化震撼就出现了,也就是当一个人从一种文化和物质环境转到另一种文化和物质环境时,会在心理感受、举止行为,乃至生理等方面发生震动与失调现象,要达到最终新的文化适应,就要从了解新群体的生活习俗、制度规范和行为观念开始调节、克服文化冲突,达到文化适应。

(二)职业适应

职业适应是指一个人从事某项工作时必须具备的生理、心理素质特征,也是指人与职业之间在社会与经济活动中达到相互协调和有机统一的程度。它是在先天因素和后天环境相互作用的基础上形成和发展起来的。一般职业适应指从事一般职业所需的基本生理、心理素质特征。特殊职业适应指从事某一特定职业所需具备的特殊生理、心理器质特征。一个人对职业的适应程度如何,主要取决于其自身的基本素质。人在适应职业的过程中居主导地位并发挥主要作用,而职业对人的要求则是以其不断变化的工种、岗位、技能等要求人与之相适应,实际上,每个人与所从事的职业之间既有相适应的一面,又有不适应的一面,二者之间的适应是一个渐进的过程,只能在不断磨合的过程中达到和谐与统一。同时,人的个性特征与其职业活动之间又是相互作用、相互联系的,若是不能发挥主观能动性,再好的职业也无法适应,所以,在工作实践中不断培养与强化和职业要求相适应的个性特征,对任何人都显得尤为重要。

(三)学校适应与学习适应

学校适应是一个广义的多维概念。研究者认为学校适应是在学校背景下运用技能和能满足自己需要的程度,儿童可被描述为学校行为适应良好和适应不良。学校适应不仅指学生的学校表现,而且包括学生对学校的情感或态度及其参与学校活动的程度。Ladd 的定义被大多数研究者所采纳,他认为学校适应就是在学校背景下愉快地参与学校活动并获得学业成功的状况。学校适应早期研究主要集中考察学生的辍学率、缺勤率,后来又以考察儿童的学业成绩、学业进步为重点,强调学生的认知技能的获得;而现在大多数研究针对学校背景下的学业、人际、行为和情感方面的适应。学习适应是指学生主动调整自己身心状态以与学习环境要求相符合的过程,包含学生、学习环境与改变三个部分。学习适应性是学生在学习过程中主动调整和应变,适应学习环境的能力倾向。在个体走向社会成熟之前,个体的学校生活与学习就是社会适应和社会化的重要途径。而学习适应是学校生活中最重要的内容,主要涉及学习中积极的自我改变、学习应对策略的把握、不良学习习惯的改进等方面。在小学阶段,良好的学习习惯和学习兴趣是学习适应的核心;初中阶段,学习方法和学习策略的把握是学习适应的重要内容;高中阶段明确的学习目标和强烈的学习动机是学习适应中必不可少的;大学阶段,对专业的认同度与专业学习技能则是进入良好学习状态的关键。

(四)人际关系适应

人际关系是社会关系的基础和基本单位。学会与人打交道是个体走向成熟和社会化的重要标志。良好的人际关系不但可以提高个体的心理健康水平,也有利于社会适应。从人际关系的种类看,有亲子关系、夫妻关系、同事关系、上下级关系、邻里关系以及业务伙伴关系等。良好的人际关系和人际适应不是与生俱来的,而是需要不断的学习和训练。相反,紧张的人际关系往往是团体缺乏合作与信任、个体比较自我中心以及缺乏交往的技能造成的。因此,在人际适应中,积极开放的心态、高度的责任感与信任感,以及开阔的胸怀等都是必要和必需的。

(五)心理适应

心理适应是社会适应的核心。心理适应是指当外部环境发生变化时,人们通过自我调节系统做出能动反应,使自己的心理活动和行为方式更加符合环境变化和自身发展的要求,使主体与环境达到新的平衡的过程。这说明,心理适应是伴随着环境的变化而出现的,由于人们的生活环境(包括自然环境、心理环境和社会环境)经常处在不断的变化之中,因此,每个人在学习和生活中都会产生不断适应新环境的需要。从这个意义上说,适应是人的一种基本需要,是人一生中随时都要面临的任务,也是人应当具备的一种基本素质。

积极的心理适应是个体在客观环境中积极主动地调整自己与环境的不适应行为,增强个体在环境中的主动性、积极性,使自身得到发展。任何环境中都存在着有利于个人成长的积极因素和不利于个人成长的消极因素。积极的适应是要正确地分析自身的特点及环境的特点,从这二者的分析中找到自己的优势和成长点。相反,消极被动的心理适应,往往是个体在耗尽心理资源或缺乏必要的心理准备时出现的,此时个体会缺乏自信、目标感缺失和出现心理倦怠等。在心理适应的过程中,个体的自我价值认同、自我同一性的健全等都是心理适应的重要指标。自我同一性是反映社会影响和自我建构的心理社会结构,也是内在自我之间以及自我与环境之间的平衡,是现实自我、真实自我和理想自我之间一致性关系的体现,是自我与社会文化环境相互作用的适应性反映。因此,从文化的角度来看,心理适应的本质就是个体自我同一性与社会环境的平衡和谐统一。

四、社会适应的过程

社会适应是一个动态的发展过程,个体在一个环境的发展过程中总是处于由不适应到适应,再由适应向不适应的转变过程。一般来说,在一个新的或陌生的环境中,个体的社会适应过程一般会经过以下几个阶段。

(一)紧张敏感期

在社会适应初期,个体对新环境的文化、规范、行为方式等还不熟悉,需要学习和了解。此时个体往往在新环境中是比较兴奋和紧张的,对周围的刺激和变化等比较敏感,会产生一定的适应压力,要极力地去调整自身的心理资源,去努力顺应环境的要求以及变化。在这个过程中,个体的适应状态是比较被动的,但是随着自身心理资源和社会支持系统的调用,适应的状态会逐步好起来。相信自己、努力学习是该阶段的应对策略。

(二)调整适应期

这个时期是个体社会适应比较稳定和状态良好的阶段。个体对环境的变化、外在的要求、自我的认识与评价达到了统一与和谐的程度。在此阶段,个体的潜力和能力都能够得到很好的发挥,人际关系良好,做事的心态积极主动,学习或工作成绩比较稳定或突出,各种社会资源与支持系统得到充分的挖掘与利用,心态健康,社会适应良好。个体社会适应是否稳定与持久,同周围环境的变化、个体积极主动地自我成长、工作、学习的要求以及社会支持系统的维系等都有关系。与时俱进、主动应对是该阶段的主要适应策略。

（三）麻木顺从期

长期稳定的生活或学习状态容易使人产生适应疲劳和心理倦怠，同时对环境的变化缺乏敏感，心理上会比较麻木，对环境的变化和外在的要求由适应逐渐走向顺从。这个阶段是个体由适应走向新的不适应的一个转折时期。这个阶段个体的适应状态会慢慢开始下降，对工作或学习的要求开始倦怠和不适应，若不加以及时调整，新的不适应就会发生。正所谓“学而不思则罔，思而不学则殆”，居安思危、寻求改变、不断学习是该阶段的主要适应手段。

（四）危险与重新适应期

社会适应是一个动态发展与不断平衡的过程，当环境发生重大变化，而个体的心理资源与社会支持系统得不到充实时，就容易产生适应不良或心理应激。在一些突发事件（如地震、企业裁员、失学、失恋等）出现时，个体会产生瞬时的适应不良或创伤后应激障碍（PTSD, post traumatic stress disorder）。创伤后应激障碍，是指突发性、威胁性或灾难性生活事件导致个体延迟出现和长期持续存在的精神障碍。社会不断发展与更新、工作学习要求不断变化、生活环境起伏变化，会对个体的社会适应能力提出新的要求，当个体的能力不能够满足这些要求时，新的不适应就出现了。积极应对、重新调整自我是该阶段的主要适应策略。

第二节　社会适应的理论

个体的发展就是人格成熟的过程，不断适应社会的过程。适应就是危机解决的过程。当个体面临压力时，就是人格面临挑战的时刻，个体就会利用已有的心理资源和社会支持系统应对环境和社会的各种压力。社会适应是个体的人格特征与环境相互作用的结果，包含三个基本组成部分：个体、情境、改变，这是社会适应的中心环节。在有关适应的理论中，很多都把社会适应和成长危机的解决看成是人格发展与适应的过程。下面将简单介绍社会适应的相关理论。

一、皮亚杰的适应理论

(一)皮亚杰的适应理论概述

皮亚杰从个体认知发展的一般意义上首先探讨认知适应的问题。皮亚杰认为,有机体需要尽可能获得和维持自身组织结构的平衡,当自身组织结构处于平衡状态时,有机体才能提供与外在环境相互作用的有效方式。而当有机体自身或环境变化需要改变这种基本组织结构时,有机体就会处于不平衡状态。他认为,个体是通过图式的操作运算来维持平衡的。所谓图式,就是个体头脑中的动态的认知组织结构。首先,儿童通过感知运动图式的操作运算来维持自身结构的平衡;然后在将来不同的发展阶段,依次采用表象图式、具体运算图式和形式运算图式来维持自身结构的平衡。而个体通过图示操作达到平衡,以及个体认知图式的发展变化都需要经由认知适应的过程。认知适应就是个体因环境变化而不断改变自身认知结构以求得内在认知结构与外在环境经常保持平衡的过程。认知适应包括两个具体的过程:同化和顺应。所谓同化,就是主体将外部刺激信息直接纳入现有的认知结构中,以现有的认知结构来解释外来新信息的过程。所谓顺应,就是个体现有的认知结构无法解释和包容外来的刺激信息,于是只有通过改变和调整现有的认知结构,以使其能够解释新的外在刺激信息,从而达成环境的新的平衡状态。个体的平衡状态就是通过同化和顺应这两个过程达成的。当然,这种平衡状态不是一劳永逸的,也不是绝对静止的。一个水平的平衡状态会成为下一个水平的不平衡过程的开始。如果有机体与环境之间的相互作用失去平衡,就需要改变环境或改变自身来重建平衡。这种平衡→不平衡→平衡……的动态变化过程就是皮亚杰所谓的认知适应过程。

(二)皮亚杰适应理论的深入阐释

皮亚杰关于适应的心理机制的研究具有划时代的意义。不过国内有研究者认为,在肯定皮亚杰同化和顺应的两个过程适应理论的同时,也应该指出,用同化和顺应两个过程来解释适应的心理过程过于简单。在解释社会适应中一些复杂的社会适应过程时有必要对此做出进一步的说明。于是,结合认知心理学和社会心理学的有关理论,有研究者认为,心理适应的内部机制和过程包含认知调节、态度转变和行为选择三个环节,其中认知调节又可以分为外部评估和内部评估两个方面。

认知调节。认知调节是适应过程的起始阶段,包括两个方面,一是外部评估,是指主体对变化了的外部环境及其对自身发展所具有的影响作用进行全面了解并作出新的判断的过程,主要任务是确定外部环境中发生了哪些新的变化,提出了哪些新要求,这些变化和要求对自身发展具有哪些影响,在此基础上能应对发展中遇到的困难作出准确的判断,对新的角色期待形成正确的理解和把握。二是内部评估,是指主体在对外部变化做出正确判断的基础上,对自身内部状态进一步的了解与判断,具体包括对因外部变化引起的内部不平衡状态的估计,对适应现象的归因分析,对已有经验的检索与比较,对原有行为方式应对效果的审视与判断等。从外部评估到内部评估是认知调节的必然过程。

态度转变。认知过程的变化必然会引起情绪体验的变化,同时也会导致行为意向发生相应的变化。当认知、情感和行为意向也发生了变化时,也就意味着引起了态度的改变。态度的转变是内在心理动力系统与外显行为反应之间的中介调节过程,这是适应新环境的变化,保持和恢复心理平衡的一种心理背景条件。态度的形成和转变意味着个体已经完成了心理动力系统转变过程,也为行为选择和行为适应提供了准备,一旦实现条件成熟,随时可以引发现实的行为过程。

行为选择。接下来的行为选择就是对原有行为方式的调整和改变。这种过程毫无疑问是以上述认知调节和态度改变为基础的,受到个体思维方式和态度倾向的直接影响。行为选择是上述认知调节和态度转变的外在执行过程,也是心理适应的行为外化。它影响到对整个适应过程的实际效果。这个过程中,同化与顺应这两种调节方式始终发挥着作用。面对内外环境的复杂性和行为效果的多重可能性,主体的判断和选择不可能一次性完成。所以这个适应过程多次重复,循环往复,直至达到新的适应状态。

皮亚杰的适应理论较好地解释了适应的本质,国内的研究者基于皮亚杰适应理论的对适应的内部过程的进一步分析具有相当的合理性,它们为我们理解社会适应的心理机制提供了一个最基本的理论框架。不过,社会适应是基于一般的心理适应过程的,它还需要对促进社会适应的一般心理动机机制进行分析;社会适应也是指向人际社会环境的,于是它也需要分析个体与人际社会环境的互动过程。总之,社会适应过程是在认知心理适应的基础上进行更为复杂和综合的个人—社会环境的互动过程。

二、Taylor 的认知适应理论

(一)Taylor 的认知适应理论概述

Taylor 认为,研究极端的应激事件或情境中,个体适应的心理机制可能更具有健康心理学上的价值。通过文献分析和临床调查,发现许多个体在遭遇重大挫折(如个人疾病或亲人亡故)时都会在认知上做出努力去尽可能恢复到先前的生活质量和主观幸福感状态。于是他提出认知适应的概念,试图来解释在极端的应激事件或情境中的个体的积极心理过程。作为调节压力、改善个体健康水平的心理变量,认知适应不同于应激情境下的应对策略和应对风格等行为变量,也不同于有些研究者界定的压力应对的人格变量(如坚韧性人格),它是从认知的角度上来界定的,特指个体在威胁性事件或情境下的积极认知构建过程以及由此形成的积极的认知信念和态度倾向。

通过对临床病人的访谈, Taylor 等人分析他们对严重疾病事件的适应和调节过程来提出认知适应理论,并构建了该理论的框架。他认为对健康危机事件的认知适应主要包括三个认知主题,探究事件的意义、尝试重新获得对该事件乃至个体生命的控制感和通过自我提升来重建自尊。

探究事件的意义。探究意义过程起源于对事件原因及其影响的探究。个体在遭遇重大生活事件尤其是出乎意料的打击或挫折时,往往会有这样的疑问:为什么会发生这样的事?这件事情对我有什么影响?起初, Heider 和 Kelly 对人们归因心理做了经典的论述,他们认为,人们都有一种基本的心理动机,即通过因果归因以了解、预测和控制他们所在的环境。Taylor 认为,在面对重大压力事件时,人们的归因心理倾向更加强烈和明显,而且,基于原因归因的意义探究过程具有导致心理功能恢复的重要价值。所谓探究意义,就是通过理解事件发生的原因,然后弄清该事件的重要性,也理解它对个人的生活意味着什么样的一种认知上适应努力过程。Taylor 通过对癌症病人的调查发现,通过探究意义的过程,个体会构建新的生活态度和价值观念。比如普通人经常在意的家务事、日常人际摩擦等世俗琐事,而在他们看来已经完全不重要。他们此时更看重与配偶、孩子、朋友的关系,更关注个人的计划,更愿意享受平淡的生活。

尝试重新获得控制感。心理研究认为,控制感是人们的一种基本的内在动机,这种动机表现为人们对自己行动能力以及对事件和环境的影响力的信念。罗特的控制源概念和班杜拉的自我效能感概念从正面阐述了控制感对人的重要性，塞利格曼的“习得无助感”概念则从反面阐述了失去控制感可能给个体带来的严重后果。Taylor 也认为，在人们面对重大事件的冲击时，控制感具有重要的心理调适功能。遭遇不期而至的打击，人们可能会感觉对当前处境乃至整个生命都失去了控制从而产生心理上的挫败感，甚至导致身心崩溃。此时，个体被驱动着在可能导致其控制感丧失的环境下重建控制感。首先，个体会唤起试图控制事件或情境的心理动机。其次，个体也会采取行动措施，控制压力事件或情境，这些包括沉思、想象、自我催眠、积极思考等。这些努力和措施都是旨在重新构建自己对事件或情境控制的信心。Taylor 认为，控制感对个体的积极作用不仅表现在真实的控制中，非真实的控制对于个体也是非常重要的。处于应激事件的个体往往会夸大自己的控制感，就好像处于赌博情境中的个体常常以为结果是他们可以控制的一样。这种控制感也是所谓的“控制错觉”。比如在癌症病人中，虽然患者得到的关于患病原因的结论不一定是正确的，他们得到的关于控制疾病发展的方法也不一定是有效的，但是这些结论和信息给予他们控制感，使他们有了重新活下去的信心。在这里，Taylor 的“虚幻控制观念”的基本含义在于，仅仅从主观上相信对事件具有控制，而非采取了实际的控制行为并获得效果，也可以减轻不良事件的消极影响，并有利于个体心理功能的恢复甚至超常发挥作用。

自我提升。自我提升是指通过对极端威胁事件做出反应，试图进行认知建构来重建自尊。在遭遇危机事件时，即使可以把事件发生的原因归结于超出个人控制范围的外部因素，个体的自尊仍然会受到损害，因为它挑战了以前所持有的自我价值感、能力和控制。此时个体试图通过认知评价上的努力来恢复和增强自尊。众多研究表明社会比较有利于增强自尊。Taylor 通过调查也发现，寻求认知适应的个体更倾向于采用向下比较来进行自我提升，即跟比自己处境更差的人相比以获得自尊。事实上，只要我们选择合适的比较内容和角度，每个人都可以比别人更好。值得注意的是，向下比较可以使个体自尊免受损害，却并不会妨碍个体选择榜样进行模仿。这是因为，人们挑选的比较对象往往是遭遇了危机或挫折的个体，但通过自己的努力最终获得成功的调整。这种认知加工方式已经得到了证实。Taylor 等指出，个体运用积极的方法（如积极错觉）比较有类似遭遇的榜样人物，也可以更好地对自我价值感进行重构。

上述三个认知适应过程也最终可以达成有利于个体心理功能发挥和发展的心理结构。探究意义的过程旨在达成乐观态度，重建控制感的过程自然是获得控制感，自我提升的努力过程在于获得自尊。三个核心的认知结构成分不仅是衡量个体适应和健康的终极性指标，同时作为中介调节变量,也是个体应对压力事件,促进积极的动机、推进创造性工作,达成主观幸福感和健康状态的有效心理资源。上述认知适应是建立在积极的"认知错觉"基础上的,也就是说,对极端应激事件的成功调节在很大程度上依赖于个体积极的认知错觉的能力。一般的心理学观点认为,心理健康要求个体与现实保持亲密接触,判断个体心理是否健康的主要标准是看他对自身及现实环境是否具有准确的知觉。然而,某些错觉可能有利于心理健康和幸福体验,尤其是积极错觉,如超出实际的自我评价和乐观。这种积极的错觉尽管与现实并非完全符合,却具有广泛的认知、情绪和社会功能,它能让个体保持愉悦的心情,甚至有利于创造性工作的开展。尤其在个体遭遇极端的消极事件时,如果个体能够适度歪曲或调整与自我有关的感知觉,就可能改变其所处的不利情境,实现对事件的成功适应。

(二)认知适应理论的新进展

有些研究者认为认知适应理论不仅适用于极端的威胁性事件或情境中,也可以用来解释日常生活中人们的心理调适现象。首先,根据认知适应理论,在日常的现实生活中,人们也维持关于自我的积极知觉,即人们并非以一种客观的态度观察和评价自己,而是以一种积极的有利于自身的方式观察和评估自己。这可以从以下的研究例证获得支持,我们总是过高估计自身的积极品质,过低估计自己的消极品质。我们倾向于更容易记住自己的积极态度和表现,而不是消极的态度和表现。我们总是倾向于把成功归因于自己而把失败归因于周围的环境。其次,认知适应理论的第二个重要成分是一个人对外在环境具有控制能力的主观信念。许多研究证实,人们在一些不能控制的事件中也表现出强烈的控制倾向。比如在一些随机控制的博彩游戏中,人们明显地实施控制行为,表现出对主观期望结果的责任感。也有研究表明,对机遇性任务,正常人比抑郁患者具有更强的控制知觉。最后,认知适应理论的第三个成分,即乐观倾向也大量地表现在人们的日常生活中。人们总是相信当前的情况要比过去好,将来比现在更美好。即使不能得到事实验证,也有这种乐观倾向。人们总是预想自己比他人有更多的机会经历积极的事件,如获得称心的工作,得到更高的薪水,有一个更高天赋的孩子;与此同时,人们也认为他们自己有更少的机会碰到不幸的事情。由此可见,认知适应的三个基本心理过程,在正常人的日常生活中也是普遍存在的,也就是说,认知适应的心理机制并非仅仅是针对特殊人群和特殊情境下的特殊心理适应机制，而是能够针对普通人群和一般生活情境的通用的心理适应机制。

后来，有研究者进一步分析了认知适应心理机制发挥适应和健康功能的心理动力过程，发现个体的认知适应过程可能对其心理健康状态有很大的影响。无论是在威胁性事件和情境中，还是在日常的生活适应情境中，那些能够保持乐观心态，不断获得控制感，并且积极看待自我的人更容易达到心理健康的状态。但是，认知适应过程并非直接作用于心理健康状态，而是通过自我定向的动力过程发挥作用。在这里，自我定向动力主要包括内在动力和自主调节两个方面，它们主要表现在，行动来自于个人的乐趣和满意感，也来自于个人的自主选择，而不是为了获得外在奖励、逃避惩罚或者干脆缺乏心理动力。具体说来，首先认知适应过程促进自我定向的动力过程。也就是说，那些积极看待自己、相信自己对事件或情境具有控制力和对未来持有乐观态度的人倾向于激发自我导向的动力过程，在行为上表现出更多的自主性、自娱性和成就动机倾向。然后自我导向的动力过程导致心理健康状态。具体来说，由内在动机和自主调节支配行动的个体表现出更多的活力、生活满意感、积极情感和创造性，对生活充满希望，更少自杀念头。这些积极的面貌在人际关系、运动休闲、工作和学习中均有明显的表现。

三、进化心理学关于适应的理论观点

适应是进化心理学的核心概念，进化心理学对人类适应环境、解决适应性问题的心理机制进行了详细而全面的解释，同样，进化心理学也对人类适应环境、解决适应性问题的心理结构进行了独特而详细的探索。进化心理学认为，人类可能拥有的适应的心理结构就包括心理机制、心理动力倾向、个体差异等。

（一）灵活的心理机制

心理机制是指有机体拥有的一组加工过程，它包括输入信息、决策规则和输出结果等关键的组成部分。这里特别强调，作为适应结构的成分的心理机制不像严格的"本能"那样通过稳定不变的行为表现出来，它具有诸多的灵活性特征。所有的心理机制都需要特定的输入信息才能被激活，心理机制的设计本身就具有对环境刺激信息的依赖性。

心理机制对环境的适应性和灵活性通过个体决策规则系统表现出来。决策规则是由"如果……那么……"语句构成的程序，比如"如果看到一条蛇，那就赶紧逃跑吧"，或"如果我喜欢的那个人对我表现出兴趣，那就对他(她)微笑并向前靠近”。对于大多数机制来说,其决策规则至少包含几种可能的选择方案。比如,在遇到毒蛇的例子中,你可以选择用武器攻击毒蛇,或站立不动等着毒蛇自己溜走,或者直接逃命。一般来说,心理机制越复杂,它的反应选择也就越多。基于决策规则的特殊性、复杂性和多样性,人类拥有大量特异的功能性心理机制,于是人类的行为才表现出很好的灵活性和适应性。这正如木工的工具箱,木工之所以能够做到灵巧自如,并不是因为他拥有一种用于切、磋、锯、旋、拧、转、刨、量、锤等功能的高度一般性工具,而恰恰在于他拥有大量专门化的特定工具。这与我们通常的直觉完全相反。我们通常认为,如果有大量具体的心理机制,那么行为一定变得非常死板,然而实际情况恰恰相反。我们拥有的机制越多,我们能够执行的行为范围也就越广,所以我们行为的灵活性就会越好。

不过,也有进化心理学家认为,除了存在大量的特殊性的心理机制外,人类还进化少数领域一般性的共同心理机制,比如一般智力、概念形成、类比推理、工作记忆以及经典条件反射等。有些研究者认为,领域特殊性的专门化心理机制用于解决反复出现的、特殊的适应性问题,而领域一般性的共同心理机制则用于处理新颖的、不可预测的和非常易变的问题。

(二)基本的心理动力倾向

基本的心理动力倾向是人类本性的基本要素,也在人类适应环境的过程中发挥重要的作用。当然,关于决定人们行为动力来源的基本心理倾向,不同的心理学家有不同的看法。弗洛伊德认为是性本能,马斯洛认为是自我实现倾向,阿德勒认为是对卓越的追求,沙利文认为是对人际关系的协调处理。而进化心理学认为,人类动机是人类解决适应性问题的力量来源,它们应该构成人类适应性心理结构的重要组成部分。基于进化分析的角度,人类动机主要包括对地位的追求、交配动机、养育动机、普遍的情感等方面的重要成分。也有研究者认为,这些人类动机还包括发展友谊关系、帮助亲戚的愿望、形成和加入较大联盟的动机等。

进化心理学还进一步从进化发展的角度解释为什么这些动力成分具有适应的功能。比如对地位的追求,它是人类普遍具有的动机,也在高级动物身上存在着。它的适应功能就非常明显。首先,在那些个体之间彼此密切联系的物种中,如大猩猩中,存在着地位的高低等级,地位高的个体比地位低的可以获得更多的繁殖机会。因为它们可以优先获得繁殖所需要的资源，也可以优先获得理想的配偶。其次，跨文化研究证据和历史证据表明，地位高的男性，如国王、皇帝、专制君主等一般都会运用他们的地位去霸占更多的女性，从而拥有更多的繁殖机会，由此，高地位的获得可以循环性地带来繁殖成功率的增加，那么自然选择就会形成对地位的追求这样一种动机。进一步分析发现，人类对地位的追求这种动机存在性别差异。这同样可以从两性在长期的环境适应过程中反复面临不同的适应问题中得到解释。在人类历史的进化过程中，男性与女性在繁殖后代的过程中承担的功能不同，女性承担着更多的必需的抚养责任，而男性承担着提供抚养资源（包括安全和食物）的责任。于是男性有更强烈的愿望通过提高地位来获得更多的资源，从而获得与更多女性交配的机会。由此，我们可以推断，男性对地位的追求比女性更强烈。

进化心理学还认为，那些为解决有机体生存和繁衍问题的基本心理倾向，如目标、动机、奋斗、情感、愿望等，在其解决具体的适应问题时其表现形式也是有领域特殊性的，而不是可以普遍迁移的。这些动机和情感形式在同一种群中，甚至在一系列的种群中都是普遍存在的，但是它们却都是被设计来用以解决特定的适应问题的。因此，我们可以抽象出具有普遍含义的动机和情感形式，但是从其适应功能角度来说，又是可以分为很多具体类型的。以嫉妒情感为例，嫉妒是被设计用来解决配偶保持问题的一种普遍情感。当个体所重视的恋爱关系或性关系被认为受到威胁时，就会激发出嫉妒情感。这种情感接着又会驱动相应的动机行为来减少这种威胁。嫉妒驱动的动机行为包括从警惕到暴力，有三种潜在目标：击退同性竞争者；劝诱自己的配偶与自己保持已有的关系；在劝诱自己的配偶的同时增强自己对配偶的价值。尽管嫉妒不恰当使用以及由此所产生的保持配偶的动机策略在适应功能上有时不会成功，但是，一般说来，在进化的过程中相对于不激发嫉妒动机的人来说，激发嫉妒动机的人更可能获得成功。

（三）重要的个体差异

从进化心理学角度看，哪些人格特征能够成为人格结构中最重要的、最基本的维度，就要看这些人格特征是否对个体的适应有重要的价值。因此，我们可以推断，那些与个体生存和繁殖有关，进而可能影响到个体的资源获得、群体合作和生殖策略选择的人格特征是人格结构中的基本维度。有研究者认为，控制力、友善和情绪稳定性三种人格特质与个体的配偶选择非常相关。控制力强、为人友善、情绪比较稳定的男性容易得到女性的喜欢，有助于这样男性获得更多、更好的女性配偶，从而有利于他们获得更多的繁殖机会。于是，这样三种人格特质就是人格结构中的基本维度。不过，其他人格研究者也发现了类似的基本人格维度：外向性（相当于控制力维度）、合作性（相当于友善维度）、神经质（相当于情绪稳定性维度）。但是，只有进化心理学解释了为什么这些人格特质是人格结构中的重要维度，并且为进一步寻找其他的重要人格维度提供基本思路和筛选标准。

人格结构的五因素模型是公认的最全面、最稳定的人格结构模型。而从进化心理学角度分析，这五个基本的人格要素也是个体适应环境的重要心理资源，可能有助于个体表现出各种有效的适应策略。面对各种适应性问题时，外向型人格特征有助于个体选择社会支配性的策略，宜人性人格特征有助于个体选择与他人进行合作的策略，责任感人格特征有助于个体选择遵守纪律、勤奋努力和踏实工作的策略，情绪稳定性人格特征有助于个体选择压力耐受和从压力中有效恢复的策略，智力特征有助于个体运用开放心态和创造性认知的策略。

四、社会心理资源关于适应的理论观点

进化心理学主要探讨个体在一般情境下的适应性心理结构，那么社会心理资源主要探讨当个体被置于应激情境下时，个体需要什么样的适应性心理结构才能渡过难关，达到健康状态和积极幸福状态。起初，个体适应的社会心理资源观源于对“二战”后人们的心理状态的观察和分析。有研究者发现，有些人由于经历了战争而导致严重的心理病理性后果，而有些人却形成了抵抗灾难和逆境的心理弹性。美国心理学家 Caplan 亲身经历了战争的灾难，并于战后在饱受战争苦难的以色列长期工作，他对有些人在经历战争灾难后仍能维持良好的心理健康状态留下了深刻的印象。他推断，个人的掌控感和社会支持可能促使这些人渡过灾难和维持健康状态的关键因素。后来 Sarason 进一步从理论上分析，人们的心理健康状态和主观幸福感状态可能依赖个体在社会生态环境下有效利用资源的渠道。如果个体在心理上感觉他们失去了利用各种资源和团体支持的途径，他们可能更容易受到压力的伤害。基于这些早期的研究，后来许多研究者提出了压力状态下个体适应的社会心理资源的结构和功能的观点。

(一)关键心理资源的理论

这个理论认为,所谓关键的心理资源就是那些能够充当管理功能的心理资源,比如自我效能感。那些拥有关键心理资源的个体更容易选择、改变和操作其他心理资源去满足压力事件和情境的要求。近年来,首先受到广泛关注的关键资源是与控制有关的心理资源,诸如内在控制、掌控、自我效能等心理结构。不过,自我效能受到最多的关注。起初,班杜拉强调针对具体情境、具体活动任务的特殊自我效能,后来也有研究者认为,个体身上也存在跨越各种情境和领域的一般自我效能。而无论是自我特殊效能还是一般自我效能,作为一种个体主观上感知的控制力量,作为一种心理动力的来源因素,它的动员其他心理资源的适应功能也得到广泛验证。

另一种受到广泛关注的关键资源是 Caver 和 Scheier 提出的性情乐观。所谓性情乐观,就是一种稳定地相信自己在生活中将会体验到好的结果的倾向。根据 Caver 和 Scheier 的观点,性情乐观就是一种对结果的积极期望,而且这种期望可以泛化到各种情境中,并在长时间内保持稳定。常识性道理告诉我们,人们只有在看到目标是可以得到的,并确信自己的行为将产生所期望的结果时才会去为目标而奋斗。于是我们可以推断,性情乐观也是一种管理和调动其他心理资源的关键心理因素,性情乐观者比性情悲观者花更多的努力去预防伤害,花更多的心力去应对压力和疾病,从而能够更好地达到适应和健康状态。大量的证据表明,性情乐观与更好地应对相关联。Scheier 等对心脏搭桥手术的一组男性患者进行了追踪调查。在手术后的第一周,乐观主义者比悲观主义者恢复得更快,并更早地起床下地活动。6 个月后,乐观主义者就基本能够正常地工作和锻炼了,而悲观主义者则需要花更长的时间才能够达到正常状态。对此,研究者的解释是乐观主义者应对风格更具有适应性。甚至在手术之前,乐观主义者就开始为未来做计划,制定目标,而悲观主义者则更重视自己的情绪感受。

第三种引起注意的关键心理资源就是自尊。所谓自尊,就是个体对自己整体上“做人”是否成功的自我评价。如果觉得自己做人很成功,得到了他人的尊重,于是也会产生高自尊;如果觉得自己做人很失败,得不到他人的尊重,就会导致降低自尊。自尊作为自我的核心变量,在外在的压力刺激和个体的身心反应之间发挥着重要的中介调节作用。这种作用集中体现在个体感受到来自外界的消极的评价性反馈时。有研究认为,在面对挫折和失败时，毫无疑问所有的个体都会不高兴。但是，只有低自尊者才会自我感觉很差，产生内疚、愧疚。自责的情绪体验也倾向于把失败或挫折作为自我能力归因，从而从整体上认为自己缺乏胜任特征。而高自尊者却不会自我感觉很差，也不会把失败和挫折归因于自己能力低，而只是认为自己缺乏某些能力，或在某些方面做得不够好。因此，高自尊者比低自尊者对未来有更积极的预期，也表现出更为持久的坚持性，并且行动更努力。也就是说，在这里自尊作为一种关键心理资源，其管理和调动心理资源去适应和应对积极的社会情境功能也是非常明显的。除此之外，还有研究者提出其他的关键心理资源，比如目标追求、社会支持等。起初，研究者基本上是从独立研究的角度提出这些关键心理资源的概念的，但是，后来有研究者综合分析这些关键心理资源时发现，这些核心的心理结构其实在某种程度上存在重叠和交叉。掌握感、乐观主义和自尊之间的相关程度很高，它们可能构成一个更为综合的心理结构。

（二）多重成分心理资源理论

多重成分心理资源理论主要有两个：内聚感理论和人格坚韧性理论。两个理论都提出了一个具有适应性功能的心理结构，这些心理结构又由几个子成分构成，而且它们可能分别发挥不同的适应性作用。内聚感理论认为，人们的内聚感包括三种成分：（1）一个人常能预测其未来的感觉；（2）从个人生活的重要方面导出意义的能力；（3）自我维护的效能感。内聚感不同于自我效能感和控制感。控制感不仅决定于内部力量，也可能决定于外部力量，比如上帝、政府和命运；而内聚感则完全决定于内在力量所导出的个体在时间上和空间上的连续性。研究者认为，这种整体一致的感觉对于个体体验主观性幸福和把握适应机会是非常重要的心理结构。

人格坚韧性理论认为，这种人格坚韧性结构也包括三种成分：承诺、控制和挑战。承诺，是指个体对生活的目的和意义的感知倾向；控制，是指相信命运掌握在自己的手里；挑战，是指个体对压力事件与自身利害关系的认知倾向。这种理论认为，个体能否适应和应对压力情境，并得到恢复和发展，最关键的是个体是否拥有看待压力的基本信念，即他不是把压力情境当作损失或威胁，而是看作收获和成长的机会。他们认为，具备人格坚韧性的人倾向于拥有这种态度和观念。坚韧性强的人好奇心强，总能在自己经历中发现乐趣和意义（承诺），他们相信自己的言行具有影响力（控制），而且他们也认为变化是生活的常态，是个体成长的动力（挑战),无疑,这些核心信念和倾向对于个体在压力应对中的成长起着关键作用。

(三)整合资源模型

这种理论基本观点是,我们可以把心理资源看作是利用其达到适应、健康和幸福等终极性状态的一个更宏观的心理动力过程的一部分。具体说来,整合资源模型有三个观点,首先,更宽泛地观察心理资源而不是把目光锁定在某些特殊的资源上;其次,面对压力挑战时,把资源改变看作影响个体健康和幸福的关键操作机制;再次,在促进和维持健康与幸福的过程中,拥有可靠的心理资源库是至关重要的。有多位研究者提出了整合资源模型的观点。

Lazarus 和 Folkman 在其压力的交互作用模型中,通过资源的核心角色来界定压力的含义。他们认为,当个体认识到环境刺激可能耗费其自身资源或者个人的资源无法满足环境刺激的要求时,个体就会感受到压力。另外,个体对自身是否拥有足够的应对压力的资源的评估也影响到个体应对行为的选择以及其后的适应结果。其次,French 与其同事在强调整体心理资源适应过程中的作用时,并不单纯地看重资源本身的数量和特征,而是特别强调个体自身心理资源与其所面对的特定压力环境拟合性。只有满足了特定压力刺激环境要求的心理资源才是真正有效的心理资源,才能真正发挥适应和应对的功能。因此,根据这个资源和模型,有些资源在某些情境下是有效的,而到了另一个不同的情境下,面对不同的环境要求,这些资源可能是无效的,甚至是消极有害的,比如在那些明显由外在力量引起,而个人的意志完全无能为力的挫折情境中,个人控制感因素反而不利于个体的调整和适应。

另一个非常重要的整合资源理论是 Hobfoll 的资源守恒理论。这个理论用资源损失来界定压力。当个体把资源投资出去而没有得到适当的回报时,或者当个体把可能投出去的投资得不到适当回报视为损失掉的预期的新资源时,个体就会产生压力体验。根据 Hobfoll 的观点,人们拥有一个有价值的资源库,他们也试图努力地保存和保卫资源库中的资源。这些资源可以是物质资源,如汽车、住房、衣物等;可以是反映个人目前生活状况的条件资源,如较多的亲戚朋友、完美的婚姻、稳定的职业、显赫的地位和权力;也可以是个人的人格素质,比如积极的世界观、工作技能、杰出的社会交往能力;还可以是其他能量资源,如金钱、信用或知识。凡是对个人有价值的东西都可以构成个人的资源,成为个人适应和应对压力的有效工具。这个理论实际上也用类似于经济学的观点来看待压力。人们总是不断地获取资源,保存资源,并用它们来获取更多的资源。当市场使你的资源价值呈下降趋势时,或者当某些刺激事件消耗掉你的部分资源基础时,就产生压力体验了。资源守恒理论虽然非常宽泛界定资源的外延,而不仅把适应性资源限定在个人自身的心理方面,但是,它也借鉴前面的 Lazarus 和 Folkman 的观点,强调个体主观上的认知评价对资源以及资源损失的标准的确定。另外,这个理论从经济学角度把个人的资源库看作社会交换环境不断变化的动态结构,无疑为从资源积累和开发角度干预压力症状提供理论支撑。

尽管基于社会心理资源的观点看待社会适应的心理结构有许多不同的观点,它们的差异表现在关于资源成分及其构成上,也表现在关于资源的适应功能的心理机制上。不过,有研究者认为,这些不同的观点所指出的不同资源(包括条件资源、物质资源、社会资源和个人资源)还是具有以下共同的要素:第一,人们都会努力去获得、保留、保护和培育各种适应资源,包括生理、心理和社会等各个方面的资源。第二,拥有更多资源的个体更少可能受到压力事件和情境的消极影响。第三,拥有更多资源的个体更能够解决内在的压力问题,进一步说,拥有更多资源的个体可能也倾向于拥有更多满足特定环境要求的特殊资源。第四,面对压力情境时,拥有的资源结构更优化的个体较少可能受到资源消耗或资源损失的消极影响,他们更可能找到一些替代资源,保持自身的资源平衡。第五,各种资源之间是相互关联的,因此,拥有坚实资源库的个体一般能不断地充实自己的资源结构。第六,资源的功效是长期的,资源对压力的影响也是长期的。第七,资源具有价值特征,它们的功效受到个体所处文化环境的价值观念的影响。

五、我国学者的适应理论

社会适应是一个复杂的概念,我国学者陈建文(2001)认为社会适应应当包含社会适应性、社会适应过程和社会适应功能三个方面,尤其强调社会适应的心理过程及其内部心理机制。将社会适应过程看成在特定的生活情境中,个体控制和理解生活情境,应对情境压力,调适心理状态,从而达到与生活情境保持和谐关系和平衡状态的过程。个体从自我的自在状态进入一个需要与之交互作用的社会情境系统,并最终达成社会适应状态,要经历心理发动环节、评估比较环节、内容操作环节、适应评价环节四个环节。

（一）心理发动环节

在社会适应的过程中，首要问题是个体是否具有进入一定社会情境，并与之互动的主动性和积极性。如果个体被迫进入某些不得不面对的压力情境，那么其首要问题就是个体是否能以积极的姿态面对压力情境。于是，社会适应首先要解决适应社会的积极性或心理动机的问题。起初，个体在未进入社会情境之前，个体自身的资源是一种自在状态，个体的心理需要处在一种潜在状态。在进入一定的社会适应情境时，响应情境的要求，个体的心理需要就会被激发出来，个体的心理能量也会指向一定的目标。因此，个体对社会环境的适应过程，心理需要和心理能量的激发是第一个环节。所谓社会适应的心理发动环节，就是个体潜在的心理需要和心理能量在一定的社会情境下被激发为指向一定对象和目标的心理过程。

（二）评估比较环节

在社会适应的心理发动环节，解决了社会适应的心理能量或心理资源的准备工作之后，个体就进入社会适应的具体情境。个体在遭遇外部需要适应的情境时，一般分为两种情况：一种是个体被动遭遇突然而来的外在应激情境；另一种是个体主动参与某些社会情境，从而发生与社会情境的交互作用。无论是主动参与还是被动遭遇，当个体身处社会情境之中时，个体会自觉地在心理上参与社会情境。此时，个体自然而然地产生控制和理解所处周围情境的需要，以便预见他人的行为，预期情境的变化方向。近来也有研究者认为，个体与周围情境发生关系时，其初始的应对行为是设法理解、预测和控制外部环境，然后才是对自我内部的调节和控制。个体能否进行有效的外部控制，成为社会适应和压力应对的优胜者。一方面取决于个体是否在客观上真正拥有控制环境和应对压力的有效的身心资源，另一方面取决于个体是否从主观上相信自己具有控制环境和应对压力的能力，即是否具备充分的自我效能感。自我效能感是个体能否进行有效的外部控制的关键心理因素。那么，个体的自我效能感来自哪里？根据班杜拉的观点，个体的自我效能感是领域性的、情境性的、活动性的，而不是特质性的、稳定性的、一般性的，那么不存在脱离情境和任务的预设的自我效能感。自我效能感产生于个体面对具体社会情境时。个体能否产生自我效能感，以及自我效能感的程度如何，就取决于个体与社会情境的针锋相对的较量或比较情况。这就是所谓的社会适应的评估比较环节。

有研究者认为这个评估比较过程通过两种认知成分来执行,第一种认知成分是初级评估,即个体对外在社会环境压力的评估,判断自己面对着外部环境的威胁和危险的性质和程度。很显然,在这里外在刺激事件的性质对个体的评估影响很大。一些真正威胁性的事件可能会左右个体的认识而对个体造成很大心理上的伤害,比如失业、破产、亲人的亡故等。概括起来,外在的事件是否真正左右个体的认知评估,取决于外在刺激因素的熟悉性、可控制性、可预测性等三种特征。第二种认知成分是次级评估,即个体对自身资源的评估,判断自己是否有足够的资源来战胜环境的威胁和危险。如果我们认定某种压力是我们无法应对或抵抗的,我们就会体验到威胁感,从而产生"自我应验现象",认定自己一定会失败,从而产生消极的情绪;如果认定我们能够抵抗某种压力,我们就会体验到挑战感从而产生高昂的斗志和积极的热情。个体通过上述二级评估,才能得出结论,自身与外在环境相比,是具有优势,还是处于劣势。如果有优势,就会产生自我效能感,于是积极有效地实施外部控制;如果是劣势,就会产生无助和失控感,转而进行内部控制和自我调节,通过改变自己来适应社会。

(三)内容操作环节

在个体与社会情境的起始比较心理优势感基础上,通过对自身资源有效发动后,个体的社会适应就进入了如何采取适当的适应和应对策略有效地应对外在压力,适应外在情境的行动阶段,即进入了所谓的内容操作环节。在这个阶段,个体的社会适应具有什么样的内容,个体应该采取什么样的行动策略等,都具有很多变数。首先,个体适应环境的行动策略有很多变数,个体根据所要适应的社会情境的具体内容采取相应的行动策略。一般情况下,在熟悉的情境,人们倾向采取主动积极的行动策略,在陌生的情境,人们倾向于采取被动消极的行动策略。另外,在面对同样的社会情境时,不同的人也会采取不同的行动策略。比如面对同样的困难,有的人会积极主动地应对,而有的人则采取消极逃避的行动策略。其次,个体适应社会的具体操作内容有许多变数。对于每个人来说,在既定的时刻上,他们要进入的社会适应领域是不一样的。比如,对于刚进入大学的新生来说,他们的适应内容就是如何融入全新的大学学习生活环境,对于即将走向社会的大学毕业生来说,他们的适应任务就是如何适应就业环境,迎接来自工作的挑战。不过,从总体上观察,还是可以概括出青少年共同的适应任务和适应领域的。

（四）适应评价环节

经过社会适应的具体操作的行动策略的选择和行动计划的执行，其结果如何，是决定个体是否需要继续保持与特定适应领域的这种相互作用关系的决定性因素。在社会适应的过程中，个体必然都会经历适应性的自我评价阶段，即所谓的社会适应的适应评价环节。个体对适应状况的自我评价之所以成为其社会适应过程的重要环节，基于以下两个方面的原因：第一，个体的自我评价集中表现在个体与社会环境互动的适应过程中。众所周知，自我认识是人类的本质属性。没有自我认识这一概念，人类行为的许多方面都是无法解释的。而人类的自我认识来源于人类社会的形成和发展过程中，人类成员的自我认识则形成和发展于个体的社会适应的过程中。个体只有与社会情境互动，才能渐渐形成自我认识。同样，个体的自我认识活动也集中表现在个体与社会情境的互动过程中。第二，在社会适应的情境中，个体的自我认识是个体自我调节以及进一步与社会情境进行互动的基础。尽管也有一般意义上的自我认识（比如自我图式），但是，大多数的时候，个体的自我认识都是具体的。即个体的自我认识基本上会以近期自身与社会情境的互动情况来作为认识的内容，把自己放在具体的社会适应情境中来进行自我审视。经由自我审视，个体才会采取自我调节的策略来适应个体与社会情境的新型关系。许多研究者都认为，个体在新的社会情境中的自我调节是个体适应社会的重要过程，而自我调节过程则是以自我认识作为开端的。可见，个体以自我认识作为基础的适应评价过程是一个必然的，也是一个重要的适应环节。

第三节　青少年社会适应的影响因素

压力、家庭环境、受教育方式和身心特点等都会影响到个体的社会适应。本节将从压力、社会支持、家庭环境等方面阐述青少年社会适应的影响因素。

一、压力对社会适应的影响

（一）压力概述

从某种意义上讲，压力和适应是一对矛盾体，压力既会促进适应，也会导致适应不良,也就是说,适度的压力对个体的社会适应是有积极意义的,关键是,对于同样的压力事件,每个人的感受会随年龄、身心特点、文化背景、经济基础、应对方式、心理资源的不同而不同。所以个体对压力的认知和评价,对压力的应对与适应关系紧密。

压力是指任何引起身体及情绪不愉快的事件。所谓不愉快反应,可能是身体的不舒服,也可能是情绪上的不愉快。心理学中把压力也称作应激。随着研究的深入,现代应激理论认为,应激是个体面临或察觉(认知、评价)到环境变化(应激源)对机体有威胁或挑战时做出的适应和应对的过程。根据上述各种定义,可以知道应激的产生应包括应激源、中介变量和心理、生理反应三部分,任何来自于环境、社会、工作和生活的压力均能使个体处于躯体或心理上的应激。但这些刺激物不能直接引起应激,在刺激与反应之间还有很多的中介变量。中介变量主要包括个体的认识评价、应对方式、社会支持、自控性、个性特征以及个体的健康状况等。

压力对个体的影响有积极的,也有消极的,这与压力的大小有关,即适度的压力可以让个体保持一定的警觉状态,积极主动地调动心理资源,去适应环境;过低的压力,会使个体的心理状态低迷,反应缓慢,出现被动的适应环境,缺乏进取心;而压力过重,会让个体无法应对或出现逃避心理,导致适应不良。塞里将压力分为四种:过度压力、过低压力、快乐的压力以及不好的、痛苦的压力。对于不同的压力,应保持均衡的态度,一方面避免长期经受过度的压力,另一方面不要畏惧压力,因为克服困难或者挫折能够使人成长和快乐。对压力的适应除了与压力的大小有关外,还与压力的性质有很大的关系。压力并不都是痛苦的,也有快乐的,这与个体的主观感受和认知有很大的关系。如,当压力和个体成长目标紧密联系在一起时,在目标的达成过程中个体对压力的感受就是快乐的。当面临困境,无法摆脱,而且会对个体的发展产生不利影响时,就是一种痛苦的压力。快乐的压力有利于个体的社会适应,而痛苦的压力会妨碍社会适应,甚至会导致个体的人格障碍。

(二)压力的反应与适应

压力出现时,首先是一种心理刺激,个体要通过自己的经验、认知水平对压力的大小和性质等进行评估,并产生一定的心理、身体和行为反应,其结果就是适应或者不适应。由此看出,压力的适应与个体的人格特质、认知风格等密切相关,同时也与个体现有的心理资源和社会支持系统有关。压力出现时,如果个体的认知评价、人格特点和心理资源的调动保持和谐一致，就是适应状态，反之，当压力打破了这种协调与平衡性，就出现不适应状态。由此，社会适应首先表现为一种人格适应或心理适应。压力所导致的情绪通常有三种：攻击、抑郁和焦虑。攻击是指攻击导致挫折感的对象。班杜拉认为攻击是一种社会习得行为，并不是所有的人遭受挫折之后就有攻击行为。另外，如果攻击代价太大，受挫折的人不一定会采取攻击行为。抑郁包括很多种感受，如无助感、缺乏自尊和自信心、内心甚至会感觉到什么不好的事情也只有去承担，这些感受可能是短暂的，也可能持续时间很长。焦虑是一种不安、恐惧及紧张的感受，这种感受可能是身体的，也可能是心理的。

个人特质（包括自我强度、个人所需要的最低刺激强度）、过去的经验或习惯（个人过去所受的生理或心理创伤，或创伤遗留下的伤口、阴影或不良习惯等）、社会支持、生活中所发生的寻常事件或不寻常事件都会影响个人对事件和情境的认知评估，而个人的认知评估影响防御机制，进而影响个人的行为表现。其中社会支持的作用是核心，也有利于个体在压力状态下所产生的焦虑、抑郁的缓解和放松。压力的产生是由于一件事遭遇到阻碍，此阻碍可能是真的，也可能源于个体的幻想，而障碍的形式可能是挫折、威胁或冲突。挫折是指环境因素阻碍或拖延个体达到目的所引起的不舒适。另外，挫折也会是内心不允许的意念、特殊的社会因素以及缺乏良好的人际关系的支持所引发。威胁是指对预期不能处理的未发生情况的恐惧，是对未来挫折或者损害的一种想象。冲突是指两个或两个以上相等力量或者各有理由的行为动机同时存在，使人不知所措的心理矛盾。另外，压力导致的不良影响包括身体疾病、心理失调、学习、工作效率和人际关系退步，以及一般性适应力降低。压力导致的焦虑会影响睡眠、饮食以及注意力等。但是适度的压力能够满足基本的需要，提高抵抗挫折的能力，因为勇敢面对压力并有效处理能够减少未来困难所带来的心理冲击。

（三）压力的适应或应对

一般来说，应对压力有两种基本方式：一种是着重于问题的应对，即问题取向应对方式，当事人估计压力情境以改变现存的个体与处境的关系。另一种是着重于情绪的应对，即情绪取向应对方式，当事人尝试减轻焦虑而不是直接处理产生焦虑的那个情境。应对压力时常有这样的一些程序：首先进行情绪调节，以减轻或防卫事件的冲击；其次是对损害、丧失或威胁重新做出评价，然后是将应对的努力，主要集中在改变个人与环境的关系上。

危机和压力的出现，往往是超过个体预期的。在危机出现后，当个体无法用已有的心理资源和策略去应对时，外在的帮助或社会支持就显得非常重要，下面就是一些帮助个体应对危机和适应环境变化的策略：健康者（帮助者）亲自陪伴，并结合其他人共同陪伴；提供有关危机创伤的知识，寻求专业或志愿者资源的帮助；协助者认清自身的情绪与能力（避免情绪感人，合理认清自己的能力）；注意当事人所使用应对压力的方法（观察当事人如何去重新调整自己的生活）；认清每个人忍受痛苦是有极限的，即每个人对痛苦的容忍在持续延长后会降低，那些不良的调适方法会出现。

从临床心理学的角度和心理辅导来看，要克服压力对青少年的消极影响，以下策略是比较有效的。第一，消除应激的来源；第二，认知改变策略（即改变对事物的态度、信念和认识评价）；第三，采用自我防御手段（即利用心理防御机制，通常属于无意识心理手段）；第四，改进应对策略和应对方法（包括事先做好心理准备以应对那些可以预知的环境要求，也应当包括适当的逃避和回避策略，所谓"积极应对"未必都是适应性质的）；第五，争取和利用社会支持；第六，行为策略（包括文体活动、倾听音乐、散步、读书、练习书法、看电视、购物、洗浴等）；第七，放松练习（通过各种松弛技术来缓解精神压力，常用的松弛技术有渐进性松弛术、呼吸放松和肌肉放松法等）；第八，培养健全人格（乐观、外向，"压力抵抗者"），增强对应激的耐受和应对能力。这可能是最根本的策略，但却不是短期能够做到的。

有了好的控制心理应激的策略，就会有科学有效的控制心理应激的方法。当然，在压力状态下，不是盲目地去消除和逃避压力，也不是被动地去适应压力，而是应用各种心理资源和社会支持去积极地应对压力，而压力的主动解决有利于个体人格的发展与完善，这也是引导个体寻找压力策略的关键所在。压力与适应是个体人格成长中相互作用的两个方面。个体是在不断解决压力和各种应激中逐步成长起来的，压力的成功解决就使人格成长。在危机或压力解决初期需要积极、有效、丰富的社会支持与心理资源，这样就逐步构建起个体解决危机的应激策略，达到健康的人格与社会适应。

二、社会支持对社会适应的影响

社会支持可以提高青少年的心理健康水平和人格完善，从而使青少年能够很好地适应环境变化带来的应激，解决危机。

（一）社会支持概述

社会支持的界定可以分为三大类，社会情境影响、知觉到的支持和行动化的支持。一般认为社会支持指伴侣、朋友、同事和家庭成员在精神上或物质上对个人的支持与援助。可以把社会支持归纳为如下四种类型：第一类为信任支持，即那些关于个体被信任和接受的信息，这种信息将会提高个体的自信心。这种支持也被称为情绪性支持、意义性支持、自信支持、通风支持，即向他人提供情感支持、鼓励，表达关心与爱意，使人感到温暖、同情与信任。第二类为信息支持，信息支持有利于对问题事件进行说明、理解和应对的支持，又称作建议、评价支持或认知向导。第三类为社会成员身份，社会成员身份能够与他人共度时光，从事消遣或娱乐活动；可以满足个体与人接触的需要，转移对压力问题的忧虑或者通过直接带来正面的情绪影响来降低压力反应。这种支持也可称作扩散支持，也包括了同伴支持，即与他人接触，满足人际关系的需要，缓解压力，促进积极心态的产生，这是一种通过正向社会互动、达到个体身心健康的支持。第四类为工具性支持，工具性支持是指提供财力帮助、物资资源或所需服务等。工具性支持通过直接提供解决问题的工具，或者提供个体得以放松或娱乐的时间来帮助减轻压力反应。工具性支持因此又被称为帮助、物资支持和实在的支持。

这四种支持可以归结为两类：一种是客观的，可见的或实际的支持，包括物质上的直接援助、社会网络、团体关系的实际参与，稳定或不稳定的社会联系的数量和获得的程度，这类社会支持独立于个体的感受，是客观存在的现实。另外一类指个体在社会中受尊重，被支持、理解的情感体验和满意程度，这类社会支持与个体主观感受有着密切关系。社会支持是一个紧密联系的统一整体，即社会支持系统，不同的支持之间往往存在着相关性。例如，具有较多社会成员身份的个体也往往会得到更多的工具性支持和信任支持。还有的研究者认为，个体的社会支持还应包括个体对支持的利用情况。另外，人与人之间的支持是相互作用的过程，个体在支持他人的同时，也为获得别人的支持打下了基础。

（二）社会支持与社会适应

20 世纪 70 年代开始，精神病学文献中引入社会支持的概念，研究者认为，良好的社会支持有利于身心健康，社会支持一方面对压力状态下的个体提供保护，即对压力起缓冲作用，另一方面对维持一般的良好情绪体验具有重要意义。早期研究者将社会支持作为个体从他人或社会网络中获得的一般或特定的支持性资源，这种资源可以帮助个体应付工作生活中的问题与危机，后来研究者开始探讨社会支持与个体身心健康和主观幸福感的关系。大量研究表明，社会支持与个体社会技能、工作绩效、自我概念和身心健康有着显著正相关，社会支持的缺乏则与社会惰性、焦虑、担忧、压抑、毒品使用有着显著负相关。

一些心理学家用一个人能否适应社会作为心理健康的标准，即认为能够适应环境或社会的人心理健康，反之心理就不健康。从理论的角度看，人的理想状态是心理功能的良好发挥，能够适应社会环境的变化，并能够应对问题或逆境。但是适应也有一个限度的问题。研究者用“过度社会化”来说明适应限度问题。过度社会化是指个体对社会价值观念的认同超过了一定的界限，从而导致社会化性质改变的情形，即过犹不及。所以，心理健康中适应与发展应当是协调的，在适应中发展心理功能，在发展心理功能中适应，而不是被动地适应环境提出的要求。尤其是在对压力的研究中，社会支持在维持身心健康和预防疾病方面的作用引起了越来越多的研究者的兴趣。而在有关工作压力的许多研究中，社会支持和控制被认为是两个最重要的应对策略。

假定个体是一个独立或被动的社会角色，那么低健康水平就被认为是一种简单的个人特质，是在社会环境中个体社会支持和资源的独立性。当个体的健康素质出现有限性时，社会支持就显得十分重要。首先，在那些健康素质比较差的病人所接受的照顾中，我们可以在缺乏鉴别的情况下，很好地了解其健康素质的原因。其次，如果社会支持的缓冲对于低健康素质的人出现不利效果时，除了在阅读和理解上的个体差异之外，那么，更有效的存在个体差异的社会支持系统就会启动。当然，更有目的和更有效的个人努力同样适合于确定和影响那些不但有低健康素质而且缺乏社会资源与支持的人们，并在他们健康条件没有满足的素质需求中建立起桥梁。

青少年从重要他人那里获得的社会支持具有可靠同盟、价值增进、工具性帮助、陪伴支持、情感支持、亲密感、自我揭露、冲突、惩罚和满意度等功能。不同来源的社会支持所提供的支持功能是不同的。母亲侧重于提供评价支持和情感支持，同伴侧重于工具性支持和陪伴支持，父亲、教师侧重于信息支持。赵建平等人以976名青少年作为调查对象，结果表明初中生男生心理健康水平高于女生；女生的社会支持水平高于男生；社会支持总分随年级的升高而降低；社会支持各因子与心理健康各因子（除自责倾向外）存在显著相关。不同社会支持水平的初中生的心理健康水平存在显著差异。从研究中可以发现，高社会支持组和低社会支持组的学生心理健康水平除自责因子外，差异均达到了极其显著的统计水平。说明得到较多社会支持的人心理更趋于健康。除自责倾向外，社会支持各维度与心理健康各因子间存在显著的负相关。也就是说，积极、丰富、有效的社会支持可以促进和提高青少年的心理健康水平。

人格因素在社会支持与身心、健康的关系中扮演着极为重要的角色。如，有高社会支持感的人能积极地评估他人的人际关系特性、社会应对能力与身心状况，认为自己是个具有独特价值、值得关注的人，相信自己有较高的人际交往能力；而低社会支持感的人则与此相反。李文道等采用问卷法对432名青少年主观感知的社会支持、外界提供的社会支持与人格之间的关系进行研究，结果表明：在大多数维度上，主观感知的社会支持与外界提供的相应支持及人格有显著的正相关；人格类型不同的青少年主观感知的社会支持有显著差异；人格的谨慎性和开放性、外界提供的社会支持对主观感知的社会支持有显著的正向预测作用；谨慎性和外向性对外界提供的社会支持有显著的正向预测作用。总的来说，人格的谨慎性和开放性以及外界提供的社会支持对于主观感知的社会支持都有显著的直接预测作用，谨慎性和外向性还通过外界提供的社会支持间接地影响主观感知的社会支持。

青少年主观感知的情感支持、工具性支持、陪伴和肯定价值与外界实际提供的相应支持之间均存在显著的正相关。主观感知的社会支持与情绪性以外的其他人格维度都有非常显著的相关；外界提供的社会支持仅与人格维度中的外向性和谨慎性有显著相关。人格类型不同的初中生主观感知的社会支持存在显著差异。理想型人格的初中生主观感知的社会支持多于内向情绪型和保守型人格的学生。人格的谨慎性和开放性、外界提供的社会支持对于主观感知社会支持具有显著的正向预测作用；人格的谨慎性和外向性对于外界提供的社会支持有显著的正向预测作用。

三、家庭对社会适应的影响

家庭是孩子产生原始的自我感觉以及形成基本的身份、动机、价值和信念的背景。在社会化的过程中,家庭的重要性在于,首先,童年期是人的一生社会化的关键期;其次,儿童在童年期对家庭的生理、心理依赖是一生中最强烈的时期;再次,家庭在整个社会结构中占据着独特的地位。青少年人格的健康发展受到多方面因素的影响,家庭是首要因素。家庭中父母的正确养育方式、自身良好的人格特征以及家庭的完整都会对青少年人格的健康发展起到积极的作用。改变教育子女的观念、提高父母素质、发挥社会"合力"、采用科学的教育子女的方式是塑造青少年健康人格的有效策略。青少年健全的人格是他们走向良好社会适应的基石。

四、学校对社会适应的影响

在现代社会中,学校是将儿童从家庭引向社会的第一座桥梁。学校是有计划、有组织、有目的地向社会成员系统地传授价值观念、社会规范、生活技能、科学知识的制度化机构。学校的重要性首先表现在它在较长的时间内对学生进行系统的教育,这种长期系统的教育对儿童社会行为的塑造是在现代社会中无法替代的。学校有着独特、完整的机构,它是社会的雏形。儿童在这里进入了"社会结构",扮演着学生、同学、朋友等社会角色,并在课堂里和其他公共场合进行各种形式的社会互动。学校生活是个体走向成熟和社会适应的关键场所和阶段,学校的教育教学方式、师生与伙伴关系等无不对个体的人格与社会适应产生深远的影响。

五、同伴群体对社会适应的影响

同伴群体是由地位相近、年龄相仿,兴趣、爱好、价值观和行为方式大体相同的个体组成的一种非正式的群体。在童年时期,随着年龄的增长,同伴群体的社会化影响也日益增加,这种影响在青少年时期达到顶点,并有可能超过父母和老师的影响。究其原因:同伴之间自由选择,有很高的心理认同感;同伴之间有自己的语言、行为方式和兴趣爱好,构成了独特的亚文化群体;群体成员之间对个人的社交、安全、尊严、优越感的满足是自然而然实现的。正因为如此,在进入青春期阶段,与同伴关系的优劣以及同伴群体的价值趋向等都会对个体的社会适应产生很大影响。

六、影响社会适应的其他因素

（一）大众文化

大众文化作为一种产生于城市工业社会、消费社会的文化形态，是以大众传媒为载体，并且以城市大众为对象的复制化、模式化、批量化、类像化、平面化和普及化的流行文化，它的繁荣预示了一个新的审美时代的到来，大众与艺术出现前所未有的贴近，大众消费文化如消费商品一样轻松自然，生活于大众消费社会的青少年一代，在商品的包围之中，也必然受到大众文化的冲击，大众文化以其特有的消费娱乐功能和意识形态功能影响着青少年的成长，影响着青少年文化的变迁轨迹以及他们的价值取向和社会适应。大众文化的娱乐功能赋予青少年乐观的生活观、广阔的生活空间和多样的生活色彩，促使青少年对时尚的追求；大众文化有助于个性的解放和民主化倾向的加强，赋予青少年积极的主体意识，使青少年文化呈现出具有时代特色的理性精神；大众文化的商业化使青少年文化正在经历世俗化的洗礼，世俗性成为当代青少年文化的精神特质。伴随着大众文化繁荣的现代步伐，当代青少年的审美情趣也发生了一系列的变化，呈现出个性化、感性化与低俗化的趋向，学校、家庭以及社会都有责任和义务来注意这种趋向对青少年社会适应的消极影响。

（二）大众传媒

大众传媒，尤其是网络、电视，对个体的社会化有着很大的影响。积极性表现在，使人们能够有效地了解社会、分享经验、增长知识，促使人们接受社会所公认的价值观和行为方式。在当今社会，大众传媒的影响与家庭、学校和同龄群体的影响一样，已经成为影响青少年社会化的重要因素。在世界范围内，未成年人接触大众传媒的频度和时间迅速增长，对学校教育形成挑战。电视媒体作为最近乎完整的大众传播媒体，对未成年人的影响主要在两个方面，一是认知发展，二是人格发展。电视对未成年人形成健康的道德观念、符合时代潮流的思想意识，都有着重要影响。传统社会里，未成年人的社会学习和教育主要依靠家庭和学校，而在现代社会，这一社会化过程则交由媒体来完成。孩子们多数是在电视机前度过童年的。近年大众对于传媒对孩子们的不良影响忧心忡忡，舆论普遍认为电视媒体造成孩子的早熟、消费主义、暴力、价值观混乱等不良影响，传媒在少儿的身心不健康方面有不可推卸的责任。美国研究发现，1 岁至 3

岁的儿童看电视越多，到了 7 岁时，注意力不集中的情况就越严重。电视传媒有种种负面影响，但是只要合理地利用，就可以成为未成年人社会学习、发展认知和人格的有效工具，其积极意义是不可忽视的。

（三）个性特质

在心理学中个体的个性特质可以分为两个方面，一是个性心理倾向性，包括需要、动机、兴趣等，它是人的行为的潜在动力，是人的积极性的不尽源泉。需要是人对一定客观事物的渴求或欲望，动机是直接推动人去行动以达到一定目的的内部动力。兴趣是指一个人积极探究某种事物或使某从事某种活动的心理倾问。二是个性心理特征，包括气质、性格、能力，它比较稳定地反映了个体的特色风貌。气质是人典型的、稳定的心理特点，即人的性情或脾气。性格是指个人对现实稳定的态度和行为方式的心理特征。有人大公无私，有人自私自利；有人勤劳朴实，有人懒惰奢侈；有人自尊自强，有人自暴自弃等，这些都是人的性格特征。当某些特征稳定地而不是偶然地表现在某人身上时，就可以说这个人具有这种性格特征。能力是成功地完成某种活动的个性心理特征。一个人要能够顺利、成功地完成某种活动，主要的心理前提是要具备某些能力，能力是人完成任何活动不可缺少的一种心理品质。社会适应的本质是人格适应，所以个体的人格或个性特质会直接影响他的社会适应。尤其生存与学习能力、个人的成长动机、抗挫折的能力以及情绪的稳定性等都会影响个体的发展与社会适应状况。在社会适应的培养与训练中，这方面的影响因素是必须要考虑的。

第二章　人口统计学对青少年社会适应的影响

良好的适应和社会适应是青少年发展与成熟的重要标志，也是社会心理学、发展心理学、社会学等诸多学科研究的核心内容。家庭、学校、社会等因素会对青少年的社会适应产生影响，并且，性别、年级等人口统计学变量也会对青少年社会适应产生影响。本章主要探讨青少年社会适应及其影响因素在人口统计学变量上的差异。

第一节　社会适应在人口统计学变量的差异

一、问题提出

在历史唯物主义的研究中就提出了人与社会是具体的、历史的统一。具体来说，人与社会的统一性主要表现在：一是社会的产生和人类的出现是一致的，人类从自然界分离出来成为人类的同时，也就形成了人类社会；二是社会结构及其发展与人们的活动是统一的；三是社会的本质和人的本质是一致的等。社会是人的社会，人是不能离开社会单独生存的。因此，研究人的社会适应具有重要意义。

青少年是每个社会人生命中极其重要且充满变化的重要阶段，根据埃里克森的人格发展阶段理论来说，这一阶段的个体面临寻求同一性，防止同一性混乱以及心理发展上寻求着成人感，学会如何独立自主的心理发展任务。简而言之，该阶段就是青少年学会社会适应的阶段。再者，在我们社会的大背景下，青少年作为社会主义重点培养的接班人，他们是祖国的未来和希望，他们良好的社会适应性不仅对自身发展有不可替代的作用，对整个社会的发展也具有重要的推动作用。因此，学术界对青少年的社会适应性展开了大量研究。

关于社会适应概念的界定，国内外学者的表述各不相同，但都普遍认同社会适应是指个体与环境交互作用的过程或状态，反映了个体与外界的和谐与平衡(邹泓,余益兵,周晖,2012)。社会适应分为自我适应、人际适应、行为适应和环境适应四个领域,包含积极适应和消极适应两种功能状态。发展与适应是个体人生历程的基本任务,社会适应是个体生存与发展的核心问题,是青少年社会化的重要标准,也是衡量个体发展的重要指标,同时,社会适应和心理健康有着密切的联系(聂衍刚,林崇德,彭以松,丁莉,2008)。"适应"一词在早期被认为是生物所特有的现象,对于"适应"概念的理解不同,学科领域有各自不同的表述。心理学上的社会适应是一个综合复杂、多层次的概念,强调的是适应的心理机制和适应过程(殷颢文,毛曦,顾友梅,2017)。美国心理学家道尔将社会适应定义为:"人类有机体根据其年龄特征,履行社会义务承担社会责任的机能。"皮亚杰认为适应的本质在于通过同化和顺应使得机体与环境达到平衡,社会适应是个体和环境互动的过程。很多心理学家都认识到,社会适应同样是一种人格适应,在个体面临应激、压力或困境时,其内在的人格特质就要进行应对评估,调动已有的心理资源和策略进行危机的处理,使人格或心理保持一种平衡状态,若处理得当,人格特质就保持相对的稳定,若危机始终无法处理,就会导致人格的不稳定甚至障碍(杨彦平,金瑜,2007)。社会适应行为又称社会适应能力,是个体为了适应外在社会环境、文化的要求和内在身心发展而必须在生活、学习和交往等实际生活中学会选择的问题和行为,也是个体独立日常生活和承担社会责任,达到其年龄和所处社会文化条件所期望程度的能力反映(聂衍刚,2005)。青少年社会适应性在国内有关青少年社会适应性的研究成果非常多,相关的研究测量工具非常丰富。更多的研究是从人口统计学变量的角度上探讨青少年社会适应性的因素。本研究中主要关注青少年群体社会适应在人口统计学变量上的差异,而人口统计学变量主要包括青少年性别、年级、是否与父母生活在一起。

二、研究方法

(一)研究对象

研究对象来源于贵州省遵义市、毕节市、贵阳市的6所比较有代表性的初中学校。共有1078名学生参与此次问卷调查,实测回收有效问卷885份($M_{年龄}$=14.31岁,$SD_{年龄}$=1.32)。其中男生454人(51.3%),女生431人(48.7%);205人为留守学生(25.2%),605人为非留守学生(74.8%);初一年级306人(34.6%),初二年级385人(43.5%),初三年级

194 人(21.9%)。

（二）工具

采用邹泓、余益兵、周晖等人编制的青少年社会适应状况问卷(2012)。该问卷共 52 个项目,包括自我肯定、自我烦扰、社会疏离、行事效率、违规行为、积极应对和消极退缩等 8 个一阶因子,分为自我适应、人际适应、行为适应和环境适应 4 个领域,以及积极适应和消极适应两种功能状态。问卷采用 Likert5 点计分,调查对象根据自己的真实情况在“非常不符合”到“非常符合”的 5 点量表上进行选择。分数越高表示个体有更好的积极社会适应。在本研究中,积极社会适应问卷的 Cronbach's α=0.92。

（三）统计方法

采用常用统计分析软件 SPSS21.0 对数据进行统计分析处理。

三、结果分析

首先对收集到的数据进行初步的筛查与整理,删除可以分辨的未达到筛选要求的问卷,得到 885 份有效问卷。将问卷数据认真录入,并将被试的人口社会统计学资料进行编码对应录入,再将所得到的数据导入 SPSS 进行下一步操作。

接下来对青少年积极社会适应问卷、消极社会适应问卷所得到的数据进行初步的描述统计分析。消极社会适应、积极社会适应、违规行为、自我烦扰、社会疏离、消极退缩、亲社会倾向、自我肯定、行事效率、积极应对描述性统计及相关结果:积极社会适应总得分(*M*=2.968, *SD*=0.510),处于中下水平,女生积极社会适应得分(*M*=3.100, *SD*=0.496)、男生积极社会适应得分(*M*=2.925, *SD*=0.522)、留守学生积极社会适应得分(*M*=2.951, *SD*=0.509)、非留守学生积极社会适应得分(*M*=2.973, *SD*=0.510)。其中积极社会适应总分下的各分量表自我肯定得分(*M*=2.928, SD=0.599),处于中下水平、女生自我肯定得分(*M*=2.917, *SD*=0.599)、男生自我肯定得分(*M*=2.939, *SD*=0.599)、留守学生自我肯定得分(*M*=2.854, *SD*=0.571)、非留守学生自我肯定得分(*M*=2.951, *SD*=0.606);亲社会得分(*M*=3.177, *SD*=0.646),处于中等偏上水平,女生亲社会得分(*M*=3.295, *SD*=0.636)、男生亲社会得分(*M*=0.056,

SD=0.635）、留守学生亲社会得分（M=3.181，SD=0.655）、非留守学生亲社会得分（M=3.175，SD=0.644）；行事效率得分（M=2.829，SD=0.614），处于中下水平，女生行事效率得分（M=2.864，SD=0.596）、男生行事效率得分（M=2.794，SD=0.630）、留守学生行事效率得分（M=2.830，SD=0.649）、非留守学生行事效率得分（M=2.829，SD=0.603）；积极应对得分（M=2.916，SD=0.617），处于中下水平，女生积极应对得分（M=2.947，SD=0.604）、男生积极应对得分（M=2.882，SD=0.629）、留守学生积极应对得分（M=2.933，SD=0.633）、非留守学生积极应对得分（M=2.910，SD=0.612）。

消极社会适应总分得分（M=2.503，SD=0.528），处于中下水平，女生消极社会适应得分（M=2,252，SD=0.534）、男生消极社会适应得分（M=2.483，SD=0.522）、留守学生消极社会适应得分（M=2.523，SD=0.508）、非留守学生消极社会适应得分（M=2.496，SD=0.535），处于中下水平。其中消极社会适应总分下的各分量表自我烦扰得分（M=2.775，SD=0.811），处于中下水平，女生自我烦扰得分（M=2.869，SD=0.813）、男生自我烦扰得分（M=2.679，SD=0.800）、留守学生自我烦扰得分（M=2.775，SD=0.721）、非留守学生自我烦扰得分（M=2.775，SD=0.838）；人际疏离得分（M=2.571，SD=0.574），处于中下水平，女生人际疏离得分（M=2.534，SD=0.588）、男生人际疏离得分（M=2.609，SD=0.558）、留守学生人际疏离得分（M=2.586，SD=0.599）、非留守学生人际疏离得分（M=2.566，SD=0.566）；违规行为得分（M=1.889，SD=0.720），处于中下水平，女生违规行为得分（M=1.816，SD=0.730）、男生违规行为得分（M=1.965，SD=0.702）、留守学生违规行为得分（M=1.945，SD=0.734）、非留守学生违规行为得分（M=1.872，SD=0.714）；消极退缩得分（M=2.585，SD=0.614），处于中下水平，女生消极退缩得分（M=2.656，SD=0.624）、男生消极退缩得分（M=2.513，SD=0.595）、留守学生消极退缩得分（M=2.612，SD=0.601）、非留守学生消极退缩得分（M=2.577，SD=0.618）。

通过初步的统计分析，采用 t 检验、方差分析 ANOVA 等方法可知，积极社会适应（$F_{2,882}$=1.282，$p < 0.05$）、自我肯定（$F_{2,882}$=1.909，$p < 0.01$）、形势效率（$F_{2,882}$=4.858，$p < 0.01$）、消极社会适应（$F_{2,882}$=3.355，$p < 0.05$）、消极退缩（$F_{2,882}$=11.605，$p < 0.01$）在年级上存在显著差异。进一步事后检验结果表明，消极社会适应总分上，初二学生得分显著高于初一学生（$p < 0.05$），人际疏离维度上，初二学生得分显著高于初一学生（$p < 0.05$）、消极退缩维度上，初二学生得分明显高于初一学生（$p < 0.01$），初三学生

得分明显高于初一学生（$p < 0.01$）；在积极社会适应总分上无显著差异，但分维度下的自我肯定维度上，初二学生得分显著高于初一学生（$p < 0.01$），初二学生得分也显著高于初三学生（$p < 0.05$），行事效率维度上，初一学生得分高于初三学生（$p < 0.05$），初二学生得分高于初三学生（$p < 0.05$）。数据表明，初二学生在积极社会适应下的自我肯定维度上得分最高，初二学生的自我肯定比初一、初三的学生高。积极社会适应总分（t=3.429，$p < 0.01$）、亲社会（t=7.685，$p < 0.01$）、行事效率（t=2.337，$p < 0.01$）、积极应对（t=2.141，$p < 0.05$）、自我烦扰（t=4.820，$p < 0.01$）、人际疏离（t=-2.639，$p < 0.01$）、违规行为（t= -4.246，$p < 0.01$）、消极退缩（t=4.795，$p < 0.01$）在性别上存在显著差异；自我肯定（t= -0.760，p=0.447）、消极社会适应总分（t=1.507，p=0.132）在性别上不存在显著差异。积极社会适应总分（t= -0.750，p=0.367）、自我肯定（t= -0.2,829，$p < 0.01$）在是否留守学生上存在显著差异；亲社会（t=0.161，p=0.872）、行事效率（t=0.007，p=0.995）、积极应对（t=0.660，p=0.509）；消极社会适应总分（t=0.902，p=0.367）、自我烦扰（t=0.020，p=0.984）、人际疏离（t=0.586，p=0.558）、违规行为（t= 1.774，p=0.076）、消极退缩（t=0.996，p=0.319）在是否留守学生上不存在显著差异。

四、讨论

（一）社会适应现状分析

社会适应是健康的一大重要因素，联合国世界卫生组织（WHO）关于健康的定义："健康是一种在身体上、精神上的完美状态，以及良好的适应力，而不仅仅是没有疾病和衰弱的状态。"从本研究统计分析看来初中生的亲社会行为处于中上水平，消极社会适应、违规行为、自我烦扰、社会疏离、消极退缩偏中下水平，一定程度上反映出了初中生的社会适应状态还是较好。社会适应行为是个体为了适应外在社会环境、文化的要求和内在身心发展而必须在生活、学习和交往等实际生活中学会选择的问题和行为，社会适应能力的好坏在一定程度上决定了青少年心理发展的好坏，良好的社会适应能力有利于青少年心理发展，反之则可能不利于青少年的个体发展。

（二）社会适应与人口统计学变量的差异分析

从收集到的问卷数据，初步进行统计分析发现，自我肯定维度、行事效率维度、消极社会适应总分、人际疏离、消极退缩维度在年级上存在显著差异。初二年级学生自我肯定得分显著高于初一年级学生、初三年级学生；初一、初二年级学生行事效率维度得分显著高于初三学生；初二年级学生在消极社会适应总分上的得分显著高于初一、初三年级学生，初二年级学生人际疏离维度得分显著高于初一学生；初二、初三年级学生消极退缩维度得分显著高于初一年级学生，数据表明，初二年级学生的积极社会适应总分得分最高，可见初二年级积极社会适应相对来说较好。究其原因，初二学生升入初中已经有一年的时间，对于在校的各种关系和学业都找到了适合自身的方法，且随着青少年心理发展的不断成熟，他们对于社会事件的处理能力也相应增强，而且初二年级学生与初三学生相比较他们的学业压力相对不是那么大，不存在升学压力的他们对于自己现在所处的社会环境是充满愉悦的心情的，因此他们的积极社会适应能力比初一、初三学生都较好。但针对初中这一群体性积极社会适应得分较低的情况来看，我们整个社会、家长及老师要注重培养青少年良好的社会适应能力，同时也要预防不良社会适应行为的出现。因此，我们非常有必要进一步了解青少年的积极社会适应状况和消极社会适应状况，为我们培养青少年健全的人格、健康的心理品质和良好的社会适应能力提供更有力、更科学的依据。

（三）本研究的不足与展望

本研究尚且存在一些不足之处，需要未来的研究加以完善。首先，本研究的样本均来自贵州省遵义市、毕节市和贵阳市三个地区，样本不能代表全国的初中学生；其次，人口统计学变量是社会适应最基本的影响因素，只对二者进行了统计数据分析，未从其他角度考虑二者之间的关系；最后，运用问卷法进行研究，仅仅被试根据主观情况填写问卷，不能排除一些主观的期望和疲劳效应等被试误差。在未来的研究中，可以增加获取数据的渠道，引入一些客观的方法收集数据，社会适应在人口统计学变量上的差异分析的基础上，对社会适应的其他影响因素进行进一步的探索，为学生群体的心理健康问题提供更多有价值的研究。

五、结论

第一，初中生的积极社会适应能力和消极社会适应能力总分得分处于中下水平。

第二，行事效率维度、消极社会适应总分、人际疏离、消极退缩维度在年级上存在显著差异；积极社会适应总分、自我肯定、亲社会、行事效率、积极应对、自我烦扰、人际疏离、违规行为、消极退缩在性别上存在显著差异；自我肯定、积极社会适应总分在是否留守学生上存在显著差异。

第三，自我肯定维度、消极社会适应总分在性别上不存在显著差异。亲社会、行事效率、积极应对；消极社会适应总分、自我烦扰、人际疏离、违规行为、消极退缩在是否留守学生上不存在显著差异。

第二节　家庭教养方式在人口统计学变量的差异

一、问题提出

家庭是由婚姻关系、亲情关系构成的社会生活的基本单位。家庭作为组成社会的重要成分，是个体成长和成才的重要场所，家庭的各方面因素是影响个体心理发展最重要的因素之一。家庭系统理论认为，家庭是影响青少年发展最直接、最重要的、最持久的微观环境（Garbarino，2008）。研究者一直将家庭因素（家庭功能、亲子关系、父母控制、父母教养方式等）看成是影响青少年社会适应的重要外在因素，进行了大量的研究（李彩娜，张曼，冯建新，2010；刘文婧，许志星，邹泓，2012）。这其中，父母教养方式作为亲子互动的核心部分，更是受到了研究者的极大关注。实证研究表明，父母教养方式会对个体的社会适应产生持续影响，父母采用“温暖与理解”等积极教养方式能促进个体的发展，降低个体出现内隐和外显问题行为的可能性；而父母采用“拒绝与否认”等消极教养方式将阻碍个体的发展，导致个体出现诸如抑郁、学习不良、网络成瘾等社会适应问题（徐慧，张建新，张梅玲，2008）。

家庭对一个人的性格形成和发展具有重要和深远的影响。家庭因素里面对青少年影响最为深远的是父母。父母应该赋予孩子一个良好的家庭环境，这个良好的家庭环境更偏向于使孩子能健康成长的生活环境。

近年来,父母教养方式对中小学学生、中高职学生、大学生等不同群体社会适应影响的研究受到广大研究者的偏爱,且取得了大量的研究成果。青少年的社会适应与父母教养方式关系密切。相关分析表明,父母"卷入/支持"性教养行为与青少年的积极适应显著正相关,与消极适应显著负相关;而"控制/惩罚"性教养行为则相反(刘文婧,许志星,邹泓,2012)。父母给予温暖理解越多,子女适应社会越好,父亲越拒绝否认,母亲越严厉惩罚,子女社会适应越差(崔燕,2013)。父母采用"温暖与理解"等积极教养方式能促进个体的发展,降低个体出现内隐和外显问题行为的可能性;而父母采用"拒绝与否认"等消极教养方式将阻碍个体的发展,导致个体出现诸如抑郁、学习不良、网络成瘾等社会适应问题(徐慧,张建新,张梅玲,2008)。

目前大量相关研究表明家庭对青少年有着极其深远的影响。如父母的行为习惯、对子女的教养方式、家庭的结构、对子女的控制力等。国内外的大量研究也表明家庭因素影响着青少年的心理健康水平,家庭的基本功能为家庭成员的生理及心理、社会性等方面都提供了必要的条件(Miller IW, Ryan CE,2000)。青少年阶段的心理发展水平还在从幼稚走向成熟的过渡期,自我意识还没有得到充分的发展,如果这一阶段他们的生理和心理发展也不平衡,那么就很容易产生行为问题,从而影响青少年群体的健康成长及心理发展。现阶段国内针对家庭因素对青少年的发展影响还多数依赖于国外的研究成果,对家庭因素和青少年个体发展的关系的相关研究少之又少,因此本研究主要关注青少年群体的家庭因素在人口统计学变量上的差异,而人口统计学变量主要包括青少年性别、年级、是否与父母生活在一起,而探讨这些因素的研究也是非常有必要的。

二、研究方法

(一)研究对象

研究对象来源于贵州省遵义市、毕节市、贵阳市的6所比较有代表性的初中学校。共有1078名学生参与此次问卷调查,实测回收有效问卷885份($M_{年龄}$=14.31岁,$SD_{年龄}$=1.32)。其中男生454人(51.3%),女生431人(48.7%);223人为留守学生(25.2%),662人为非留守学生(74.8%);初一年级306人(34.6%),初二年级385人(43.5%),初三年级194人(21.9%)。

（二）工具

采用蒋奖、鲁峥嵘、蒋苾菁、许燕（2010）编制的简式父母教养方式问卷。该问卷分为父亲版和母亲版两个部分，每部分 21 题，父亲版和母亲版题目一致，均含三个维度：温暖、拒绝、过度保护。1–6 题为父 / 母亲拒绝，7–13 题为父 / 母亲温暖、14–21 题为父 / 母亲过度保护问卷。如“我觉得父 / 母亲尽量使我的青少年时期的生活更有意义和丰富多彩”。问卷采用 Likert4 点计分方式，调查对象根据自己的真实情况在“从不”到“总是”的 4 点量表上进行选择。该问卷分别考察个体感知到的父亲温暖、父亲拒绝、父亲过度保护和母亲温暖、母亲拒绝、母亲过度保护，最后通过计算父亲温暖、父亲拒绝、父亲过度保护和母亲温暖、母亲拒绝、母亲过度保护计算学生父母温暖的得分、父母拒绝得分以及父母过度保护得分。在本研究中，问卷的 Cronbach's α=0.92。

（三）统计方法

采用常用统计分析软件 SPSS21.0 对数据进行统计分析处理。

三、结果分析

首先对收集到的数据进行初步的筛查与整理，删除可以分辨的未达到筛选要求的问卷，得到 885 份有效问卷。将问卷数据认真录入，并将被试的人口社会统计学资料进行编码对应录入，再将所得到的数据导入 SPSS 进行下一步操作。

接下来对父母积极教养方式问卷和父母消极教养方式问卷（分为三个维度：父母拒绝、父母温暖、父母过度保护）所得到的数据进行初步的描述统计分析。父母拒绝维度得分（M=1.494，SD=0.476）、女生父母拒绝得分（M=1.487，SD=0.440）、男生父母拒绝得分（M=1.500，SD=0.479）、留守学生父母拒绝得分（M=1.472，SD=0.504）、非留守学生父母拒绝得分（M=1.500，SD=0.467）；父母温暖维度得分（M=2.242，SD=0.740）、女生父母温暖得分（M=2.245，SD=0.0.749）、男生父母温暖得分（M=2.240，SD=0.731）、留守学生父母温暖得分（M=2.250，SD=0.790）、非留守学生父母温暖得分（M=2.240，SD=0.724）；父母过度保护得分（M=2.094，SD=0.431）、女生父母过度保护得分（M=2.076，SD=0.439）、男生父母过度保护得分（M=2.113，SD=0.422）、留守学生父母过度保护得分（M=2.106，

SD=0.422）、非留守学生父母过度保护得分（*M*=2.110，*SD*=0.434）。父母积极教养方式得分（*M*=2.242，*SD*=0.740），处于中等水平；消极社会适应总分得分（*M*=2.503，*SD*=0.528），处于中下水平。

通过初步的统计分析，采用 *t* 检验、方差分析 ANOVA 等方法可知，父母温暖（$F_{2,882}$=9.176，$p < 0.01$）在年级上存在显著差异，父母拒绝（$F_{2,882}$=2.784，p=0.062）、父母过度保护（$F_{2,882}$=0.758，p=0.469）在年级上不存在显著差异。进一步事后检验结果表明，在父母拒绝维度上，初一学生得分显著高于初三年级学生（$p < 0.05$）；在父母温暖维度上，初一学生、初三学生得分高于初二学生（$p < 0.05$、$p < 0.01$），在年级上存在显著差异；父母过度保护维度上，初一学生、初三学生得分高于初二学生（p=0.243）、（p=0.939），在年级上不存在显著差异；父母拒绝维度（t=−1.030，p=0.303）、父母温暖维度（t=0.243，p=0.808）、父母过度保护维度（t=0.602，p=0.547），在是否留守学生上不存在显著差异；父母拒绝维度（t= −0.575，p=0.565）、父母温暖维度（t=0.134，p=0.893）、父母过度保护维度（t= −1.745，p=0.081），在性别上不存在显著差异。

四、讨论

（一）家庭因素现状分析

家庭是影响青少年发展的重要微系统，对青少年的发展与适应具有重要的影响。研究者从家庭社会经济地位、家庭教养方式、父母支持、父母控制、亲子沟通等方面探讨家庭因素对学生社会适应的影响及其影响机制（徐明津，杨新国，2017；田录梅，张文新，2014）。研究者将父母行为控制、父母自主支持、积极家庭教养方式等归为青少年社会适应的保护性因素，将父母心理控制、消极家庭教养方式等归为青少年社会适应的风险性因素。父母教养方式（Parenting Style）是指父母在子女抚养过程中或者子女个性成长过程中通常使用的方式，是父母各种教养行为的特征概括（徐慧，张建新等，2008）。父母教养方式会持续影响儿童的社会适应状况。大量实例研究表明，父母教养方式是影响个体社会适应的重要因素（刘文婧，许志星，邹泓，2012）。在当代心理学的研究中，父母教养方式对社会适应的影响成为一大研究热点和重点，广大学者分别从不同的角度，针对不同的人群进行了相关研究，取得了大量的研究成果。父母采用“温暖与理解”等积极教养方式能促进个体的发展，降低个体出现内隐和外显问题行为的可能性；而父母采用“拒绝与否认”等消极教养方式将阻碍个体的发展，导致个体出现诸如抑郁、学习不良、网络成瘾等社会适应问题（徐慧，张建新，张梅玲，2008）。研究表明，父母的温暖理解及适当的引导有助于子女良好适应，而父母的惩罚否认等消极性教养行为对子女的社会适应有不良的影响（刘文婧，许志星，邹泓，2012）。

（二）家庭教养方式在人口统计学变量的差异分析

从收集到的问卷数据，初步进行统计分析发现，父母积极教养方式得分处于中等水平；消极社会适应总分得分处于中下等水平。父母温暖在年级上存在显著差异；在父母拒绝维度上，初一学生得分显著高于初三年级学生；在父母温暖维度上，初一学生、初三学生得分高于初二学生，在年级上存在显著差异。父母拒绝、父母过度保护在年级上不存在显著差异；父母过度保护维度上，初一学生、初三学生得分高于初二学生，在年级上不存在显著差异；父母拒绝维度、父母温暖维度、父母过度保护维度在是否留守学生上不存在显著差异；父母拒绝维度、父母温暖维度、父母过度保护维度在性别上不存在显著差异。青少年父母要充分认识到父母消极教养方式对青少年社会适应的影响，在家庭教育中要注意避免父母拒绝、父母过度保护等消极教养方式，充分发挥父母温暖的积极作用，父母积极的教养方式不但可以提高青少年的社会适应水平和能力，还可以有效减少青少年社会适应问题出现的可能性。

（三）本研究的不足与展望

本研究尚且存在一些不足之处，需要未来的研究加以完善与改进。首先，本研究的样本均来自贵州省遵义市、毕节市和贵阳市三个地区，样本不能代表全国的初中学生；其次，人口统计学变量是社会适应最基本的影响因素，只对二者进行了统计数据分析，未从其他角度考虑二者之间的关系；最后，运用问卷法进行研究，仅仅被试根据主观情况填写问卷，不能排除一些主观的期望和疲劳效应等被试误差。在未来的研究中，可以增加获取数据的渠道，引入一些客观的方法收集数据，家庭因素在人口统计学变量上的差异分析的基础上，对社会适应的其他影响因素进行进一步的探索，为学生群体的心理健康问题提供更多有价值的研究。

五、结论

第一，父母积极教养方式得分处于中等水平；消极社会适应总分得分处于中下等水平。

第二，父母温暖在年级上存在显著差异；在父母拒绝维度上，初一学生得分显著高于初三年级学生；在父母温暖维度上，初一学生、初三学生得分高于初二学生，在年级上存在显著差异。

第三，父母拒绝、父母过度保护在年级上不存在显著差异；父母过度保护维度上，初一学生、初三学生得分高于初二学生，在年级上不存在显著差异；父母拒绝维度、父母温暖维度、父母过度保护维度在是否留守学生上不存在显著差异；父母拒绝维度、父母温暖维度、父母过度保护维度在性别上不存在显著差异。

第三节 学校氛围在人口统计学变量的差异

一、问题提出

生态系统理论认为家庭和学校是对青少年发展影响非常大的两个微观系统，学校因素对于青少年的成长成才有着不可替代的作用。而学校因素中最为重要的因素则有学校氛围、个体同伴及老师。青少年在清醒状态下随着学业的增多有一半的时间都是在学校度过的，他们主观意识到的校园氛围和自身的发展关系是非常密切的。正因为青少年在校的时间显著增加，于是学校氛围的好坏对于个体的心理发展也起到了至关重要的作用。学校氛围是指学校中被成员所体验并对其行为产生影响的、相对持久而稳定的环境特征，积极的校园氛围会对青少年产生积极的影响(鲍振宇，张卫，李董平，2003)。而且，校园氛围里面最为主观的两个因素就是个体的同伴及老师，在进入青春期后的他们会更加重视同伴和教师的陪伴与支持，这两类人对于青少年个体的社会性和情感性发展的影响也随之增强。

研究表明教师自主支持和良好的校园氛围对提高和增强学生的学业成就、学习投入、缓解学生网络游戏成瘾等均有积极的作用(鲍学峰，张卫，喻承甫等，2016；张丹慧，符定梦，刘红云等，2018)。这种积极作用通过自主心理需要、内部动机、学业自我效能感等中介变量的影响作用于学生的社会适应。

校园氛围（school climate）是指学校生活质量和特征，包含教师支持、同学支持和自主性机会三个组成部分，反映了学校的准则、目标、价值观、人际关系、教与学的实践经验和学校的组织结构，它不仅是一种个人经验，也是一种群体现象（Cohen, Mc Cabe, Michelli & Pickeral, 2009）。虽然前人对校园氛围的重要作用进行了较多的探究，但这些探究大多将校园氛围作为一个整体来进行探讨。而学校氛围是可以划分为教师支持、自主机会和同伴支持这三个方面的，因此在本研究中将会系统地探讨这三个方面，而且主要关注初中学生群体、学校因素在人口统计学变量上的差异，而人口统计学变量主要包括年级、性别、是否与父母生活在一起，为学校因素提供一些有参考价值的研究。

二、研究方法

（一）研究对象

研究对象来源于贵州省遵义市、毕节市、贵阳市的 6 所比较有代表性的初中学校。共有 1078 名学生参与此次问卷调查，实测回收有效问卷 885 份（$M_{年龄}$=14.31 岁，$SD_{年龄}$=1.32）。其中男生 454 人（51.3%），女生 431 人（48.7%）；223 人为留守学生（25.2%），662 人为非留守学生（74.8%）；初一年级 306 人（34.6%），初二年级 385 人（43.5%），初三年级 194 人（21.9%）。

（二）工具

1. 教师支持问卷

采用“感知到的学校氛围问卷”中的教师支持分量表评估个体得到的教师情感支持和学业支持（Jia et al., 2009），问卷共 7 个项目，如“为了使我提高成绩，老师付出了很多努力”。问卷采用 Likert4 点计分方式，调查对象根据自己的真实情况在“从不”到“总是”的 4 点量表上进行选择。得分越高表示其得到的教师支持程度越高。在本研究中，量表的 Cronbach's α=0.89。

2. 同伴支持

采用“感知到的学校氛围问卷”中的同伴支持分量表评估个体得到

的同伴支持（Jia et al.，2009），共 13 个项目。问卷采用 Likert4 点计分方式，调查对象根据自己的真实情况在“从不”到“总是”的 4 点量表上进行选择。得分越高表示其得到的同伴支持程度越高。在本研究中，量表的 Cronbach's α=0.87。

3. 自主机会

采用“感知到的学校氛围问卷”中的自主机会分量表评估个体得到的自主机会（Jia et al.，2009），共 5 个项目。问卷采用 Likert4 点计分方式，调查对象根据自己的真实情况在“从不”到“总是”的 4 点量表上进行选择。得分越高表示其得到的自主机会越多。在本研究中，量表的 Cronbach's α=0.90。

（三）统计方法

采用常用统计分析软件 SPSS21.0 对数据进行统计分析处理。

三、结果分析

首先对收集到的数据进行初步的筛查与整理，删除可以分辨的未达到筛选要求的问卷，得到 885 份有效问卷。将问卷数据认真录入，并将被试的人口社会统计学资料进行编码对应录入，再将所得到的数据导入 SPSS 进行下一步操作。

接下来对校园氛围问卷（分为三个：教师支持、同伴支持、自主机会）问卷所得到的数据进行初步的描述统计分析。校园氛围总分得分（M=2.818，SD=0.494），女生学校氛围得分（M=2.851，SD=0.489）、男生学校氛围得分（M=2.785，SD=0.498）、留守学生学校氛围得分（M=2.848，SD=0.530）、非留守学生学校氛围得分（M=2.809，SD=0.482），学校氛围得分处于中高等水平。其中校园氛围下的各分量表自主机会得分（M=2.361，SD=0.604）、女生自主机会得分（M=2.371，SD=0.590）、男生自主机会得分（M=2.350，SD=0.619）、留守学生自主机会得分（M=2.399，SD=0.643）、非留守学生自主机会得分（M=2.349，SD=0.591）；教师支持得分（M=3.049，SD=0.785）、女生教师支持得分（M=3.050，SD=0.855）、男生教师支持得分（M=3.048，SD=0.706）、留守学生教师支持得分（M=3.026，SD=0.764）、非留守学生教师支持得分（M=3.056，SD=0.792）；同伴支持得分（M=2.964，SD=0.547）、女生同伴支持（M=3.015，

SD=0.532)、男生同伴支持(M=2.911，SD=0.559)、留守学生同伴支持得分(M=3.003，SD=0.530)、非留守学生同伴支持(M=2.809，SD=0.482)。

通过初步的统计分析，采用t检验、方差分析ANOVA等方法可知，自主机会($F_{2,882}$=5.018，$p < 0.01$)在年级上存在显著差异，校园氛围(F_2,882=1.874，p=0.154)、教师支持($F_{2,882}$=0.086，p=0.917)、同伴支持($F_{2,882}$=1.253，p=0.286)在年级上不存在显著差异。进一步事后检验结果表明，在自主机会维度上，初三学生得分显著高于初一年级学生($p < 0.05$)、初二年级学生($p < 0.01$)；校园氛围总分上，初一学生得分高于初二学生(p=0.622)、初三学生高于初一(p=0.164)、初二学生(p=0.055)，教师支持维度上，初一学生得分高于初二学生(p=0.896)、初三学生(p=0.683)，初二学生得分高于初三学生(p=0.752)，同伴支持维度上，初三学生得分高于初一学生(p=0.204)、初二学生(p=0.126)，在年级上不存在显著差异。校园氛围总分上(t= 1.370，p=0.171)、自主机会维度(t= 1.463，p=0.144)、教师支持维度(t= −0.655，p=0.513)、同伴支持维度(t=1.657，p=0.098)在是否留守学生上不存在显著差异。校园氛围总分上(t= 2.721，$p < 0.01$)，同伴支持维度(t=3.859，$p < 0.01$)在性别上存在显著差异。自主机会维度(t= 0.746，p=0.456)、教师支持维度(t=0.030，p=0.976)在性别上不存在显著差异。

四、讨论

(一)学校因素现状分析

从本研究可以看出，初中生的校园氛围得分处于中高等水平，表明初中生感知到的校园氛围还是比较好的。学校氛围是指学校中被成员所体验并对其行为产生影响的、相对持久而稳定的环境特征(Hoy Wk，Hannum JW，1997)。学校氛围对学生的发展具有重要作用，积极的校园氛围对青少年的许多方面的发展都会产生影响。它是个体感知的一种状态，反映了一个人对学校生活的感受，而在校园氛围构成中除学校的客观环境外，它还包括同伴支持、教师支持及自主机会。对于正处于青春期的初中生来说，有些在父母那里没能获取的情感支持可以通过寻求同伴及老师得到满足，而且连续/认知模型(Bowlby，1997；Offer，Ostrov & Howard，1966)，青少年与朋友和同伴之间建立的关系是与父母、家庭关系的一种扩展，它们是连续的、相互关联的，而不是竞争关系。越来越多的研究者也认同，青少年与同伴的亲密关系在个体的适应中有非常重要的作用。与此同时我们也要看到教师对于青少年群体在心理发展上的作用，前人的研究表明教师的自主支持在一定程度上对学生的学业、行为习惯、社会适应能力等都有不可替代的作用，已有大量的实证研究证明自主支持对青少年的学业和心理健康具有显著的预测作用。感受来自父母、同伴和教师更多的自主支持的青少年会有更高的学习动机（Gillet，Vallerand & Lafreniere，2012）、更好的学业成绩（Grolnick，2009）以及更好的生活满意度和自尊水平。而自身的自主支持越好，个体对自身发展中的探索会越积极，越有利于自身发展。

（二）学校因素与人口统计学变量的差异分析

从收集到的问卷数据，初步进行统计分析发现，自主机会在年级上存在显著差异；在自主机会维度上，初三学生得分显著高于初一年级学生、初二年级学生；校园氛围总分上、同伴支持维度在性别上存在显著差异。校园氛围、教师支持、同伴支持在年级上不存在显著差异；自主机会维度、教师支持维度在性别上不存在显著差异。在年级上的差异与前人的研究一致，随着年龄的增长，自我意识发展也逐步趋于成熟，因此在自主支持上初三年级的比初二、初一的学生都要稍高。

在校园氛围总分上，女生的校园氛围得分高于男生的校园氛围得分、留守学生的校园氛围得分高于非留守学生的校园氛围得分，在校园氛围上与性别及是否留守学生上存在差异，这主要是因为，首先女生对于环境感知较为敏感；其次，需要受保护的愿望较为强烈，因而对于一天中生活、学习较好的社会环境自然需求会高于男生；在从是否留守学生对于校园氛围的得分上来看，留守学生校园氛围得分高于非留守学生校园氛围得分，其原因大致为留守学生因为父母长期不在自己身边，对于家庭结构完整带来的亲情氛围较为缺失，即便有些跟（外）祖父母生活或寄宿在亲戚家的青少年来说情感都是缺失的，因而学校的校园氛围对他们就显得较为重要，这也是使自身的情感得到补偿的一个场所。

在自主机会维度上，女生的自主机会维度得分高于男生自主机会维度得分，留守学生自主机会维度得分高于非留守学生维度得分。在一定程度上这与前人研究一致，女生对于自我的约束力较为强烈，在大多数主观事件上能自主进行和管理好自己；留守学生因长期父母不在身边，无形中形成了独立、自主的生活本领。

在教师支持维度上，女生的教师支持维度得分高于男生教师支持维度得分；在同伴支持维度上，女生的同伴支持维度得分高于男生自主机会维度得分，留守学生同伴支持维度得分高于非留守学生维度得分。在两个外在重要情感支持维度上女生得分都高于男生，在一定程度上也体现出了女生更迫切需要他人对个体在情感上的支持和陪伴，留守学生也同样因为长时间缺少父母的关爱，为了寻求心理发展上的补偿从而对于友情的需求会更加高于非留守学生。

（三）本研究的不足与展望

本研究尚且存在一些不足之处，需要未来的研究加以完善与改进。首先，本研究的样本均来自贵州省遵义市、毕节市和贵阳市三个地区，样本不能代表全国的初中学生；其次，人口统计学变量是社会适应最基本的影响因素，只对二者进行了统计数据分析，未从其他角度考虑二者之间的关系；最后，运用问卷法进行研究，仅仅被试根据主观情况填写问卷，不能排除一些主观的期望和疲劳效应等被试误差。在未来的研究中，可以增加获取数据的渠道，引入一些客观的方法收集数据，学校因素（校园氛围下的教师支持、同伴支持、自主机会）在人口统计学变量上的差异分析的基础上，对社会适应的其他影响因素进行进一步的探索，为学生群体的心理健康问题提供更多有价值的研究。

五、结论

第一，初中生的学校氛围得分处于中高等水平。

第二，自主机会在年级上存在显著差异；在自主机会维度上，初三学生得分显著高于初一年级学生、初二年级学生；校园氛围总分上，同伴支持维度在性别上存在显著差异。

第三，校园氛围、教师支持、同伴支持在年级上不存在显著差异；自主机会维度、教师支持维度在性别上不存在显著差异。

第四节　青少年自我控制能力在人口统计学变量的差异

一、问题提出

青少年时期是生理、心理发展的关键时期，是心理冲突和行为问题发生的高频时期，也被称为心理断乳期。此时的青少年心理逐渐渴望独立，然而，由于未成年还未完全达到独立，内心总是处在一个矛盾的状态，这时的青少年总是一会儿成熟，一会儿看起来又很幼稚，他们的自控性发展也不稳定。同时，他们可能还面临着来自学业的烦恼、考试的压力和人际交往的难题等，为了完成自己的学业并实现良好的自我发展，培养良好的自我控制能力应当是一个必要条件。在青少年时期，学生很容易做出一些冒险的行为和冲动的决定，这些行为问题不仅会阻碍个体社会化、人格与认知的发展，还不利于个体身心的健康发展和学校正常教育、教学工作的开展。因此，他们需要训练和培养自己，提高抵御诱惑和抑制自我冲动的能力，并且要有长远的综合眼光和发展，否则就会因为生活失控而对自己的学习与生活产生不良的影响。因此，在中小学阶段，中学生可能需要更好的自我控制以帮助他们自己更好地监督、调节和完善自我。

自我控制能力是个体适应社会的一项主要能力，它也被称为自制力（庞维国，2003），是指个体按照社会标准或自己的意愿，对自己的行为、情绪和认知活动等进行约束、管理的能力（王红姣，卢家楣，2004）。自我控制能力是自我意识的重要组成部分，也是心理能动性的重要体现（王燕，2019）。国内外学者对自我控制能力进行了不少研究，由于采用不同角度和不同研究方法，自我控制能力的结构也呈现多种多样。国外研究主要集中在认知、情绪和言语等维度。R. Selman 发现儿童的认知发展水平与自我控制能力密切相关，儿童随着自主性的发展会更加热衷于学习控制自己的行为（1997）。Vygotsky 则认为儿童在做活动时的自言自语可以帮助控制自己的思想和行为（1994）。国内关于自我控制能力的研究早些年主要集中在儿童群体，近几年针对中学生群体的研究逐渐增多（童成寿，2007）。针对儿童群体的自我控制能力研究主要涉及意志品质、言语指导、适应性等（吴波，2019）。针对中学生自我控制能力研究主要与学习、父母教养方式、问题行为等有关（吴波，2019）。朱智贤将自我控制分为内在心理调控和外在行为方式调控两个方面。王红姣则是从个体的行为、情绪、思维三个方面来对青少年自我控制能力进行研究。本研究采用的就是王红姣对自我控制能力的分类和问卷编制。自我控制能力是内在因素和外在因素的相互影响与相互作用，在影响自我控制能力的内在因素研究方面，生理发展水平、认知因素和情感因素相关研究成果较多，父母教养方式、父母控制模式、榜样与惩罚以及言语指导是影响自我控制能力的外在因素。有关自我控制能力在人口统计学变量上的差异研究成果也有很多，何怡晓（2020）研究认为，中学生自我控制力在性别方面没有显著差异，不同年级中学生在自我控制力方面存在显著差异。吴波（2019）研究也认为自我控制能力总分在性别上差异不显著，但是自我控制能力总分在是否独生子女上差异显著，在年级上不存在显著差异。众多研究成果既有一致的地方，也有不同的地方，刘蒙（2018）研究指出男女生在自我控制能力上存在显著差异，自我控制能力在是否独生子女、是否留守学生方面没有显著差异。在本研究中主要关注初中学生群体自我控制能力在人口统计学变量上的差异，而人口统计学变量主要包括年级、性别、是否与父母生活在一起，为青少年自我控制能力问题提供一些有参考价值的研究。

二、研究方法

（一）研究对象

调查对象来源于贵州省遵义市、毕节市、贵阳市的6所比较有代表性的初中学校。共有1078名学生参与此次问卷调查，实测回收有效问卷885份（M年龄=14.31岁，SD年龄=1.32）。其中男生454人（51.3%），女生431人（48.7%）；223人为留守学生（25.2%），662人为非留守学生（74.8%）；初一年级306人（34.6%），初二年级385人（43.5%），初三年级194人（21.9%）。

（二）工具

采用王红姣与卢家楣编制的青少年自我控制能力问卷（2004）。该问卷分为行为控制等三个维度，共36个题目。问卷采用Likert5点计分方式，调查对象根据自己的真实情况在“非常不符合”到“非常符合”的5点量表上进行选择。分数越高表示个体自我控制能力越高。在本研究中，自我控制能力问卷的Cronbach’s α=0.89。

（三）统计方法

采用常用统计分析软件 SPSS21.0 对数据进行统计分析处理。

三、结果分析

首先对收集到的问卷进行初步的筛查与整理，剔除可以分辨出的未达到筛选要求的问卷。将问卷的数值进行认真录入，并将被试的人口社会统计学资料进行编码对应输入，再将所得到的数据导入 SPSS 进行下一步操作。

首先对青少年自我控制能力问卷所得到的数据进行初步的描述统计分析。自我控制能力总分得分（M=3.169，SD=0.401），自我控制能力得分处于中高等水平。其中自我控制能力行为控制维度得分（M=3.237，SD=0.521），情绪控制维度得分（M=3.163，SD=0.449），思维控制得分（M=3.076，SD=0.442）。

通过初步的统计分析，采用 t 检验、方差分析 ANOVA 等方法可知，自我控制能力（$F_{2,882}=11.828$，$p<0.01$）、行为控制维度（$F_{2,882}=11.853$，$p<0.01$）、情绪控制维度（$F_{2,882}=6.686$，$p=0.001$）和思维控制维度（$F_{2,882}=7.502$，$p=0.001$）在年级上存在显著差异。进一步事后检验结果表明，在自我控制能力总分上，初一学生得分显著高于初二年级学生（$p<0.01$）、初三年级学生（$p<0.01$）；在行为控制维度上，初一学生得分显著高于初二学生（$p<0.01$）、初三学生（$p<0.01$）；在情绪控制维度上，初一学生得分显著高于初三学生（$p<0.01$），初二学生得分显著高于初三学生（$p=0.003$）；在思维控制维度上，初一学生得分显著高于初二年级（$p=0.002$）、初三年级（$p<0.01$），数据表明，初一学生的自我控制能力行为控制维度得分最高，初一年级学生的自我控制能力比初二、初三年级的学生高。自我控制能力总分（$t=0.951$，$p=0.342$）、行为控制维度（$t=1.578$，$p=0.115$）、情绪控制维度（$t=1.356$，$p=0.175$）、思维控制维度（$t=-1.194$，$p=0.233$）在性别上不存在显著差异。自我控制能力总分（$t=1.565$，$p=0.118$）、情绪控制维度（$t=0.523$，$p=0.601$）、思维控制维度（$t=0.798$，$p=0.425$）在是否留守学生上不存在显著差异；在行为控制维度上，留守学生得分（M=3.304，SD=0.525）显著高于非留守学生（M=3.217，SD=0.518）。

四、讨论

（一）青少年自我控制能力现状分析

从本研究可以看出，青少年的自我控制能力处于中上等水平，表明青少年的自我控制能力还比较强。自我控制是个体差异的一种特征，反映了对一个人的思想、行动、情感和冲动施加控制的能力，以及将远端动机置于动机之上的能力（Fujita，2011；Tangney，Baumeister & Boone，2004）。初中学生的主要任务是学习，现大多数学校为寄宿学校，因此他们多数长期住校，主要的生活场所就是学校。相比之下，初中的日常管理更加严格，生活和学习内容更加稳定、学习作息时间安排得更加紧凑，留给初中生自我支配的时间较少、空间较小，绝大多数学生都是按照学校的管理和安排，在校内进行日常的学习和生活，每天按部就班、早出晚归、勤奋刻苦，而初一年级的学生刚上初中，整体表现得比初二、初三年级学生更为乖巧和服从管理，多数学生能将注意力和精力集中在学习任务上，对于自我的行为有着较高的控制能力。初二、初三年级学生正处于青春期快速发展时期，他们在自我控制方面有更大的主动性，他们有自己的想法和行动倾向，情绪也更加不稳定。总体来说，初中生自我控制能力现状表明，初中生的自我控制能力得分参差不齐。因此，面对初二、初三学生较低的自我控制能力状况，自我控制能力是学生群体心理健康不容忽视的因素，而拥有较强的自我控制能力显得十分必要。从收集到的数据进行整理和分析来看，本研究中青少年的自我控制能力在一些人口统计学变量上出现显著差异，如年级，可能与学习自律性、学校严格管理制度等方面有关，这些因素在提高自我控制能力方面有一定的影响。

（二）青少年自我控制能力与人口统计学变量的差异分析

对收集到的问卷数据进行初步统计分析发现，自我控制能力总分、行为控制维度、情绪控制维度和思维控制维度在年级上存在显著差异。初一学生自我控制能力总分得分显著高于初二年级学生、初三年级学生；初一学生行为控制维度得分显著高于初二学生、初三学生；初一学生情绪控制维度得分显著高于初三学生，初二学生情绪控制维度得分显著高于初三学生；初一学生思维控制维度得分显著高于初二年级、初三年级学生，数据表明，初一年级学生的自我控制能力得分最高，可见初一年级自我控制能力最佳。究其原因,初一学生刚刚升入初中,还会以“好孩子”的标准来要求自己,听学校的安排、听老师的教导、听家长的叮嘱,相对来说自我控制能力较高。在性别方面,男女生在自我控制能力总分、行为控制维度、情绪控制维度、思维控制维度上不存在显著差异,这与前人研究成果不一致,朱苓苓(2019)研究指出,女生的自我控制得分高于男生,男女生在自我控制及行为自控、思维自控维度上存在显著差异。有研究表明,女生发育要比男生早两年,大部分女生在初中时期开始发育,男生大多在高中时期发育,比男生较早的发育促使女生更加成熟,对自己的行为、情绪、思维等方面的控制能力更强,所以女生总体自控能力高于男生。而本研究数据表明,自我控制能力在性别上差异不显著,原因可能是重男轻女的传统思想不断淡化,男女生在家庭、学校和社会生活中的地位、待遇能够得到平等和一致的对待,而学校的教育方式、管理方法和社会期待也没有明显的差距,进而对男女生自我控制能力的要求和期望也不会有明显的差别。在是否留守学生方面,是否留守学生在自我控制能力总分、情绪控制维度、思维控制维度上不存在显著差异;留守学生行为控制维度得分显著高于非留守学生。相对于非留守学生来说,留守学生要承担更多的生活重任,他们明白很多事要由自己去解决,父母长期不在身边让他们更加懂得管住自己和照顾自己、更加独立自主,在成长过程中,与其他人相处交往需要更多的忍让和克制,这些让个体的自我控制得到了丰富的锻炼。而对于非留守学生来说,这种锻炼机会较少,加上对家庭的依赖,遇到困难可能就指望父母或是其他人,往往缺少独立性的发展和人与人之间磨合的锻炼,因而自我控制能力行为控制维度得分较低。

(三)本研究的不足及研究展望

本研究尚且存在一些不足之处,需要未来的研究加以完善与改进。首先,本研究的样本均来自贵州省遵义市、毕节市和贵阳市三个地区,样本不能代表全国的初中学生;其次,人口统计学变量是自我控制能力研究最基本的影响因素,只对二者进行了统计数据分析,未从其他角度考虑二者之间的关系;最后,运用问卷法进行研究,仅仅被试根据主观情况填写问卷,不能排除一些主观的期望和疲劳效应等被试误差。

五、结论

第一，青少年的自我控制能力处于中高等水平。

第二，自我控制能力总分、行为控制维度、情绪控制维度和思维控制维度在年级上存在显著性差异；自我控制能力总分、行为控制维度、情绪控制维度、思维控制维度在性别上不存在显著性差异；自我控制能力总分、情绪控制维度、思维控制维度在是否留守学生上不存在显著性差异，留守学生行为控制显著高于非留守学生。

第五节　青少年应对方式在人口统计学变量的差异

一、问题提出

学生群体作为未来国家人力资源的核心群体，一直是社会和各领域研究者重点关注的对象，也是心理健康领域研究的焦点。初中生正处于青春期重要阶段，这一时期学生的主要特点就是身心发展快且不稳定，自我意识更加强烈等。在这样特殊的身心状态下，学生还面临着巨大的学习、生活和人际交往压力，他们的心理状态直接影响着日常的学习活动。因此，寻找正确的方法应对各种难题显得尤为重要。应对是个体面临压力时为减轻其负面影响而作出的认知和行为的努力过程（朱卫红，顾永清，黄希庭，2003）。应对是应激源与应激反应之间重要的中介变量（Folkman S, Lazarus RS，1986）。相同的应激源可能因个体不同的应对方式产生不同的应激结果。良好的应对方式有助于缓解精神压力，帮助个体解决实际问题，从而起到维持心理平衡，促进心理健康的作用；不良的应对方式会增加个体的困扰，加重个体的压力，从而影响心理健康，甚至产生心理疾病（Steiner H, Erickson SJ, Hernandez NL，2002；高志奎，2011）。因此，良好的应对方式是青少年在当下竞争激烈的社会中不可缺少的重要因素。

应对方式是个体对现实环境变化作出的有意识的、有目的的和灵活的调节行为，是指个体在面对挫折环境或者压力时所使用的认知行为方式（Joffe PE, Bast BA，1978）。关于应对方式研究在心理学涉及的相关领域中有不太长的历史，从国内外总体的研究趋势来看，应对方式和应激问题被重视开始于20世纪70—80年代。国内从1997年开始,研究的数量呈逐年增多趋势(梁宝勇,2002)。而主要被试群体是大学生或成人,对初中生的研究普遍偏少,并且尚未形成体系。不过,关于应对方式的影响因素研究成果倒是很多,有研究指出,个体的应对方式会被不同的因素所影响,大致可以归纳为两类:个体因素如人格,以及年级、性别等人口统计学变量,还有一些研究表明父母教养方式与人格特质也是重要的影响因素(毛洁昭,2020)。有研究表明,学生的应对方式会随年龄的变化和社会生活的不同而发生变化及发展,其形成和发展会受到各种因素的影响,包括家庭功能、父母教养方式、学校教育、校园氛围、社会环境以及个体内在因素,应对方式是个体内在因素与情境因素交互作用的结果(黄希庭,余华,2000)。目前,对于人格因素和被试因素对应对方式影响的研究较多,个体所选择的应对方式和个体自尊、个体所在年级、个体现有的受教育水平以及个体的心理健康状况等关系非常密切(王桂平,2001;温盛林,2001)。黄希庭(2000)研究认为,应对方式在性别上存在显著差异,但年龄以及年级方面差异不大(王振宏,2001)。Ham-pel和Petermann也发现,女生比男生采用更多的消极应对策略。何丹丹(2020)研究指出挫折应对方式在生源地的差异检验上不存在显著差异。本研究主要探究应对方式在人口统计学变量上的差异,包括性别、年级,是否与父母生活在一起。采用的应对方式问卷包括积极应对和消极应对两个维度。应对方式的研究表明,积极的应对方式促进积极情绪的产生,消极的应对方式产生消极情绪,这些情绪与应对方式相互作用增强或减弱积极情绪体验,并作为中介变量最终影响个体的社会适应情况(邓敏,陈旭,张雪峰,2010)。应激和应对问题在人类适应和身心健康中起着至关重要的作用,进一步深入对于应对方式的研究十分必要。

二、研究方法

(一)研究对象

调查对象来源于贵州省遵义市、毕节市、贵阳市的6所比较有代表性的初中学校。共有1078名学生参与此次问卷调查,实测回收有效问卷885份(M年龄=14.31岁,SD年龄=1.32)。其中男生454人(51.3%),女生431人(48.7%);223人为留守学生(25.2%),662人为非留守学生(74.8%);初一年级306人(34.6%),初二年级385人(43.5%),初三年级194人(21.9%)。

（二）工具

采用解亚宁（1999）编制的简易应对方式问卷。该问卷含积极应对和消极应对两个维度，1–10 题为积极应对方式，11–20 题为消极应对方式。量表采用 Likert 4 点计分方式，被试根据自己的真实情况在“从不采用”到“经常采用”的 4 点量表上进行选择。应对倾向为积极应对得分（Z 分数）减去消极应对得分（Z 分数）。在本研究中，应对方式问卷的 Cronbach's α=0.89。

（三）统计方法

采用常用统计分析软件 SPSS21.0 对数据进行统计分析处理。

三、结果分析

首先对收集到的问卷进行初步的筛查与整理，剔除可以分辨出的未达到筛选要求的问卷。将问卷的数值进行认真录入，并将被试的人口社会统计学资料进行编码对应输入，再将所得到的数据导入 SPSS 进行下一步操作。

接下来对应对方式问卷所得到的数据进行初步的描述统计分析。应对倾向得分（M=-0.101，SD=1.077），其中应对方式积极应对维度得分（M=2.405，SD=0.518），消极应对维度得分（M=2.083，SD=0.486），应对方式得分处于中低等水平。

通过初步的统计分析，采用 t 检验、方差分析 ANOVA 等方法可知，积极应对维度（$F_{2,882}$=3.171，p=0.042）在年级上存在显著差异，应对倾向得分（$F_{2,882}$=2.953，p=0.052）在年级上存在边缘性显著差异。进一步事后检验结果表明，在积极应对维度上，初二学生得分显著低于初三学生（p=0.016）；在应对倾向得分上，初二年级学生得分显著低于初三学生（p=0.016）。消极应对维度（$F_{2,882}$=0.131，p=0.877）在年级上不存在显著差异，数据表明，初二学生的积极应对维度得分、应对倾向得分最低，应对方式得分水平较低。应对倾向得分（t=0.428，p=0.669）、积极应对维度（t=1.731，p=0.084）、消极应对维度（t=1.235，p=0.217）在性别上不存在显著差异，应对方式在男、女性别上没有差异。应对倾向得分（t=1.234，p=0.218）、消极应对维度（t=1.562，p=0.119）在是否留守学生上不存在显著差异，积极应对维度（t=2.983，p=0.003）在是否留守学生上存在显著差异，留守学生得分（M=2.472，SD=0.503）显著高于非留守学生（M=2.384，SD=0.521）。

四、讨论

（一）青少年应对方式现状分析

从本研究可以看出，青少年的应对方式处于中等偏下水平。应对方式是个体在面对压力时所采用的认知调节和行为努力的方法、技巧与策略，分为积极应对和消极应对（Folkman S，1986；解亚宁，1998）。积极应对是指个体以解决问题为导向，主动寻求内外部资源，积极构建解决问题的策略；消极应对是指相对于问题解决，个体更关注自己的情绪体验，采用逃避、否认、自责等方式（Park H J，Heppner P P，2010；Liu W，Li Z，Ling Y，2016）。应对倾向为积极应对得分（Z 分数）减去消极应对得分（Z 分数），本研究中应对倾向得分（M=-0.101，SD=1.077），数据表明积极应对得分小于消极应对得分，青少年将会更多地采用消极应对方式。有研究发现，在面对高水平的外界压力时，青少年更倾向于采用消极应对（冯永辉，2016），有过童年创伤经历的个体更少地采用积极应对（周永红，2016）。为什么同处于一个社会大环境，有的人颓废、抑郁，有的人却依旧朝气蓬勃、活泼开朗；有的人能采用积极的方式应对生活难题，缓解自己的心理压力和烦恼，有的人却采取消极的应对方式，增添自己的负面情绪和压力？这一状况值得关注，大部分初中生采取消极应对方式，心理健康状况不容忽视，消极的应对方式产生消极的情绪体验，这一问题直接影响着学生的日常学习生活、家庭的幸福程度、学校的教育教学质量以及社会的适应性发展。从收集到的数据进行整理和分析来看，本研究中青少年的应对方式在一些人口统计学变量上出现显著差异，如年级、是否留守学生，可能与生活环境、心理变化等方面有关，这些因素在采取应对方式方面有一定的影响。

（二）青少年应对方式与人口统计学变量的差异分析

对收集到的问卷数据进行初步统计分析发现，积极应对维度在年级上存在显著差异，应对倾向得分在年级上存在边缘性显著差异。初二学生积极应对维度得分显著低于初三学生，初二年级学生应对倾向得分显著低于初三学生。消极应对维度在年级上不存在显著差异。可见初二年级学生采取应对方式较弱，在应对方式上存在年级的不稳定性。在毛洁昭（2020）的研究中发现，七年级学生在应对方式上显著高于八年级，九年级次之，即八年级最低。这和本研究结果有一致的地方。究其原因，初二的学生正进入青春期，处于青春期的中学生情绪更容易波动，表现为不稳定性和两极性，有时心花怒放，有时暴躁冲动，波动剧烈，情绪容易从一个极端剧烈地转向另一个极端，对事情的看法也比较片面，很容易根据事件的难易和烦琐程度产生当下的态度和对问题解决的办法，而这种办法较少地采取积极应对。在性别方面，应对倾向得分、积极应对维度、消极应对维度在性别上不存在显著差异。这与黄希庭（2000）、何安明（2020）等人的研究结果不一致。何安明研究指出，男生的消极应对水平要高于女生。在青春期时期，女生比男生的心理整合能力更强，自我意识成熟度也更高（冯正直，2003），能够得到更多人的支持和关照，当出现生活压力和难题时，女生能够更灵活地转变方式以应对问题。而对于本研究结果与前人研究结果不一致的原因可能有，重男轻女、男女区别对待的传统思想正在不断淡化和转变为男女平等的现代思想，家庭、学校教育观念的差异也在逐渐减小，进而对男女生应对方式的要求也没有明显的差别。在是否留守学生方面，是否留守学生在应对倾向得分、消极应对维度上不存在显著差异；同时，留守学生积极应对维度得分显著高于非留守学生。留守学生比非留守学生更能采取积极的应对方式，这或许是父母外出工作、留守学生变得比较常见，来自同伴、学校以及社会等各方面的压力和歧视越来越少，在父母长期不在身边的情况下，学生更早地成熟，脱离对于家庭的依赖，让个体得到更多的锻炼，学会了应对难题的较好方式。而非留守学生，从小在父母的庇护下成长，个体独立性没有得到较大的发展，遇到生活困扰还依赖于父母家庭给予的帮助，上了初中后，自主解决问题、逐渐靠自己的做事方式让他们一时难以适应，面临学业、生活中的困难可能就没有采取较好的应对方式。

（三）本研究的不足及研究展望

本研究尚且存在一些不足之处，需要未来的研究加以完善与改进。首先，本研究的样本均来自贵州省贵阳市、遵义市和毕节市三个地区，样本不能代表全国的初中学生；其次，人口统计学变量是应对方式研究最基本的影响因素，只对二者进行了统计数据分析，未从其他角度考虑二者之间的关系；最后，运用问卷法进行研究，仅仅被试根据主观情况填写问卷，不能排除一些主观的期望和疲劳效应等被试误差。在未来的研究中，可以增加获取数据的渠道，引入一些客观的方法收集数据，在应对方式在人口统计学变量上的差异分析的基础上,对应对方式的其他影响因素进行进一步的探索,为初中学生群体的心理健康问题提供更多有价值的研究。

五、结论

第一,青少年的应对方式处于中等偏下水平。

第二,积极应对维度在年级上存在显著性差异,应对倾向得分在年级上存在边缘性显著差异,消极应对维度在年级上不存在显著性差异;应对倾向得分、积极应对维度、消极应对维度在性别上不存在显著性差异;应对倾向得分、消极应对维度在是否留守学生上不存在显著性差异,积极应对维度在是否留守学生上存在显著性差异。

第六节　青少年疏离感在人口统计学变量的差异

一、问题提出

随着世界环境的快速变化,改革开放和市场经济的发展,我国城市化进程加快,中国数以亿计的农民到城市和发达地区就业找工作,致使落后地区留守儿童的数量逐年增多。相关调查数据显示,全国有农村留守儿童6102.55万,占农村儿童的37.7%,占全国儿童的21.88%。其中46.74%的留守儿童父母双方同时外出打工,32.67%的留守儿童由爷爷、奶奶抚养,10.7%的留守儿童被托付给其他人抚养生活。留守儿童的家庭支持弱化,同学朋友是留守儿童首位倾诉对象和第一求助人选,初二留守学生与父母关系更差。初中生处于青少年发展时期,是孩子心智发展的重要阶段,也是孩子成长的关键期。这一时期的青少年内心总是处在一个矛盾的状态,除了实际生活中面临的难题,在心理上他们也面临着一系列心理危机。而留守初中生是这一阶段更为特殊的群体。家庭是个体身心发展的重要场所,其基本功能是为家庭成员生理、心理、社会性等健康发展提供一定的环境条件。父母长期的外出打工,致使留守儿童长期与父母分离,享受不到父母的关怀与爱护,可能缺失这一情感、环境体验,反而要过早承担家庭的生活重任,这就会导致留守儿童出现孤独、敏感多变和不爱与人沟通、交流等负面情绪。Kendal(1982)的研究表明父母与孩子之间的情感联系不紧密,很少与孩子进行深入的沟通,这样的孩子体验到的疏离程度较高。为进一步提高初中学生的心理素质，使初中生的心理得以健康发展，青少年的疏离感影响因素更值得我们去深入探讨。

疏离感是个体由于正常关系发生疏远甚至支配、控制，从而使个体产生了无意义感、压迫拘束感、自我疏离感、不可控制感、社会孤立感等消极的情感（杨东，吴晓蓉，2005）。杨东等人认为中学生的疏离感是由于中学生在其家庭、学校和社会关系网中，由于不能自我认知，不能与家人、同学朋友、老师建立良好的人际关系，不能从学校、群体里获得良好的归属感，从而体验到的疏离的消极情绪（季思含，2016）。国外对疏离感的研究已经有许多，美国研究者不但研制了疏离感的问卷，而且还研究了其他方面：疏离感与青少年犯罪之间的关系；疏离感与心理健康的关系研究；疏离感的影响因素研究；疏离感和家庭的关系研究（常梦琰，2014）。在国内，杨东等人研究了大学生的疏离感和价值观的关系，包括疏离感的概念、结构维度的建构（两个阶层：第一阶层包括社会疏离感、人际疏离感和环境疏离感 3 个维度；第二阶层包含 9 个维度）（杨东，2002），疏离感越高的人价值观越差（杨东，2000）。有研究表明，疏离感高的青少年较多行为表现为情绪激动，缺乏自信和忧虑；疏离感低的青少年则表现为情绪稳定、自信沉着和行动自律（汤毅晖，2004）。魏欢对青少年疏离感发展进行了实证研究，结果表明青少年的疏离感随着年龄的增长而升高，性别不同的青少年疏离感也会呈现不一样的特征（魏欢，2006）。张进辅等人研究指出，疏离感是存在年级差异的。初中生的孤立感程度要低于高中生，其中初一的疏离感低于初二、初三的学生（杨东，张进辅，2002）。在本研究中主要探究疏离感在人口统计学变量上的差异，而人口统计学变量主要包括性别、年级、是否与父母生活在一起。采用陈维等人修订的单维度一般疏离感量表，目前疏离感的研究一般都是以普通青少年为被试，很少将留守学生和非留守学生进行讨论研究。因留守学生和非留守学生的生活成长环境不同，研究疏离感在人口统计学变量上的差异具有十分重要的意义。

二、研究方法

（一）研究对象

调查对象来源于贵州省遵义市、毕节市、贵阳市的 6 所比较有代表性的初中学校。共有 1078 名学生参与此次问卷调查，实测回收有效问卷 885 份（M 年龄 =14.31 岁，SD 年龄 =1.32）。其中男生 454 人（51.3%），女生 431 人（48.7%）；223 人为留守学生（25.2%），662 人为非留守学生

(74.8%);初一年级306人(34.6%),初二年级385人(43.5%),初三年级194人(21.9%)。

(二)工具

采用陈维、赵守盈、罗杰和张进辅(2015)修订的一般疏离感量表。该量表为单维量表,共12题。量表采用Likert 4点计分方式,被试根据自己的真实情况在"非常不同意"到"非常同意"的4点量表上进行选择。得分越高表示疏离感越高。在本研究中,一般疏离感量表的Cronbach's α=0.88。

(三)统计方法

采用常用统计分析软件SPSS21.0对数据进行统计分析处理。

三、结果分析

首先对收集到的问卷进行初步的筛查与整理,剔除可以分辨出的未达到筛选要求的问卷。将问卷的数值进行认真录入,并将被试的人口社会统计学资料进行编码对应输入,再将所得到的数据导入SPSS进行下一步操作。

接下来对青少年疏离感问卷所得到的数据进行初步的描述统计分析。青少年疏离感得分(M=2.408, SD=0.502),数据比较集中,青少年疏离感得分处于中等偏下水平。

通过初步的统计分析,采用t检验、方差分析ANOVA等方法可知,青少年疏离感在性别(t=2.612, p=0.009)上存在显著差异,女初中生(M=2.439, SD=0.507)的疏离感显著高于男初中学生(M=2.375, SD=0.494)。青少年疏离感在年级($F_{2,882}$=5.604, p=0.004)上存在显著差异,进一步事后检验表明,初一学生的疏离感显著低于初二学生(p=0.003)和初三学生(p=0.006),初二学生的疏离感与初三学生的疏离感不存在显著差异。青少年疏离感在是否留守学生(t=0.933, p=0.351)上不存在显著差异。

四、讨论

（一）青少年疏离感现状分析

从本研究可以看出，青少年的疏离感处于中等偏下水平。疏离感是个体难以处理与周围人的关系，与家人、朋友难以建立亲密的情感链接，进而感觉到受孤立时所体验到的一种无助、无意义等一系列消极情绪（Michael，2003）。每个人在生活中都会在某种程度上或多或少地体验到疏离感，个体的活动大部分在社会中完成，在这个过程中没有与周围他人建立良好有效的情感关系就会产生疏离感。而人对这种疏离感体验最深刻的时期可能是青少年时期，这个时期他们正经历着自我分化，逐渐迈向自我意识整合，他们经历着生理方面带来的巨大变化，也开始体验着内心世界带来的矛盾与冲突，更加体验到心理活动和实际生活的差异、自我内部的分离以及自我和外界分离，从而产生疏离感。个体适度的疏离感在一定程度上可以帮助学生进行自我反思，有助于建立良好的自我同一性和自我防御机制；但长期处于强烈高度的疏离感则不利于个体的发展，会导致青少年的自我同一性发生混乱，无法正常融入学习和社会生活，严重危害个体的身心健康，进而产生其他心理矛盾。这是青少年时期重要的心理健康问题，需要得到重视。本研究中疏离感水平为中等偏下，表明青少年的疏离感程度较低，这与张进辅（2003）的研究结果一致。随着时代的进步，对于初中生全面发展越来越受到重视，国家推行素质教育，学校开展大量的课外活动，加上社会生活条件变得优越，学生们接触到的新鲜事物也变得更多，学生们的课余生活越来越丰富，与同伴交流的机会也逐渐增多，整体感受到的氛围是有较好的人际沟通。目前，有关青少年疏离感的研究较多，但是所得到的疏离感水平高低参差不齐，对疏离感与人口社会学统计资料变量二者之间的差异分析也不尽相同。对本研究收集到的数据进行整理和分析，发现青少年的疏离感在几个人口统计学变量上出现显著差异，如性别、年级，这可能与情感表达、心理活动等方面有关，这些影响因素与青少年疏离感之间的关系是未来大家继续探索的重要方面和问题。

（二）青少年疏离感与人口统计学变量的差异分析

从收集到的问卷数据，初步进行统计分析发现，青少年疏离感在性别上存在显著差异，女初中生的疏离感显著高于男初中生，这与王玥（2012）、郑炎杰（2019）的研究结果一致。男女生的发展特点不同，女生的情感情绪等心理活动会更加细腻，她们的思虑较多、想法更复杂，对周围环境的感受也更加敏感。此外，初中阶段正是青少年建立自我同一性的时期，青少年会把对外界的关注逐渐转向对自我内在世界的关注，更关注自我的发展，同时也会从他人那里来获取对自我的认识。相比较男生，女生更在意其他人对自己的评价和看法，更容易陷入自己和他人关系的想法中以及心理封闭状态，因此女生的疏离感水平高于男生。在年级方面，青少年疏离感在年级上存在显著差异，初一学生的疏离感显著低于初二学生和初三学生，初二学生的疏离感与初三学生的疏离感不存在显著差异。这与前人研究结果不同（郑炎杰，2019），研究者认为可能是学生的学习压力不大，在学校与同伴相处的时间增多，父母对其关心和关注也会增多，同时青少年时期是个体自我同一性的发展阶段，学生会对自我进行探索，并从他人和社会角度获取对自我的认识，而且学生的课余活动丰富多彩，也促进了学生间良好的同伴关系，因此在年级上没有显著差异。同时，还有研究认为随着年级的增长青少年的疏离感程度不断增加（董松华，2015）。本研究数据表明，初一学生的疏离感程度最低，并不能得出随着年级的增长而呈线性提高，而是一种无规律变化的，初二与初三学生疏离感程度没有显著差异。究其原因，初二、初三年级学生的生理和心理发展迅速，但并未有较大的差距，他们开始重点关注自身的内心活动，减少与父母、老师的交流，喜欢把心事藏在自己的心里或是只跟亲近的朋友诉说。而初一年级的学生年龄还比较小，刚刚升入初中的他们对家长、老师的依赖也比较大，其自我同一性还在起步、萌芽状态，这一年级的学生内心还需要父母、老师给的关爱，其疏离感程度也较低。青少年疏离感在是否留守学生上不存在显著差异，是否留守学生对个体疏离感没有差别。这也说明了无论个体是否为留守学生，他们在初中阶段都要面对自我、同伴、家庭等相似的问题，同时初中学生大部分在学校度过，更多时间接触的是老师同学，与父母是否一起生活对其疏离感影响不大，因此留守学生和非留守学生感知到的疏离感相似度较高。

（三）本研究的不足及研究展望

本研究尚且存在一些不足之处，需要未来的研究加以完善与改进。首先，本研究的样本均来自贵州省贵阳市、遵义市和毕节市三个地区，样本不能代表全国的中小学教师；其次，人口统计学变量是青少年疏离感研究最基本的影响因素，只对二者进行了统计数据分析，未从其他角度考虑二者之间的关系；最后，运用问卷法进行研究，仅仅被试根据主观情况填写问卷，不能排除一些主观的期望和疲劳效应等被试误差。在未来的研究中，可以增加获取数据的渠道，引入一些客观的方法收集数据，在青少年疏离感在人口统计学变量上的差异分析的基础上，对青少年疏离感的其他影响因素进行进一步的探索，为青少年群体的心理健康问题提供更多有价值的研究。

五、结论

第一，青少年的疏离感处于中等偏下水平。

第二，青少年疏离感在性别上存在显著差异，女初中生的疏离感显著高于男初中生；青少年疏离感在年级上存在显著差异，初一学生的疏离感显著低于初二学生和初三学生；青少年疏离感在是否留守学生上不存在显著差异。

第三章　家庭因素对青少年社会适应的影响

良好的适应和社会适应是青少年发展与成熟的重要标志。在影响青少年发展的诸多因素中，来自家庭的因素一直是研究者关注的重点。研究者一直将家庭因素（家庭功能、亲子关系、父母控制、父母教养方式等）看成是影响青少年社会适应的重要外在因素。本章主要探讨父母教养方式这一家庭因素对青少年社会适应的影响。

第一节　父母积极教养方式对青少年社会适应的影响

一、问题提出

在每个人的成长过程中，心理发展的影响因素有很多，例如学校、社会、家庭等，其中家庭因素具有非常特殊的意义。父母是子女的第一任也是任职时间最长的教师，是子女的重要他人，其扮演的角色对孩子的毕生发展起到了至关重要的作用。父母为子女提供一个良好健康的社会适应环境背景，对青少年应对新环境、新挑战、适应社会的发展都有非常重要的意义。父母教养方式对个体发展的影响最大也最直接，其作为影响青少年社会适应的一大重要因素，逐渐成为研究者关注的焦点之一。

父母教养方式是指在家庭生活中以亲子关系为中心的，父母在对子女进行抚养和教育的日常活动中所表现出来的一种对待孩子的相对稳定的、固定的行为模式和行为倾向，是父母传达给子女的态度以及由父母的行为所表达出的情感气氛的集合体（王一晶，2017）。父母的教养方式既包括父母履行其职责的专门的目标定向的行为，也包括非目标定向的教养方式，诸如姿势、语调的变化或是情绪的自然流露（陈世民，张莹，陆文春，2020）。教养方式主要包含三个特殊成分：父母与孩子之间的情感联系，父母的教养实践和行为，父母的信念系统（龚艺华，2005）。父母教养方式的形成受到诸多因素的影响，包括父母特征（父母的功能差异、社会经济地位、人格、压力与情绪)、子女特征(性别和出生顺序)、祖辈特征(祖辈教养方式的代际传递)和社会文化等(陈世民,张莹,陆文春,2020)。在早期的研究中,国外学者主要关注父母教养方式对儿童社会化的影响,他们对亲子关系的维度以及父母教养方式的类型作出划分,并研究父母教养方式对儿童心理健康的影响,在关于儿童社会化的早期经验研究中,研究者们开始以维度来描述父母对子女的教养方式。国内学者大多从20世纪80年代开始涉足父母教养方式这一研究领域,起初的研究较为零散,取向较为单一,或从儿童性格入手,或从儿童心理卫生入手,探求有利于儿童心理发展的家庭教育形式(彭文涛,2008)。

"适应"一词在早期被认为是生物所特有的现象,对于"适应"概念的理解不同学科领域有各自不同的表述。心理学上的社会适应是一个综合复杂、多层次的概念,强调的是适应的心理机制和适应过程(殷颢文,毛曦,顾友梅,2017)。美国心理学家道尔将社会适应定义为:"人类有机体根据其年龄特征,履行社会义务承担社会责任的机能。"皮亚杰认为适应的本质在于通过同化和顺应使得机体与环境达到平衡,社会适应是个体和环境互动的过程。很多心理学家都认识到,社会适应同样是一种人格适应,在个体面临应激、压力或困境时,其内在的人格特质就要进行应对评估,调动已有的心理资源和策略进行危机的处理,使人格或心理保持一种平衡状态,若处理得当,人格特质就保持相对的稳定,若危机始终无法处理,就会导致人格的不稳定甚至障碍(杨彦平,金瑜,2007)。西方学者对社会适应的研究范围很广,研究内容日趋具体化,主要集中在心理适应、角色适应、社会交往、职业适应、学校适应等具体方面。如 Wentzel 和 Asher 从成就需要、自我控制能力、同伴关系和学业积极性等方面来测查青少年的学校适应状况;Bhattacharga 和 Gauri 则以学业成绩的平均等级为指标来考察美国南亚移民学生的适应性情况。20 世纪 80 年代中期以来,国内关于社会适应的研究逐步展开,主要以大学生群体为研究人群,同时也有部分集中在对儿童的社会行为现状、特征的研究(殷颢文,毛曦,顾友梅,2017)。

近年来,父母教养方式对中小学学生、中高职学生、大学生等不同群体社会适应影响的研究受到广大研究者的偏爱,且取得了大量的研究成果。青少年的社会适应与父母教养方式关系密切。相关分析表明,父母"卷入 / 支持"性教养行为与青少年的积极适应显著正相关,与消极适应显著负相关;而"控制 / 惩罚"性教养行为则相反(刘文婧,许志星,邹泓,2012)。父母给予温暖理解越多,子女适应社会越好,父亲越拒绝否认,母亲越严厉惩罚,子女社会适应越差(崔燕,2013)。父母采用"温暖与理解"

等积极教养方式能促进个体的发展，降低个体出现内隐和外显问题行为的可能性；而父母采用“拒绝与否认”等消极教养方式将阻碍个体的发展，导致个体出现诸如抑郁、学习不良、网络成瘾等社会适应问题（徐慧，张建新，张梅玲，2008）。值得注意的是，前人的研究集中在父母教养方式对消极社会适应的影响，主要探讨消极教养方式对社会适应问题的影响及其机制（何婷，宋子婧，丁菀，刘伟，蔺秀云，2018）。从积极心理学的视角出发，探讨与个体的幸福、力量和成长相关联的积极社会适应及其保护性因素理应更受到研究者的关注。综上所述，本研究重点从父母温暖的维度来探讨父母积极教养方式对青少年消极和积极社会适应的影响。

二、研究方法

（一）研究对象

研究对象来源于贵州省遵义市、毕节市、贵阳市的6所比较有代表性的初中学校。共有1078名学生参与此次问卷调查，实测回收有效问卷885份（$M_{年龄}$=14.31岁，$SD_{年龄}$=1.32）。其中男生454人（51.3%），女生431人（48.7%）；223人为留守学生（25.2%），662人为非留守学生（74.8%）；初一年级306人（34.6%），初二年级385人（43.5%），初三年级194人（21.9%）。

（二）工具

1. 父母积极教养方式问卷

采用《简式父母教养方式》问卷中的父母温暖分量表评估个体感知到的父母积极教养方式（蒋奖，鲁峥嵘，蒋苾菁，许燕，2010），问卷共7个项目，如“我觉得父/母亲尽量使我的青少年时期的生活更有意义和丰富多彩”。问卷采用Likert4点计分方式，调查对象根据自己的真实情况在“从不”到“总是”的4点量表上进行选择。该问卷分别考察个体感知到的父亲温暖和母亲温暖，最后通过计算母亲温暖和父亲温暖分值的平均数得到学生父母温暖的得分，得分越高代表个体感知到的父母的温暖和支持越多。在本研究中，问卷的Cronbach's α=0.91。

2. 青少年社会适应问卷

采用邹泓、余益兵、周晖等人编制的青少年社会适应状况问卷（2012）。该问卷共52个项目，包括自我肯定、自我烦扰、社会疏离、行事效率、违规行为、积极应对和消极退缩等 8 个一阶因子，分为自我适应、人际适应、行为适应和环境适应 4 个领域，以及积极适应和消极适应两种功能状态。问卷采用 Likert5 点计分，调查对象根据自己的真实情况在“非常不符合”到“非常符合”的 5 点量表上进行选择。分数越高表示个体有更好的积极社会适应。在本研究中，积极社会适应问卷的 Cronbach's $\alpha=0.92$。

（三）统计方法

采用常用统计分析软件 SPSS21.0 对数据进行统计分析处理。

三、结果分析

（一）各变量描述统计结果及相关分析

对父母积极教养方式问卷、积极社会适应问卷以及消极社会适应问卷所得到的数据进行初步的描述统计分析。消极社会适应、积极社会适应、违规行为、自我烦扰、社会疏离、消极退缩、亲社会倾向、自我肯定、行事效率、积极应对、父母积极教养方式描述性统计及相关结果：消极社会适应总分得分（M=2.503，SD=0.528）处于中下水平，各分量表，违规行为得分（M=1.889，SD=0.720）、自我烦扰得分（M=2.775，SD=0.811）、社会疏离得分（M=2.571，SD=0.574）、消极退缩得分（M=2.585，SD=0.614）、均处于中下水平。积极社会适应总得分（M=2.968，SD=0.510）、处于中下水平，各分量表，自我肯定得分（M=2.928，SD=0.599）、行事效率得分（M=2.829，SD=0.614）、积极应对得分（M=2.916，SD=0.617）三者均处于中下水平；亲社会倾向得分（M=3.177，SD=0.646），处于中等偏上水平。父母积极教养方式得分（M=2.242，SD=0.740）处于中等水平。父母积极教养方式与积极社会适应（r=0.323，$p<0.01$）呈现显著正相关，与消极社会适应（r=−0.082，$p<0.01$）呈现显著负相关，由此可见，父母教养方式与青少年社会适应之间存在密切联系。在各个分维度上，父母积极教养方式与自我肯定（r=0.252，$p<0.01$）、亲社会倾向（r=0.270，$p<0.01$）、行事效率（r=0.243，$p<0.01$）、积极应对（r=0.301，$p<0.01$）呈现显著正相关，与人际疏离（r=−0.160，$p<0.01$）、违规行为（r=−0.061，$p<0.05$）呈现显著负相关，与消极退缩（r = 0.016，p=0.518）、自我烦扰（r=−0.042，p=0.083）没有显著的相关关系。

（二）各变量差异检验结果分析

通过初步的统计分析，采用 t 检验、方差分析 ANOVA 等方法可知，积极社会适应总分（t= –0.750，p=0.367）、自我肯定（t= –0.2,829，$p < 0.01$）在是否留守学生上存在显著差异；亲社会（t=0.161，p=0.872）、行事效率（t=0.007，p=0.995）、积极应对（t=0.660，p=0.509）；消极社会适应总分（t=0.902，p=0.367）、自我烦扰（t=0.020，p=0.984）、人际疏离（t=0.586，p=0.558）、违规行为（t= 1.774，p=0.076）、消极退缩（t=0.996，p=0.319）在是否留守学生上不存在显著差异。积极社会适应总分（t=3.429，$p < 0.01$）、亲社会倾向（t=7.685，$p < 0.01$）、行事效率（t=2.337，$p < 0.01$）、积极应对（t=2.141，$p < 0.05$）、自我烦扰（t=4.820，$p < 0.01$）、人际疏离（t=–2.639，$p < 0.01$）、违规行为（t= –4.246，$p < 0.01$）、消极退缩（t=4.795，$p < 0.01$）在性别上存在显著差异；自我肯定（t= –0.760，p=0.447）、消极社会适应总分（t=1.507，p=0.132）在性别上不存在显著差异。积极社会适应（$F_{2,882}$=1.282，$p < 0.05$）、自我肯定（$F_{2,882}$=1.909，$p < 0.01$）、行事效率（$F_{2,882}$=4.858，$p < 0.01$）、消极社会适应（$F_{2,882}$=3.355，$p < 0.05$）、消极退缩（$F_{2,882}$=11.605，$p < 0.01$）在年级上存在显著差异。进一步事后检验结果表明，消极社会适应总分上，初二学生得分显著高于初一学生（$p < 0.05$）；人际疏离维度上，初二学生得分显著高于初一学生（$p < 0.05$）、消极退缩维度上，初二学生得分明显高于初一学生（$p < 0.01$），初三学生得分明显高于初一学生（$p < 0.01$）；在积极社会适应总分上无显著差异；自我肯定维度上，初二学生得分显著高于初一学生（$p < 0.01$），初二学生得分也显著高于初三学生（$p < 0.05$）；行事效率维度上，初一学生得分显著高于初三学生（$p < 0.05$），初二学生得分显著高于初三学生（$p < 0.05$）。父母温暖（$F_{2,882}$=9.176，$p < 0.01$）在年级上存在显著差异，进一步事后检验结果表明，初一学生、初三学生得分高于初二学生；父母温暖维度在是否留守学生（t=0.243，p=0.808）、性别上（t=0.134，p=0.893）均不存在显著差异。

（三）青少年社会适应线性回归分析结果

为进一步考察父母积极教养方式对青少年社会适应影响，分别以积极社会适应、消极社会适应为因变量，父母温暖以及性别、年龄、年级、是否留守等人口统计学变量为自变量，采用强行进入法（Enter）进行一元线性回归分析。当以积极社会适应作为因变量时，各预测指标的容忍度

(tolerance)在 0.679 到 0.997 之间,方差扩大因子 VIF 在 1.003 到 1.469 之间,说明这些指标的共线性对回归分析没有不良影响。回归分析得出 R^2=0.115, ΔR^2 =0.112, F = 43.255, p<0.001,说明建立的回归方程是有意义的,所有 5 个变量能够解释青少年积极社会适应总变异的 11.2%。在控制了性别、年龄等人口统计学变量后,父母温暖(β=0.078, p<0.05)对青少年积极社会适应具有显著正向预测作用。当以消极社会适应作为因变量时,各预测指标的容忍度(tolerance)在 0.679 到 0.997 之间,方差扩大因子 VIF 在 1.003 到 1.472 之间,说明这些指标的共线性对回归分析没有不良影响。回归分析得出 R^2=0.014, ΔR^2 =0.011, F = 4.812, p<0.001,说明建立的回归方程是有意义的,所有 5 个变量能够解释青少年消极社会适应总变异的 1.1%。在控制了性别、年龄等人口统计学变量后,父母温暖(β=-0.059, p<0.01)对青少年消极社会适应具有显著预测作用。

四、讨论

(一)青少年社会适应现状分析

本研究结果表明,青少年消极社会适应与积极社会适应均处于较低水平。社会适应是健康的一大重要因素,联合国世界卫生组织(WHO)关于健康的定义:"健康是一种在身体上、精神上的完美状态,以及良好的适应力,而不仅仅是没有疾病和衰弱的状态。"社会适应不良的青少年通常不能建立良好的人际关系,具有心理幼稚型缺陷等特征,身心健康受到严重影响;而良好的社会适应有助于青少年良好个性品质的形成,学业成绩的提高,社会交往状况的改善。心理学家普遍认为社会适应是一个由多个维度组成的概念,与情绪、行为、社会关系等多方面有关(张帆,2013)。所以,社会适应这一因素,是对于想要探讨青少年群体方方面面的问题及青少年相关的心理学研究不容忽视的变量。本研究中,积极社会适应总分、自我肯定在是否留守学生上存在显著差异;亲社会、行事效率、积极应对、消极社会适应总分、自我烦扰、人际疏离、违规行为、消极退缩在是否留守学生上不存在显著差异。积极社会适应总分、亲社会倾向、行事效率、积极应对、自我烦扰、人际疏离、违规行为、消极退缩在性别上存在显著差异;自我肯定、消极社会适应总分在性别上不存在显著差异。积极社会适应、自我肯定、行事效率、消极社会适应、消极退缩在年级上存在显著差异。进一步事后检验结果表明,在消极社会适应总分上,初二学生得分显著高于初一学生；在人际疏离维度上，初二学生得分显著高于初一学生；在消极退缩维度上，初二学生得分明显高于初一学生，初三学生得分明显高于初一学生；在积极社会适应总分上无显著差异；在自我肯定维度上，初二学生得分显著高于初一学生，初二学生得分也显著高于初三学生；在行事效率维度上，初一学生得分显著高于初三学生，初二学生得分显著高于初三学生。

（二）父母积极教养方式与青少年社会适应的关系

对收集到的问卷中的数据进行相关与回归分析后，我们得出，父母积极教养方式与青少年积极社会适应、消极社会适应均存在显著的相关关系，且相关系数分别为（r=0.323，r=–0.082），这说明父母积极教养方式与青少年积极社会适应存在显著的正相关，与消极社会适应存在显著的负相关，这与前人研究相一致（刘文婧，许志星，邹泓，2012）。之后为了进一步确认父母积极教养方式与青少年社会适应之间的关系，将父母温暖为自变量，分别以青少年积极社会适应、消极社会适应为因变量，进行了一元线性回归分析，得出父母温暖对青少年积极社会适应具有显著正向预测作用，对青少年消极社会适应具有显著负向预测作用。由此可得，父母温暖是青少年社会适应的保护性因素。虽然伴随着年龄的增长，青少年在学校的活动时间远远多于在家庭的活动时间，且与父母的互动模式也发生了显著变化，但来自父母的温暖与支持对于青少年的发展而言仍具有不可替代的关键性作用。父母积极教养方式作为青少年健康发展的重要外在保护性因素，具有增强青少年积极社会适应、降低消极社会适应的作用，对青少年的发展具有至关重要的作用。

（三）本研究的不足与展望

本研究存在一些不足之处，尚需要未来的研究加以完善与探索。首先，本研究涉及两个主要变量，即父母积极教养方式和青少年社会适应，并想要探寻二者之间的关系，但只对二者进行了统计数据分析，并未深入探索二者的关系之间是否存在其他对二者关系产生影响的因素。其次，本研究的样本均来自贵州省，研究结果可能无法代表全国的青少年；今后的研究可以增加获取数据的渠道。最后，本研究只探讨了家庭因素对青少年社会适应的影响，今后的研究可以进一步探讨其他因素对积极社会适应和消极社会适应影响的异同。

五、结论

第一，青少年感知到的父母温暖处于中等水平，青少年积极社会适应、消极社会适应均处于中下水平。

第二，父母温暖在年级上存在显著差异。积极社会适应、自我肯定、行事效率、消极社会适应、消极退缩在年级上存在显著差异。亲社会倾向、行事效率、积极应对、自我烦扰、人际疏离、违规行为、消极退缩在性别上存在显著差异。积极社会适应总分、自我肯定在是否留守学生上存在显著差异。

第三，父母积极教养方式与青少年积极社会适应呈现显著正相关，与消极社会适应呈现显著负相关。在社会适应各分维度上，除父母温暖与消极退缩、自我烦扰之间相关不显著外，父母积极教养方式与青少年社会适应各维度相关均达到显著水平。

第四，父母积极教养方式对青少年积极社会适应具有显著正向预测作用，对消极社会适应具有显著负向预测作用；父母温暖是青少年社会适应的保护性因素。

第二节　父母消极教养方式对青少年社会适应的影响

一、问题提出

青少年时期是人一生中生理与心理发展的关键期，是一个人从稚嫩走向成熟的过渡期；然而，它也是人的情绪情感、认知等发展极其不稳定的阶段，是集聚半幼稚与半成熟、独立性与依赖性、自觉性与冲动性等各种矛盾为一体的特殊时期。随着青少年自我意识的不断提高，加之繁重的学习任务和巨大的竞争压力，使得青少年社会适应的问题不断出现且日益严重，因此，对于青少年社会适应的研究具有现实意义与价值。

关于社会适应概念的界定，国内外学者的表述各不相同，但都普遍认同社会适应是指个体与环境交互作用的过程或状态，反映了个体与外界的和谐与平衡（邹泓，余益兵，周晖，2012）。社会适应分为自我适应、人际适应、行为适应和环境适应四个领域，包含积极适应和消极适应两种功能状态。发展与适应是个体人生历程的基本任务，社会适应是个体生存与发展的核心问题，是青少年社会化的重要标准，也是衡量个体发展的重要指标，同时社会适应和心理健康有着密切的联系（聂衍刚，林崇德，彭以松，丁莉，2008）。统计显示我国有心理健康问题的青少年越来越多，其中相当一部分心理问题是出于社会适应不良的缘故（聂衍刚，林崇德，彭以松，2008）。联合国世界卫生组织（WHO）关于健康的定义："健康是一种在身体上、精神上的完美状态，以及良好的适应力，而不仅仅是没有疾病和衰弱的状态。"社会适应作为健康的一个重要维度，逐渐成为心理学的一大研究领域，其研究也具有重要的现实意义。

父母教养方式（Parenting Style）是指父母在子女抚养过程中或者子女个性成长过程中通常使用的方式，是父母各种教养行为的特征概括（徐慧，张建新等，2008）。父母教养研究，涉及发展心理学的亲子关系、教育心理学的早期教育、人格心理学的个性形成和社会心理学的社会化等领域（郑林科，2009）。通过分析以往关于父母教养方式的文献，发现已有研究主要存在两种思路。一种重点考察不同教养行为是如何组成具有鲜明特征的教养类型，如 Becker，OIsen 和 Shagle（1965）在前人研究基础上，提出了评价父母教养方式的三个维度，控制—自主、温情—敌意、焦虑—平静，并划分出民主型、骄纵型、权威型、保护型、控制型、专制型、忽视型、过敏型 8 种教养类型。另一种重点考察具体的教养行为，如 Perris，Jacobsson，Linndstrom，Knorring 和 Perris（1980）突破 Baumrind 的理论框架，提出了包括剥夺、惩罚、宽容、鼓励在内的 15 种父母教养行为（刘文婧，许志星，邹泓，2012）。

生态系统理论（Bioecological Systems theroy）认为，随着时间的变化，儿童的特征将与近端过程（proximal processes）及环境交互作用，共同影响儿童适应能力的发展（Bronfenbrenner & Morris，1998）。亲子互动是个体发展过程中非常重要的近端过程，作为亲子互动的重要组成部分，父母教养方式会持续影响儿童的社会适应状况。大量实例研究表明，父母教养方式是影响个体社会适应的重要因素（刘文婧，许志星，邹泓，2012）。在当代心理学的研究中，父母教养方式对社会适应的影响成为一大研究热点和重点，广大学者分别从不同的角度，针对不同的人群进行了相关研究，取得了大量的研究成果。父母采用"温暖与理解"等积极教养方式能促进个体的发展，降低个体出现内隐和外显问题行为的可能性；而父母采用"拒绝与否认"等消极教养方式将阻碍个体的发展，导致个体出现诸如抑郁、学习不良、网络成瘾等社会适应问题（徐慧，张建新，张梅玲，2008）。研究表明，父母的温暖理解及适当的引导有助于子女良好适应，而父母的惩罚否认等消极性教养行为对子女的社会适应有不良的影响

（刘文婧，许志星，邹泓，2012）。综上所述，本研究重点从父母拒绝、过度保护两个维度来探讨父母消极教养方式对青少年消极和积极社会适应的影响。

二、研究方法

（一）研究对象

研究对象来源于贵州省遵义市、毕节市、贵阳市的6所比较有代表性的初中学校。共有1078名学生参与此次问卷调查，实测回收有效问卷885份（$M_{年龄}$=14.31岁，$SD_{年龄}$=1.32）。其中男生454人（51.3%），女生431人（48.7%）；223人为留守学生（25.2%），662人为非留守学生（74.8%）；初一年级306人（34.6%），初二年级385人（43.5%），初三年级194人（21.9%）。

（二）工具

1. 父母消极教养方式问卷

采用《简式父母教养方式》问卷中的父母拒绝、过度保护两个分量表评估个体感知到的父母积极教养方式（蒋奖，鲁峥嵘，蒋苾菁，许燕，2010），问卷共7个项目。问卷采用Likert4点计分方式，调查对象根据自己的真实情况在“从不”到“总是”的4点量表上进行选择。该问卷分别考察个体感知到的父亲拒绝、父亲过度保护、母亲拒绝和母亲过度保护，最后通过计算父亲拒绝、父亲过度保护、母亲拒绝和母亲过度保护分值的平均数得到学生父母消极教养方式的得分，得分越高代表个体感知到的父母的消极教养方式越多。在本研究中，问卷的Cronbach’s α=0.91。

2. 青少年社会适应问卷

采用邹泓、余益兵、周晖等人编制的青少年社会适应状况问卷（2012）。该问卷共52个项目，包括自我肯定、自我烦扰、社会疏离、行事效率、违规行为、积极应对和消极退缩等8个一阶因子，分为自我适应、人际适应、行为适应和环境适应4个领域，以及积极适应和消极适应两种功能状态。问卷采用Likert5点计分，调查对象根据自己的真实情况在“非常不符合”到“非常符合”的5点量表上进行选择。分数越高表示个体有更好的积极社会适应。在本研究中，积极社会适应问卷的Cronbach’s

α=0.92。

（三）统计方法

采用常用统计分析软件 SPSS21.0 对数据进行统计分析处理。

三、结果分析

首先对收集到的数据进行初步的筛查与整理，删除可以分辨的未达到筛选要求的问卷，得到 885 份有效问卷。将问卷数据认真录入，并将被试的人口社会统计学资料进行编码对应录入，再将所得到的数据导入 SPSS 进行下一步操作。

（一）各变量描述统计结果分析

对父母消极教养方式问卷、青少年积极社会适应问卷以及消极社会适应问卷所得到的数据进行初步的描述统计分析。青少年积极社会适应总分得分（M=2.968，SD=0.510），处于中下水平，消极社会适应总分得分（M=2.503，SD=0.528），处于中下水平。四个反映积极适应的一阶因子结果分别为：自我肯定（M=2.928，SD=0.599）、行事效率（M=2.829，SD=0.614）、积极应对（M=2.916，SD=0.617），三者均处于中下水平，亲社会倾向得分（M=3.177，SD=0.646），处于中上水平。四个反映消极适应的一阶因子结果分别为：自我烦扰（M=2.775，SD=0.811）、社会疏离（M=2.571，SD=0.574）、消极退缩（M=2.585，SD=0.614）、违规行为（M=1.889，SD=0.720），均处于中下水平。父母过度保护得分（M=2.094，SD=0.431），处于中上水平，父母拒绝得分（M=1.494，SD=0.476），处于中下水平。

男女生消极社会适应得分分别为（M=2，252，SD=0.534）、（M=2.483，SD=0.522），留守学生消极社会适应得分（M=2.523，SD=0.508）、非留守学生消极社会适应得分（M=2.496，SD=0.535）。在消极社会适应各个分维度上，男女生人际疏离得分分别为（M=2.609，SD=0.558）、（M=2.534，SD=0.588）；留守学生人际疏离得分（M=2.586，SD=0.599）、非留守学生人际疏离得分（M=2.566，SD=0.566）。男女生自我烦扰得分分别为（M=2.679，SD=0.800）、（M=2.869，SD=0.813）。留守学生自我烦扰得分（M=2.775，SD=0.721）、非留守学生自我烦扰得分（M=2.775，SD=0.838）。男女生违规行为得分分别为（M=1.965，SD=0.702）、（M=1.816，SD=0.730）；

留守学生违规行为得分（M=1.945，SD=0.734）、非留守学生违规行为得分（M=1.872，SD=0.714）。男女生消极退缩得分分别为（M=2.513，SD=0.595）、（M=2.656，SD=0.624）；留守学生消极退缩得分（M=2.612，SD=0.601）、非留守学生消极退缩得分（M=2.577，SD=0.618）。

男女生积极社会适应得分分别为（M=2.925，SD=0.522）、（M=3.100，SD=0.496）；留守学生积极社会适应得分（M=2.951，SD=0.509）、非留守学生积极社会适应得分（M=2.973，SD=0.510）。男女生自我肯定得分分别为（M=2.939，SD=0.599）、（M=2.917，SD=0.599）；留守学生自我肯定得分（M=2.854，SD=0.571）、非留守学生自我肯定得分（M=2.951，SD=0.606）。男女生亲社会得分分别为（M=2.939，SD=0.599）、（M=3.295，SD=0.636）；留守学生亲社会得分（M=3.181，SD=0.655）、非留守学生亲社会得分（M=3.175，SD=0.644）。男女生行事效率得分分别为（M=2.794，SD=0.630）、（M=2.864，SD=0.596）；留守学生行事效率得分（M=2.830，SD=0.649）、非留守学生行事效率得分（M=2.829，SD=0.603）。男女生积极应对得分分别为（M=2.882，SD=0.629）、（M=2.947，SD=0.604）；留守学生积极应对得分（M=2.933，SD=0.633）、非留守学生积极应对得分（M=2.910，SD=0.612）。

（二）各变量差异检验结果分析

通过初步的统计分析，采用 t 检验、方差分析 ANOVA 等方法可知，父母拒绝（t= −1.030，p=0.303）、父母过度保护（t=0.602，p=0.547）在是否留守学生上不存在显著差异；父母拒绝（t= −0.575，p=0.565）、父母过度保护（t= −1.745，p=0.081）在性别上不存在显著差异。父母拒绝（$F_{2,882}$=2.784，p=0.062）、父母过度保护（$F_{2,882}$=0.758，p=0.469）在年级上不存在显著差异。

积极社会适应总分（t=3.429，$p < 0.01$）、亲社会倾向（t=7.685，$p < 0.01$）、行事效率（t=2.337，$p < 0.01$）、积极应对（t=2.141，$p < 0.05$）、自我烦扰（t=4.820，$p < 0.01$）、人际疏离（t=−2.639，$p < 0.01$）、违规行为（t= −4.246，$p < 0.01$）、消极退缩（t=4.795，$p < 0.01$）在性别上存在显著差异。积极社会适应（$F_{2,882}$=1.282，$p < 0.05$）、自我肯定（$F_{2,882}$=1.909，$p < 0.01$）、行事效率（$F_{2,882}$=4.858，$p < 0.01$）、消极社会适应（$F_{2,882}$=3.355，$p < 0.05$）、消极退缩（$F_{2,882}$=11.605，$p < 0.01$）在年级上存在显著差异。进一步事后检验结果表明，消极社会适应总分上，初二学生得分显著高于初一学生（$p < 0.05$）；人际疏离维度上，初二学生得分显著高于

初一学生（$p < 0.05$）；消极退缩维度上，初二学生得分明显高于初一学生（$p < 0.01$），初三学生得分明显高于初一学生（$p < 0.01$）；在积极社会适应总分上无显著差异；行事效率维度上，初一学生得分高于初三学生（$p < 0.05$），初二学生得分高于初三学生（$p < 0.05$）。在自我肯定维度上，初二学生得分显著高于初一学生（$p < 0.01$），初二学生得分也显著高于初三学生（$p < 0.05$）；自我肯定（$t= -0.760$，$p=0.447$）、消极社会适应总分（$t=1.507$，$p=0.132$）在性别上不存在显著差异。积极社会适应总分（$t= -0.750$，$p=0.367$）、自我肯定（$t= -0.2,829$，$p < 0.01$）在是否留守学生上存在显著差异；亲社会（$t=0.161$，$p=0.872$）、行事效率（$t=0.007$，$p=0.995$）、积极应对（$t=0.660$，$p=0.509$）；消极社会适应总分（$t=0.902$，$p=0.367$）、自我烦扰（$t=0.020$，$p=0.984$）、人际疏离（$t=0.586$，$p=0.558$）、违规行为（$t= 1.774$，$p=0.076$）、消极退缩（$t=0.996$，$p=0.319$）在是否留守学生上不存在显著差异。

（三）各变量相关分析结果分析

父母过度保护与青少年消极社会适应（$r=0.172$，$p<0.01$）、积极社会适应（$r=0.056$，$p<0.05$）均呈现显著正相关，由此可得，父母过度保护与青少年积极社会适应、消极社会适应有密切关系。在各个分维度上，父母过度保护与亲社会倾向（$r=0.084$，$p<0.01$）、社会疏离（$r=0.083$，$p<0.01$）、违规行为（$r=0.132$，$p<0.01$）、消极退缩（$r = 0.147$，$p<0.01$）、自我烦扰（$r=0.156$，$p<0.01$）、自我肯定（$r=0.057$，$p=<0.05$）均呈现显著正相关；与行事效率（$r=0.021$，$p=0.400$）、积极应对（$r=0.012$，$p=0.619$）均没有显著的相关关系。父母拒绝与青少年积极社会适应（$r=-0.015$，$p=0.537$）无显著相关关系，与消极社会适应（$r=0.264$，$p<0.01$）存在显著正相关。在各个分维度上，父母拒绝与违规行为（$r=0.188$，$p<0.01$）、消极退缩（$r = 0.156$，$p<0.01$）、自我烦扰（$r=0.261$，$p<0.01$）、社会疏离（$r=0.158$，$p<0.01$）均呈现显著正相关；与积极应对（$r=-0.051$，$p<0.05$）呈现显著负相关；与自我肯定（$r=0.010$，$p=0.684$）、亲社会倾向（$r=-0.014$，$p=0.555$）、行事效率（$r=0.000$，$p=0.996$）均没有显著相关关系。父母拒绝与父母过度保护（$r=0.287$，$p<0.001$）存在显著正相关。

（四）回归分析结果

为进一步考察父母消极教养方式对青少年社会适应的影响，分别以积极社会适应和消极社会适应作为因变量，父母拒绝、父母过度保护以及性别、年龄、年级、是否留守等人口统计学变量为自变量，采用强行进入法（Enter）进行多元线性回归。当以积极社会适应作为因变量时，各预测指标的容忍度（tolerance）在 0.679 到 0.995 之间，方差扩大因子 VIF 在 1.005 到 1.476 之间，说明这些指标的共线性对回归分析没有不良影响。回归分析得出 R^2=0.014，ΔR^2 =0.011，F = 3.961，p<0.01，说明建立的回归方程是有意义的，所有 6 个变量能够解释青少年积极社会适应总变异的 1.1%。在控制了性别、年龄等人口统计学变量后，对青少年积极社会适应具有显著预测作用的变量为：父母过度保护，β=0.078，p<0.05，即父母过度保护对青少年积极社会适应具有显著正向预测作用；父母拒绝对青少年积极社会适应的影响不显著（p > 0.05）。

当以消极社会适应作为因变量时，各预测指标的容忍度（tolerance）在 0.677 到 0.995 之间，方差扩大因子 VIF 在 1.005 到 1.476 之间，说明这些指标的共线性对回归分析没有不良影响。回归分析得出 R^2=0.089，ΔR^2=0.085，F = 26.924，p<0.001，说明建立的回归方程是有意义的，所有 6 个变量能够解释青少年消极社会适应总变异的 8.5%。在控制了性别、年龄等人口统计学变量后，对青少年消极社会适应具有显著预测作用的变量为：父母拒绝，β=0.260，p<0.001；父母过度保护，β=0.128，p<0.001；即父母拒绝、父母过度保护对青少年消极社会适应均具有显著正向预测作用。

四、讨论

（一）青少年父母消极教养方式现状

调查结果表明父母过度保护处于中上水平，父母拒绝处于中下水平，总体而言，青少年父母消极教养方式的现状不容乐观。青少年父母过度保护得分较高，这说明青少年父母对其子女的教育方式存在一些问题，表现出过于干涉子女的生活和学习。出现这一现状的原因可能有：第一，青少年父母对自己的子女有很高的期望，但又缺少科学的教育、引导方法；第二，在当今时代背景下，部分青少年是独生子女，父母的注意力聚焦到单个个体身上；第三，在一些青少年父母的潜意识里，亲子是一体的,他们有着强烈的“替代成就感”,在把自己和家庭的希望寄托于子女的同时,也把社会竞争的压力转嫁给子女;这些原因都可能导致青少年父母出现过度干涉子女学习、生活的情况。而青少年父母拒绝得分较低,可能是由于青少年父母对其子女进行过多的干涉与保护,从而导致青少年感受到较低的父母拒绝。父母拒绝、父母过度保护在是否留守学生、性别、年级上均不存在显著差异;这表明青少年尽管在性别、年级以及是否留守上存在差异,但他们所感知到的父母消极教养方式都是相同的;因此,在家庭教育中,父母要注意自己对子女的教养方式,在有多个子女的家庭中,不能区别对待,要做到一视同仁。

（二）青少年父母消极教养方式对青少年社会适应的影响

调查结果发现,父母过度保护与青少年积极社会适应、消极社会适应均呈现显著正相关,父母拒绝与青少年消极社会适应呈现显著正相关。这说明父母拒绝与父母过度保护是青少年社会适应的风险性因素。进一步的回归分析发现,父母拒绝、父母过度保护对青少年消极社会适应起着显著的正向预测作用,并且父母拒绝的预测作用大于父母过度保护的预测作用;父母过度保护对青少年积极社会适应起着显著的正向预测作用。根据该研究结果,青少年父母要充分认识到父母消极教养方式对青少年社会适应的影响,在家庭教育中要注意避免父母拒绝、父母过度保护等消极教养方式,充分发挥父母温暖的积极作用,父母积极的教养方式不但可以提高青少年的社会适应水平和能力,还可以有效减少青少年社会适应问题出现的可能性。

（三）本研究的不足与展望

本研究存在一些不足之处,尚需要未来的研究加以完善与探索。首先,本研究只从父母拒绝、父母过度保护两个维度探讨了父母消极教养方式对青少年社会适应的影响;在未来的研究中,可以同时从父母温暖、父母拒绝、父母过度保护三个维度探讨父母教养方式对青少年社会适应的影响。其次,本研究的样本均来自贵州省,研究结果可能无法代表全国的青少年;今后的研究可以增加获取数据的渠道,引入一些客观的收集数据的方法,为青少年社会适应状况提供有参考价值的数据。最后,本研究只探讨了家庭因素对青少年社会适应的影响,今后的研究可以进一步探讨家庭因素和其他因素对积极社会适应和消极社会适应影响的异同。

五、结论

第一，父母过度保护处于中上水平，父母拒绝处于中下水平，父母拒绝与父母过度保护存在显著正相关。

第二，积极社会适应、自我肯定、行事效率、消极社会适应、消极退缩在年级上存在显著差异。积极社会适应总分、亲社会倾向、行事效率、积极应对、自我烦扰、人际疏离、违规行为、消极退缩在性别上存在显著差异。积极社会适应总分、自我肯定在是否留守学生上存在显著差异。父母拒绝、父母过度保护在是否留守学生、性别、年级上均不存在显著差异。

第三，父母过度保护与青少年积极社会适应、消极社会适应均呈现显著正相关，父母拒绝与青少年消极社会适应呈现显著正相关。

第四，父母拒绝、父母过度保护对青少年消极社会适应起着显著的正向预测作用，并且父母拒绝的预测作用大于父母过度保护的预测作用；父母过度保护对青少年积极社会适应起着显著的正向预测作用。

第四章　学校因素对青少年社会适应的影响

学校因素会对青少年的社会适应产生影响,这些因素是如何对青少年社会适应产生影响需要研究者进一步深入的探讨。本章将重点讨论教师支持、同伴支持、自主机会等校园氛围因素对青少年的社会适应的影响。

第一节　教师支持对青少年社会适应的影响

一、问题提出

近年来,随着我国经济、科技的发展,人们的生活实现了从解决温饱到高质量生活,更加注重娱乐休闲的转变,随之也增加了人们的生活和工作压力,出现了各种各样的社会适应问题。尤其是正处于人生发展关键期的青少年人群。社会适应是个体人生发展的基本历程和基本任务,也是青少年成长的必要课题(聂衍刚,2005)。而正处于青春期的青少年,由于生理和心理发展的急剧变化,社会支持力度不够、父母关爱缺失等原因,他们的社会适应状况不容乐观,一部分青少年出现了厌学、自卑、抑郁、手机依赖等内隐和外显社会适应问题。为更好地引导和培养青少年做出符合社会发展的社会适应行为,促进他们的全面发展,有必要对影响青少年社会适应的因素进行研究并探讨如何提高青少年的社会适应水平。

社会适应是个体在学习、交往、发展和创造过程中,逐渐成为独立的主体去承担社会责任、应对社会环境变化和挑战的心理和行为活动。根据社会适应的功能可分为积极社会适应和消极社会适应。在众多有关青少年社会适应的研究当中,大多研究者将重点放在了青少年社会适应行为的特点及影响方面,其中校园氛围是影响青少年社会适应的一个重要因素。而教师在校园氛围中是一个重要的角色,对学生的成长起着重要作用。因此,提出研究假设 1: 教师支持是影响青少年社会适应的一个重要因素。

学生感知到的教师自主支持是来自老师对他们观点和感受的尊重、能够允许他们自主地做决定,给他们提供自由选择的空间以及支持他们独立探索解决问题。自我决定理论指出,教师支持对青少年发展发挥重要作用。有研究发现,学生感知的教师自主支持与学业倦怠呈较高的负相关(罗云,赵鸣,王振宏,2014)。越是感知到教师自主支持,越容易避免学业倦怠。也有研究表明,教师支持对青少年的心理健康具有显著的预测作用(唐芹,方晓义,胡伟,2013)。提出研究假设 2: 教师支持显著预测青少年社会适应。

二、研究方法

(一)被试

调查对象来源于贵州省遵义市、毕节市、贵阳市的 6 所比较有代表性的初中学校。共有 1341 名学生参与此次问卷调查,实测回收有效问卷 925 份。其中男生 477 人(51.6%),女生 448 人(48.4%); 230 人为留守学生(24.9%),695 人为非留守学生(75.1%); 初一年级 323 人(34.9%),初二年级 407 人(44.0%),初三年级 195 人(21.1%)。

(二)工具

1. 教师支持问卷

采用"感知到的学校氛围问卷"中的教师支持分量表评估个体得到的教师情感支持和学业支持(Jia et al.,2009),问卷共 7 个项目,如"为了使我提高成绩,老师付出了很多努力"。问卷采用 Likert4 点计分方式,调查对象根据自己的真实情况在"从不"到"总是"的 4 点量表上进行选择。得分越高表示其得到的教师支持程度越高。在本研究中,量表的 Cronbach's α=0.89。

2. 积极社会适应问卷

采用邹泓、余益兵、周晖等人编制的青少年社会适应状况评估问卷(2012)。本研究选取问卷的四个积极社会适应维度来评估个体的积极社会适应情况,共 27 个项目。问卷采用 Likert5 点计分方式, 调查对象根据自己的真实情况在“非常不符合”到“非常符合”的5点量表上进行选择。分数越高表示个体有更好的积极社会适应。在本研究中，积极社会适应问卷的Cronbach's α=0.92。

3. 消极社会适应问卷

采用邹泓、余益兵、周晖等人编制的青少年社会适应状况评估问卷（2012）。本研究选取问卷的四个消极社会适应维度来评估个体的消极社会适应情况，共25个项目。问卷采用Likert5点计分方式，调查对象根据自己的真实情况在“非常不符合”到“非常符合”的5点量表上进行选择。分数越高表示个体社会适应越消极。在本研究中，消极社会适应问卷的Cronbach's α=0.91。

（三）数据筛选与处理

采用SPSS20.0软件对数据进行分析处理。采用描述统计、方差分析、相关分析和回归分析对数据进行处理，探讨教师支持对青少年社会适应的影响。

三、结果分析

（一）各变量描述统计结果及分析

首先对教师支持量表、积极社会适应量表和消极社会适应量表的数据进行描述统计分析，结果显示：教师支持总得分（M=3.07, SD=0.81），处于较高水平；积极社会适应总得分（M=2.96, SD=0.55），消极社会适应总得分（M=2.40, SD=0.53），均处于较低水平。然后对教师支持与积极社会适应、消极社会适应进行相关分析，结果得出：教师支持与青少年积极社会适应（r=0.30, p<0.01）呈显著正相关、教师支持与消极社会适应（r=−0.11, p<0.01）呈显著负相关。

（二）教师支持与青少年社会适应差异检验结果及分析

通过初步的统计分析，采用t检验、单因素方差分析ANOVA得出，教师支持在性别（t= 0.55, p>0.05）、是否留守（t=−0.27, p>0.05）、年级（F=0.17, p >0.05）上差异均不显著。积极社会适应在性别上存在显著差异（t=3.30, p<0.01），在是否留守上差异不显著（t = 0.64, p>0.05），在年级上存在显著差异（F=5.64, p<0.01）。消极社会适应在性别上（t=1.11,

$p>0.05$）、是否留守（$t=0.48$，$p>0.05$）、年级上均不存在显著差异（$F=2.8$，$p>0.05$，）。

为进一步验证教师支持对青少年社会适应的影响，以积极社会适应、消极社会适应作为因变量、教师支持作为自变量，采用强行进入法（Enter）进行线性回归。结果表明：各预测指标的容忍度（tolerance）在0.24到0.45之间，方差扩大因子VIF在1.15到2.33之间，说明这些指标的共线性对回归分析没有不良影响。回归分析得出：$R^2=0.09$，$\Delta R^2=0.09$，$F=90.61$，$p<0.001$，说明建立的回归方程是有意义的。进一步分析得出，教师支持对青少年积极社会适应具有显著正向预测作用（$\beta=0.19$，$p<0.001$）；教师支持对青少年消极社会适应具有显著负向预测作用（$\beta=-0.06$，$p<0.001$）。

四、讨论

（一）青少年社会适应现状分析

根据描述统计结果，积极社会适应和消极社会适应均处于较低水平，说明目前青少年社会适应状况不容乐观。通过方差分析发现，积极社会适应在性别和年级上存在显著差异。通过均值比较，男生显著低于女生。说明同一年龄段的男女生积极社会适应水平有所不同，这可能与男女生的性格、接受程度等方面有关；初一年级显著高于初二年级、初三年级，随着年龄的增长，青少年积极社会适应水平越来越低，青少年正值青春发展的关键期，心理和生理都开始发生剧烈的变化，随着慢慢适应学校生活、友谊的渴望及学业的增加等，由于学校或者父母等没有及时引导、给予支持，积极社会适应水平开始慢慢下降。而消极社会适应在性别、年级、是否留守上均不存在显著差异，因此不做具体讨论。教师自主支持水平总体较为中等，说明目前初中学校教师对学生情感上的支持度不是很高，可能更多注重的是学生的学业成绩，而较少关注心理方面。

（二）教师支持与青少年积极社会适应、消极社会适应的关系

为了进一步探究教师支持与青少年社会适应之间的关系，通过做相关分析得出，教师支持与青少年积极适应之间相关系数为0.3，呈较低程度的正相关，说明教师支持度越高，青少年积极社会适应水平越高。而教师支持与消极社会适应之间的相关系数为−0.11，呈较低程度的负相关，表明教师支持度越高，青少年消极社会适应水平越低。同时，为了更好地

验证教师支持是不是影响青少年社会适应的因素，对此进行回归分析，得出教师支持对青少年积极社会适应具有正向预测作用、对青少年消极社会适应具有负向预测作用。进一步说明了教师支持对青少年具有显著预测作用，教师支持是影响青少年社会适应水平的一个重要因素。这与前面的研究假设 1、2 相一致。有研究发现，教师支持与青少年的身心健康发展密切相关，感知到越高水平的教师支持水平，青少年发展越积极，如更低抑郁、更好的人际关系发展、更高的学业水平（张俊，高丙成，2013）。这与本研究的假设基本一致。

学校是青少年成长的重要场所，对于青少年，他们的大部分时间都在学校度过，与其接触得最多的便是同学和老师，而对于初中的青少年，对于身边的一切事物都存在一种懵懂状态，也会由于现今科技网络的快速发展，对于自己出现的某些状况产生了一定的误解，影响了其正常发展，此时就需要老师的及时引导，更好地适应，促进自己身心的健康发展。另外，学校老师不仅是为学生传授学业知识的讲授者，也是促进学生个性与社会性发展的重要引导者。教师自主支持水平高的学校氛围不仅能加强青少年与学校之间的联系，而且能避免青少年不良发展后果，同时也能促进学生身心健康的良好发展。

（三）根据研究结果提出的对策

青少年社会适应水平的发展关乎其各方面的成长，为更好地促进学生健康发展，提高其积极社会适应水平，本研究将根据此研究结果提出几点对策，为青少年的健康发展提供一定的理论依据。

第一，学校应根据学生的身心发展特点，开展相应的心理健康课程，配备一定数量的专业心理健康教师，正确引导学生、提升学生青少年积极社会适应水平。如今的青少年由于家庭、自身性格等因素，产生了较多的消极社会适应，而绝大部分家长意识不到学生心理健康发展的重要性，对此置之不理。因此，学校有必要而且必须开设一定的心理健康课程，心理健康教师与其他老师共同引导学生促进其健康发展。

第二，提升在校教师的自主支持水平，家校联合，共同促进学生积极、健康的发展。一方面，提升青少年的积极社会适应水平，教师支持是一重要因素。首先教师要与家长多进行沟通，了解学生的基本情况，尤其是身心发展状况，要进行深入了解，为学生的身心发展提供更多的积极关注。同家长一起商讨提出有效的提升方案。另一方面，教师的支持水平受到许多因素的影响，不仅是家长要配合，学校更应该为教师提供更多且有效的管理措施。

第三,强调多种支持共同作用,提高青少年的积极社会适应水平。本研究结果得出教师支持是影响青少年社会适应发展的一个重要因素。但其影响因素还有其他方面,仅凭教师支持这一单方面的支持源,其作用不是很大的,因此,需要去探讨更多影响青少年社会适应水平的因素,多渠道共同提高学生的积极社会适应水平,促进其健康成长。

五、结果

第一,青少年积极社会适应在性别和年级上存在显著性差异。

第二,教师支持对青少年积极社会适应具有显著正向预测作用,反之,教师支持对青少年消极社会适应具有显著负向预测作用。

第三,教师支持是影响青少年社会适应水平的重要因素。

第二节　同伴支持对青少年社会适应的影响

一、问题提出

正值青春期的青少年的发展是国家乃至各个部门所关注的重点问题。近年来,青少年由于家庭环境、人际关系、学业压力等内隐和外显社会问题所引起的负面问题越来越多,这也引起了许多研究者、学校和家长的关注。青少年时期的发展关乎其未来的发展,青少年正是青春发展的关键期,也是正式迈入其人生发展的第一大步,因此走好这一步至关重要。目前,已有许多研究者对青少年社会适应的特点等进行了研究,结果表明,青少年的社会适应水平不容乐观。那么,该如何改变这一现状呢?据此,本研究认为首先要清楚地了解青少年的积极和消极社会适应水平状况;其次,要了解影响青少年社会适应水平的因素并提出相应的对策,为促进青少年的身心健康发展、提高积极社会适应水平提供有价值的理论指导。

根据社会适应的功能可将社会适应分为积极社会适应和消极社会适应。积极社会适应是指个体为了生存、发展的需要以及根据社会规范和环境要求,做出与社会发展相适应的行为,如日常生活中的积极行为;而消极社会适应是指那些与违反社会规范,不利于个体生存和发展的行为,如反社会行为(李冬梅,雷雳,邹泓,2007)。已有大量研究对青少年的社会适应特点及其关系进行了研究，而对青少年积极社会适应、消极社会适应的影响研究较少。因此，本研究将探讨影响青少年积极社会适应、消极社会适应的因素。青少年的成长场所除了家里就是学校，其成长环境均对青少年的发展起着至关至要的作用，有研究指出，青少年在学校接触的最多的人群是身边的同学，也就是自己的同龄人，他们对青少年的社会适应扮演着重要角色（周宗奎，赵冬梅，孙晓军等，2006）。也有研究表明，有着较高友谊质量的同伴会更好地影响青少年的社会发展（田录梅，陈光辉，王姝琼，2012）。因此，提出本研究的假设 1：同伴支持显著预测青少年社会适应水平。

同伴支持是指具有相同情感体验，并有相似人口学特征如年龄、性别、生活环境、兴趣爱好等的个体，为实现共同目标而在一起分享信息、情感、观念或行为的一种支持行为。竞争模型认为青少年寻求同伴支持，是为了满足在父母和家庭那里无法满足的需求或安慰，以获得满足感（琚晓燕，刘宣文，方晓义，2011）。青少年开始慢慢有了自己的独立意识，不再像小学时期任何事情都会告诉父母，将倾诉的对象转向了自己身边的同伴，再者自己对友谊的渴求更加促使自己把自己的想法告诉同伴。有研究发现，父母支持在个体的发展中占据着重要作用，当个体开始将倾诉对象转变为同伴时，若同伴给予正向的鼓励和耐心的倾听，是否会改变自己心中的不良想法呢？提出研究假设 2：同伴支持是影响青少年社会适应的一个重要因素。

二、研究方法

（一）被试

调查对象来源于贵州省遵义市、毕节市、贵阳市的 6 所比较有代表性的初中学校。共有 1341 名学生参与此次问卷调查，实测回收有效问卷 940 份。其中男生 448 人（47.7%），女生 492 人（52.3%）；221 人为留守学生（23.5%），719 人为非留守学生（76.5%）；初一年级 319 人（33.9%），初二年级 415 人（44.1%），初三年级 206 人（21.9%）。

（二）工具

1. 同伴支持问卷

采用“感知到的学校氛围问卷”中的同伴支持分量表评估个体得到

的同伴支持(Jia et al.,2009),共 13 个项目。问卷采用 Likert4 点计分方式,调查对象根据自己的真实情况在“从不”到“总是”的 4 点量表上进行选择。得分越高表示其得到的同伴支持程度越高。在本研究中,量表的 Cronbach²s α=0.87

2. 积极社会适应问卷

采用邹泓、余益兵、周晖等人编制的青少年社会适应状况评估问卷(2012)。本研究选取问卷的四个积极社会适应维度来评估个体的积极社会适应情况,共 27 个项目。问卷采用 Likert5 点计分方式，调查对象根据自己的真实情况在“非常不符合”到“非常符合”的 5 点量表上进行选择。分数越高表示个体有更好的积极社会适应。在本研究中,积极社会适应问卷的 Cronbach²s α=0.92。

3. 消极社会适应问卷

采用邹泓、余益兵、周晖等人编制的青少年社会适应状况评估问卷(2012)。本研究选取问卷的四个消极社会适应维度来评估个体的消极社会适应情况,共 25 个项目。问卷采用 Likert5 点计分方式，调查对象根据自己的真实情况在“非常不符合”到“非常符合”的 5 点量表上进行选择。分数越高表示个体社会适应越消极。在本研究中,消极社会适应问卷的 Cronbach²s α=0.91。

(三)数据筛选与处理

采用 SPSS21.0 软件对数据进行分析处理。采用描述统计、方差分析、相关分析、回归分析对数据进行进一步精确处理和分析。

三、结果分析

(一)各变量描述统计结果及分析

首先对同伴支持量表、积极社会适应量表和消极社会适应量表的数据进行描述统计分析,结果显示：同伴支持总得分(M=3.00, SD=0.55),处于较高水平；积极社会适应总得分(M=2.99, SD=0.54),处于中等水平；消极社会适应总得分(M=2.42, SD=0.53),处于较低水平。然后对同伴支持与积极社会适应、消极社会适应间进行相关分析,结果得出：同伴支持与青少年积极社会适应(r=0.29, p<0.01)呈显著正相关、同伴支持与消极社会适应(r=−0.22, p<0.01)呈显著负相关。

（二）教师支持与青少年社会适应差异检验结果及分析

通过初步的统计分析，采用 t 检验、单因素方差分析 ANOVA 得出，同伴支持在性别（t=2.33，p<0.01）、年级（F=6.39，p <0.01）上存在显著性差异，在是否留守上不存在显著性差异（t=1.62 ，p>0.05）。积极社会适应在性别上存在显著差异（t=2.38，p<0.01），在是否留守上差异不显著（t=–0.52，p>0.05），在年级上存在显著差异（F=3.48，p<0.01）。消极社会适应在性别上（t=0.33，p>0.05）和是否留守（t=1.13，p>0.05）上不存在显著性差异，在年级上存在显著差异（F=4.45，p<0.01）。

为进一步验证教师支持对青少年社会适应的影响，以积极社会适应、消极社会适应作为因变量、同伴支持作为自变量，采用强行进入法（Enter）进行线性回归。结果表明：各预测指标的容忍度（tolerance）在0.15 到 0.36 之间，方差扩大因子 VIF 在 1.12 到 2.41 之间，说明这些指标的共线性对回归分析没有不良影响。回归分析得出：R^2=0.14，ΔR^2=0.13，F=146.03，p<0.001，说明建立的回归方程是有意义的。进一步分析得出，同伴支持对青少年积极社会适应具有显著正向预测作用（β=0.36，p<0.001）；教师支持对青少年消极社会适应具有显著负向预测作用（β=–0.28，p<0.001）。

四、讨论

（一）青少年社会适应现状、同伴支持现状分析

描述统计结果发现，青少年积极社会适应、消极社会适应状况不容乐观。通过方差分析发现，积极社会适应在性别和年级上存在显著差异。通过均值比较，男生显著低于女生。说明同一年龄段的男女生积极社会适应水平有所不同，这可能与男女生的性格、接受程度等方面有关；初一年级显著高于初二年级、初三年级，随着年龄的增长，青少年积极社会适应水平越来越低，这可能是因为所面临的问题越来越多，需要要求其作出更多符合社会发展的行为，但是其支持力度不够，导致积极社会适应水平有所下降。消极社会适应在年级上存在显著性差异，随着年级的增长，其消极社会适应水平有所增长，与随着年级增长，积极社会适应水平有所下降结果相一致。同伴支持在性别和年级上存在显著性差异，男生显著低于女生，说明在同伴支持方面，女生适应状况水平较高。这可能是由于女生更善于倾听、抓住同伴的问题点从而做出符合当事人想法的行为；初

一年级显著低于初二、初三年级，随着年级的增长，其同伴支持度有所提高。随着年级的增长，年龄及身心各方面也开始随之发生变化，而且趋向成熟，同伴之间的关系也越来越紧密，更有利于增强两者之间的支持度。青少年的健康成长离不开同伴或其他方面的支持，在其成长过程中，需要同伴、父母等的参与，并给予积极评价。

（二）同伴支持与青少年积极社会适应、消极社会适应的关系

为了进一步探究同伴支持与青少年社会适应之间的关系，进行相关分析，同伴支持与青少年积极社会适应之间呈显著正相关，同伴支持与青少年消极社会适应之间呈显著负相关，但相关系数较低，说明同伴支持只是其中一个影响面，很可能还存在其他影响源。为进一步探究同伴支持对青少年社会适应的影响，通过回归得出，同伴支持对青少年积极社会适应具有正向预测作用、对青少年消极社会适应具有负向预测作用。研究结果与研究假设 1、2 基本一致。表明同伴支持是影响青少年社会适应水平的一个重要因素，且不可忽视。有研究发现，良好的同伴关系有助于减少青少年的问题行为，促进积极社会适应（田菲菲，田录梅，2014）。也有研究结果表明，同伴拒绝或引导不一致，会增加青少年的攻击行为，产生更多的消极社会适应（赵景欣，刘霞，张文新，2013）。

青少年的发展历程不容忽视，需要更多的积极关注并加以引导。学校是青少年成长的重要场所之一，而同伴是与其接触最多的群体，如室友、同桌、同伴、同学等。虽然同伴与自己年龄、想法等有极大相似之处，但是同伴之间的力量是不容忽视的，遇到问题会相互倾诉、共同解决，这对不爱与父母、家长沟通的绝大部分青少年来讲，其重要作用程度需引起更多的重视。高质量的同伴支持不仅可以为青少年在成长中增加友谊质量、而且可以互相帮助，提升自己的人际关系发展，促进积极社会适应水平的提升。

（三）根据研究结果提出的对策

青少年社会适应水平的发展关乎其各方面的成长，为更好地促进学生健康发展，提高其积极社会适应水平，本研究将根据此研究结果提出几点对策，为青少年的健康发展提供一定的理论依据。

第一，强调同伴支持的重要性，促进其积极社会适应水平的提高。在青少年的发展过程中，要使青少年学会更多的人际关系技巧，避免无同伴同自己一起学习或吃饭等日常生活中的行为，从而产生孤独、自卑等消极

社会适应。要让青少年学会更多的人际关系技巧,其心理健康课程必不可少。学校和老师群体注意观察其相处同伴的性格等,为他们友谊的高质量发展做出适时引导。

第二,强调多种支持共同作用,提高青少年的积极社会适应水平。本研究结果得出同伴支持是影响青少年社会适应发展的一个重要因素。但还存在其他因素,单凭同伴这一单方面的支持源,其作用效果微乎其微,因此,需要去探讨更多影响青少年社会适应水平的因素,多渠道共同提高学生的积极社会适应水平,促进其健康发展。

第三,青少年自身要学会与人相处的技巧,提升同伴支持水平。与自己相处或提供支持的同伴不是指定的,也不是强制的,需要自己在生活中去发现、寻找同自己有着共同话题,并能在自己遇到问题时提供帮助的伙伴作为自己的相处对象,而不是随便轻信一个人或是只一味地索取,而不付出。自己的同伴支持度越高,自己遇到问题或行为不合时宜时,有越多的解决措施帮助自己,从而做出更多符合社会规范的行为,促进积极社会适应水平的提升。

(四)本研究的不足

此次研究由于自身条件和其他方面的限制,还存在许多不足。第一,只对同伴支持这一个因素进行了探讨,没有探讨更多影响青少年社会适应水平的因素,其结果较为单一,不具有全面性。第二,影响青少年社会水平的可能不只同伴支持这一个方面,很有可能还有其他因素共同产生作用,本研究未进行探讨。第三,在进行问卷收集时,其人口学资料方面收集太少,只有年级、性别和是否留守,不能准确地得出同伴支持、青少年积极社会水平、消极社会适应水平在其他的方面是否也存在显著差异,如可增加是否单亲、是否独生、同伴数量等。第四,收集的数据精确度低,在施测过程当中是以班级为单位进行,数量较多,不能注意到每一个学生,难以避免乱写现象;而且题目数量较多,可能会产生疲劳效应,加上每个年级及班级学生的文化水平不一样,填写的真实性难以辨别,导致收集的数据质量较低。第五,样本选取较为狭窄,只选取了贵州省几个市的初中学生,而没有其他省或者高中年级,本研究结果在全国或是整个青少年不具有推广性。下一步的研究会针对本研究的不足做出相应的调整。

五、结果

第一,青少年积极社会适应在性别、年级上存在显著性差异;消极社会适应在年级上存在显著差异；同伴支持在性别和年级上存在显著性差异。

第二，同伴支持对青少年积极社会适应具有显著正向预测作用，反之，同伴支持对青少年消极社会适应具有显著负向预测作用。

第三，同伴支持是影响青少年社会适应水平的重要因素。

第三节　自主机会对青少年社会适应的影响

一、问题提出

近年来，随着我国科技水平的不断提高，人们的休闲、娱乐方式不断多样化。如现在最受大家喜爱的抖音短视频、快手、网络游戏王者荣耀等。虽然这是人们休闲方式的进步，但对于广大青少年来讲，尤其是没有自制力的青少年，会形成手机依赖、网络成瘾这一系列社会适应问题。青少年正处于自我意识发展的关键期，进入初中开始，青少年的自我意识开始迅速发展，他们也越来越有自己的想法。前人研究发现，绝大多数的父母由于工作等原因，很少听自己孩子表达自己的想法，每次遇到问题只是一味地说教，而不是先听孩子怎么说，长此以往，孩子也不再对父母说出自己的想法。然而父母并未意识到这一严重问题，反而打着对孩子好的旗号，替孩子做各种事情的决定，孩子更加没有了自主选择和做决定的机会，想表达却不敢表达出来，所以，造成孩子内心压抑，越来越渴望自由的机会。在此时，青少年正处于叛逆期，由于不能表达自己的想法，更是渴望得到父母的关注，因此会容易做出一些伤害自己或伤害他人的事情，影响了其身心健康的发展。

发展心理学指出，专制型父母的孩子到了青春期，更容易做出反叛行为，长大后，独立生活能力差，缺乏其独立性，更是不能对自己的事情做决定，甚至不敢承担自己所做的行为造成后果的责任；而民主型的父母从小开始培养孩子的独立性，很多事情希望孩子能自己做选择，自己做决定。到了青春期，平平静静地就度过了，虽然有时也会出现一些反常规的问题，但和父母一起共同探讨，想出了最好的解决方法，自己的内心并无较大影响，反而在挫折中锻炼了自己。长大后不仅独立生活能力强，而且适应社会能力强，更能承担社会责任。自我决定理论认为，青少年在自我意识发展历程中，能够独立表达自己的想法，其内心会得到更多的满足，较高的自尊，从而促进心理健康成长。

社会适应是个体在学习、交往、发展和创造过程中，逐渐成为独立的主体去承担社会责任、应对社会环境变化和挑战的心理和行为活动。根据社会适应的功能可分为积极社会适应和消极社会适应。积极社会适应是指个体为了生存、发展的需要以及根据社会规范和环境要求，做出与社会发展相适应的行为，如日常生活中的积极行为；而消极社会适应是指那些与违反社会规范，不利于个体生存和发展的行为，如反社会行为（李冬梅，雷雳，邹泓，2007）。有研究认为，青少年的社会适应问题是人生发展的基本历程，高水平的积极社会适应水平更能够使青少年做出符合社会发展的行为（陈建文，王滔，2004），平稳地度过青春期。自主机会是在自己的成长历程中，能够自己替自己做决定，遇到事情有自己选择权的自由活动。做事自主性强的青少年会更多倾听别人的意见，做出最正确的行为。有研究指出，自我选择高的青少年其学习动机水平越高（陈云祥，李若璇，刘翔平，2018），提出本研究假设：自主机会是影响青少年社会适应的重要因素。

二、研究方法

（一）被试

调查对象来源于贵州省遵义市、毕节市、贵阳市的6所比较有代表性的初中学校。共有1078名学生参与此次问卷调查，实测回收有效问卷923份。其中男生456人（49.4%），女生467人（50.6%）；228人为留守学生（24.7%），695人为非留守学生（75.3%）；初一年级307人（33.3%），初二年级420人（45.5%），初三年级196人（21.2%）。

（二）工具

1. 自主机会问卷

采用“感知到的学校氛围问卷”中的自主机会分量表评估个体得到的自主机会（Jia et al.，2009），共5个项目。问卷采用Likert4点计分方式，调查对象根据自己的真实情况在“从不”到“总是”的4点量表上进行选择。得分越高表示其得到的自主机会越多。在本研究中，量表的Cronbach's α=0.90。

2. 积极社会适应问卷

采用邹泓、余益兵、周晖等人编制的青少年社会适应状况评估问卷（2012）。本研究选取问卷的四个积极社会适应维度来评估个体的积极社会适应情况，共 27 个项目。问卷采用 Likert5 点计分方式，调查对象根据自己的真实情况在“非常不符合”到“非常符合”的 5 点量表上进行选择。分数越高表示个体有越好的积极社会适应。在本研究中，积极社会适应问卷的 Cronbach's α=0.92。

3. 消极社会适应问卷

采用邹泓、余益兵、周晖等人编制的青少年社会适应状况评估问卷（2012）。本研究选取问卷的四个消极社会适应维度来评估个体的消极社会适应情况，共 25 个项目。问卷采用 Likert5 点计分方式，调查对象根据自己的真实情况在“非常不符合”到“非常符合”的 5 点量表上进行选择。分数越高表示个体社会适应越消极。在本研究中，消极社会适应问卷的 Cronbach's α=0.91。

（三）数据筛选与处理

采用 SPSS20.0 软件对数据进行分析处理。采用描述统计对人口学资料和自主机会、青少年社会适应进行评估；采用方差分析人口学资料在各变量上的差异性；运用相关分析、回归分析进一步研究自主机会是不是影响青少年社会适应水平的重要因素。

三、结果分析

（一）各变量描述统计结果及分析

首先对自主机会量表、积极社会适应量表和消极社会适应量表的数据进行描述统计分析，结果显示：自主机会总得分（M=2.38，SD=0.60），处于较低水平；积极社会适应总得分（M=2.98，SD=0.54），处于中等水平；消极社会适应总得分（M=2.42，SD=0.53），得分处于低等水平。然后对自主机会与积极社会适应、消极社会适应间进行相关分析，结果得出：自主机会与青少年积极社会适应（r=0.92，p<0.01）呈显著正相关、自主支持与消极社会适应（r=−0.12，p<0.01）呈显著负相关。

（二）自主机会与青少年社会适应差异检验结果及分析

通过初步的统计分析，采用 t 检验、单因素方差分析 ANOVA 得出，积极社会适应在性别上呈显著性差异（t=1.72，p<0.05）；在年级上呈显著差异（F=5.99，p<0.01）；消极社会适应在年级上存在显著性差异（F=4.02，p<0.01）；自主机会在年级上存在显著性差异（F=3.06，p<0.01）。

为进一步验证自主机会对青少年社会适应的影响，以积极社会适应、消极社会适应作为因变量、自主机会作为自变量，采用强行进入法（Enter）进行线性回归。结果表明：各预测指标的容忍度（tolerance）在0.25到0.42之间，方差扩大因子VIF在1.18到2.33之间，说明这些指标的共线性对回归分析没有不良影响。回归分析结果显示：R^2=0.12，ΔR^2=0.12，F=124.11，p<0.001，说明建立的回归方程是有意义的。自主机会对青少年积极社会适应（β=0.31，p<0.001），自主机会对青少年消极社会适应（β=–0.11，p<0.001）。结果表明，自主机会对青少年积极社会适应具有正向预测作用，自主机会对青少年消极社会适应具有显著负向预测作用。

四、讨论

（一）青少年社会适应现状、自主机会现状分析

通过描述统计得出，青少年社会适应水平较低，而且女生积极社会适应水平高于男生。这是由于女生天生心思细腻，善于与他人沟通，当自己遇到烦恼的事时，与男生相比，会向他人倾诉，而且更容易产生共鸣，当不良情绪宣泄出来后，内心得到安慰和满足。而男生生性比较豁达，想到做什么便做什么，尤其是青少年不加考虑，常会做一些伤害自己或他人的行为，内心可能惶恐，可能不安，长此以往，影响到了其后面的发展。另外，年级在青少年积极社会适应上存在显著性差异，年级越高积极社会适应水平越高，与青少年消极社会适应水平正好相反。这是由于随着年龄的增长，其社会适应能力越来越强，心智越来越成熟，虽然伴随着学业增加等问题，但是能正视这一问题，其积极社会适应有所提高。自主机会水平相对较低，说明青少年在学习上或者生活中，自我选择和做决定的机会较少，更多依赖父母或是不敢自己做选择，造成了这一现象的发生。在生活中，每个人都会遇到各种不同大小的事情，要让青少年在这些日常小事中学会自己做决定，这样在以后遇到大事才不会慌乱，冷静地进行处理。

（二）自主机会与青少年积极社会适应、消极社会适应的关系

为进一步探讨自主机会与青少年社会适应之间的关系，进行了相关分析，结果显示，自主机会与青少年积极社会之间呈较低程度的正相关，也就表明自主机会越多，青少年积极社会适应水平越高，这与自主机会越多的青少年，其心理发展越健康的研究结果一致（凌宇，杨娟，章晨晨，2010）。反之，自主机会与青少年消极社会适应呈较低程度的负相关，自主机会越多，越少出现消极社会适应水平。进一步探讨自主机会是不是其影响因素，进行了回归分析，结果得出，自主机会对青少年积极社会适应具有显著正向预测作用。反之，自主机会对青少年消极社会适应具有负向预测作用。

自主机会是体现个体自由发展的一种状态体现，本研究结果显示，青少年自主机会、积极社会水平都较低，与自主机会水平得分越高，青少年积极社会适应得分越高正好一致。父母是孩子的启蒙老师，而学校老师是学生发展历程的第二大老师，两者对其社会适应水平的发展都至关重要，不管是家庭还是学校，都要为孩子创造更多的自我做主机会。自主机会在青少年社会适应的发展中不容忽视，更是对青少年积极社会的提高起着重要作用。

（三）根据研究结果提出的对策

青少年社会适应水平的提高有利于提升青少年各方面的发展，如更高的自尊水平、更好的人际关系、更高水平的学习动机等。为更好地促进学生健康发展，提高其积极社会适应水平，本研究将根据此研究结果提出以下几点对策。

第一，重视青少年自主机会对青少年积极社会适应的作用。自主机会是一个人独立解决问题的重要体现，而一个人解决问题的程度恰好能体现其社会适应水平。因此，自主机会这个方面需引起各方面的重视，促进青少年积极社会适应水平的提升，从而促进青少年心理的健康发展。

第二，强调各个不同影响源的共同作用，共同促进青少年积极社会水平的提高。本研究虽然只探讨了自主机会这一个影响源，但还有其他方面，如父母支持、自控能力等。需要探讨更多影响青少年积极社会适应水平的因素，才能更好地将这些因素联合起来，提出相应的应对措施，共同促进青少年积极社会适应水平的提升。

第三，家庭和学校应及时了解孩子的发展状况，共同应对孩子面临的

问题，当孩子出现问题时，首先让他们自己说出自己的想法，再根据他们的想法做出正确的引导。对家庭来说，父母首先要学会对自己的孩子放权，通过日常生活中出现的小事让孩子学会自己思考，自己做决定，并对孩子说出的想法给予积极的回应，让孩子感受到来自父母的鼓励，后面才会正面直视自己遇到的问题，在问题中学会自己做主。对学校来讲，老师在上课过程中也要对学生放权，让他们自己思考问题，而不是主动告诉他们。当在学习中遇到难题时，要一步一步地进行引导，而不是一步到位。这样不仅可以提升学生的学习动机，而且还能够应用到生活的琐事中。

（四）本研究的不足

本研究由于自身条件的限制和其他方面的不足，还存在许多不足。第一，收集问卷的精确度较低。施测过程中，不是一对一进行，而是由一名主测负责一个班级，不能同时关注到每个学生填写问卷，很有可能出现乱填的情况。另外，问卷题量较大，学生在填写问卷过程中可能产生疲劳效应。第二，研究样本选取范围较为狭窄，此次研究只选取了贵州省遵义、毕节、贵阳三个市的初中生，在全省乃至全国都不具有推广性，研究结果只在这个区域内适用，所以其推广度较为狭窄。第三，本研究探讨的影响源较为单一，不能一次性地得出影响青少年社会适应水平的多个因素，需要进行再次研究。第四，问卷选取的人口学资料较少，只有简单的性别、是否留守和年级。而在本研究中的几个变量在这几个人口学资料呈显著性差异较低，应该增加是否独生、是否单亲等几个人口学资料。

五、结果

第一，青少年积极社会适应在性别、年级上存在显著性差异；消极社会适应在年级上存在显著差异；自主机会在年级上存在显著性差异。

第二，自主机会对青少年积极社会适应具有显著正向预测作用，反之，自主机会对青少年消极社会适应具有显著负向预测作用。

第三，自主机会是影响青少年社会适应水平的重要因素。

第五章　个体因素对青少年社会适应的影响

自我控制能力、应对方式等个体因素是影响青少年社会适应的重要因素。本章将重点讨论个体因素对青少年社会适应的影响，探讨自我控制能力、应对方式、疏离感等个体变量对青少年积极社会适应、消极社会适应的影响。

第一节　自我控制能力对青少年社会适应的影响

一、问题提出

正处于青春期的青少年由于刚迈进一个新的发展阶段，对社会的认知度还不够清晰，不能够做出正确的判断。由于自身生理和心理的急剧变化，正面临着诸如人际关系、学业压力、手机网络成瘾等一系列社会内显和外显社会适应问题。然而，由于社会支持力度不够、自身无法适应等原因，青少年更多地出现了消极社会适应，其积极社会适应状况不容乐观。 近年来，国内外学者对青少年的社会适应问题进行了广泛的研究，但对积极社会适应和消极社会适应两者的探讨较少。因此，有必要探讨影响青少年积极社会适应和消极社会适应的因素，为提高青少年的积极社会适应水平提供更多的支持渠道。

积极社会适应是指个体为了生存、发展的需要以及根据社会规范和环境要求，做出与社会发展相适应的行为，如日常生活中的积极行为；而消极社会适应是指那些与违反社会规范，不利于个体生存和发展的行为，如反社会行为(李冬梅，雷雳，邹泓，2007)。在影响青少年社会适应水平的因素中，自我控制能力是一个重要的因素。自我控制是指个体自主调节，使行为与个人价值和社会期望相匹配的能力，它可以引发或制止特定的行为，如抑制冲动行为、抵制诱惑、延迟满足、采取适应社会情境的行为方式。同时，自我控制是一个人良好个性形成和发展的必要条件和基本保证（尚夕琼，2019），对于个体成功地适应社会具有重要的作用，拥有高控制能力的青少年会更少做出消极社会适应，从而促进了积极社会适应水平。有研究指出，具有高自我控制能力的青少年拥有更强大的压力应对技能，更优秀的学业成绩等（聂衍刚，丁莉，2009）。也有研究发现，自我控制水平越低的青少年，越容易做出一些违反社会规范的反社会行为，产生越多的消极社会适应（王丹丹，2018）。提出研究假设：自我控制能力是影响青少年社会适应水平的重要因素。

二、研究方法

（一）被试

调查对象来源于贵州省遵义市、毕节市、贵阳市的6所比较有代表性的初中学校。共有1078名学生参与此次问卷调查，实测回收有效问卷945份。其中男生453人（47.9%），女生492人（52.1%）；231人为留守学生（24.4%），714人为非留守学生（75.6%）；初一年级311人（32.9%），初二年级421人（44.6%），初三年级212人（22.4%）。

（二）工具

1. 青少年自我控制能力问卷

采用王红姣与卢家楣编制的青少年自我控制能力问卷（2004）。该问卷分为行为控制等三个维度，共36个题目。问卷采用Likert5点计分方式，调查对象根据自己的真实情况在“非常不符合”到“非常符合”的5点量表上进行选择。分数越高表示个体自我控制能力越高。在本研究中，自我控制能力问卷的Cronbach's α=0.89。

2. 积极社会适应问卷

采用邹泓、余益兵、周晖等人编制的青少年社会适应状况评估问卷（2012）。本研究选取问卷的四个积极社会适应维度来评估个体的积极社会适应情况，共27个项目。问卷采用Likert5点计分方式，调查对象根据自己的真实情况在“非常不符合”到“非常符合”的5点量表上进行选择。分数越高表示个体有越好的积极社会适应。在本研究中，积极社会适应问卷的Cronbach's α=0.92。

3. 消极社会适应问卷

采用邹泓、余益兵、周晖等人编制的青少年社会适应状况评估问卷（2012）。本研究选取问卷的四个消极社会适应维度来评估个体的消极社会适应情况，共 25 个项目。问卷采用 Likert5 点计分方式，调查对象根据自己的真实情况在“非常不符合”到“非常符合”的 5 点量表上进行选择。分数越高表示个体社会适应越消极。在本研究中，消极社会适应问卷的 Cronbach’s α=0.91。

4. 数据筛选与处理

采用 SPSS20.0 软件对数据进行分析处理。采用描述统计对人口学资料和青少年自我控制能力、青少年社会适应状况进行评估；采用方差分析人口学资料在各变量上的差异性；运用相关分析、回归分析进一步研究自我控制能力是否具有显著预测作用，自我控制能力是不是影响青少年社会适应水平的重要因素。

三、结果分析

（一）各变量描述统计结果及分析

首先对自我控制能力量表、积极社会适应量表和消极适应量表的数据进行描述统计分析，结果显示：积极社会适应总得分（M=2.94，SD=0.53），处于中等水平；消极社会适应总得分（M=2.43，SD=0.53），处于较低水平；自我控制能力总得分（M=3.25，SD=0.40），处于较高水平。

为进一步探讨青少年自我控制能力与青少年积极社会适应、消极社会适应水平之间的关系，通过相关分析得出：自我控制能力与青少年积极社会适应（r=0.12，p<0.01）之间呈显著正相关；自我控制与青少年消极社会适应（r=-0.55，p<0.01）之间呈显著负相关。

（二）自我控制能力与青少年社会适应差异检验结果及分析

通过初步的统计分析，采用 t 检验、单因素方差分析 ANOVA 得出，积极社会适应在性别上存在显著性差异（t=0.58，p<0.01），在年级上呈显著差异（F=0.46，p<0.05）；消极社会适应在年级上存在显著性差异（F=2.95，p<0.05）；自我控制能力在性别上存在显著性差异（t=1.62，p<0.01），在年级上存在极显著性差异（F=14.26，p<0.01）。

为进一步验证自我控制能力对青少年社会适应的影响，以积极社会适应、消极社会适应作为因变量、自我控制能力作为自变量，采用强行进入法（Enter）进行线性回归。结果表明：各预测指标的容忍度（tolerance）在0.17到0.28之间，方差扩大因子VIF在1.25到2.15之间，说明这些指标的共线性对回归分析没有不良影响。回归分析结果显示：$R^2=0.02$，$\Delta R^2=0.01$，$F=14.84$，$p<0.001$，说明建立的回归方程是有意义的。自我控制能力对青少年积极社会适应（$\beta=0.17$，$p<0.001$），自我控制能力对青少年消极社会适应（$\beta=-0.72$，$p<0.001$）。结果表明，自我控制能力对青少年积极社会适应具有正向预测作用，自我控制能力对青少年消极社会适应具有显著负向预测作用。

四、讨论

（一）青少年社会适应现状、自我控制能力现状分析

根据描述统计结果，本研究中青少年积极社会适应水平处于中等水平，青少年社会适应状况较为一般；消极社会适应水平处于较低水平，说明消极社会适应得分较低，其积极社会适应水平较高。通过方差分析得出，性别在积极社会适应上存在显著性差异，均值比较发现，男生显著低于女生，这与以往研究结果一致（聂衍刚，2005）。在日常生活中，男生比女生更容易暴露出各种不良社会行为，女生更能够约束自己的某些行为，不似男生如此张扬。有调查结果显示，能够约束自己的群体更少出现不良社会行为，做出更多的积极社会适应。另外，青少年积极社会适应在年级上也存在显著性差异，随着年级的增长，积极社会适应状况越好。青少年刚步入初中时，由于对各方面还不熟悉，遇到问题不能及时得到来自社会及各方面的支持，加上老师不太清楚学生的发展状况，未能及时加以引导，容易做出一些不符合社会规范的社会行为，产生了更多的消极社会适应。当对此熟悉后，加上随着年级增长，对各种事情的认知度越来越清晰，心智也越来越成熟，能够自己判断自己是否该做某些行为，增强了积极社会行为的出现率。

在本研究中，自我控制能力得分较高，处于中上水平。男生自我控制能力低于女生。说明在生活和学习中，男生自我控制能力较差，比较好动，且遇到问题时往往比较冲动，不能先冷静下来思考。随着年龄的增长，自我控制能力越来越差，到了初三，又出现了好转，这可能是由于刚进入初中时，为了吸引老师和同学的关注，能够控制自己认为的不良行为。有研究显示，较少做出反社会行为的人群更受同伴和老师的喜欢。再者，刚进

入初中时，自我辨别能力还比较差，父母、老师为了孩子能够更快地适应学校生活，经常会讲什么该做、什么不该做，他们记住了这些话，约束自己不做这些不好的行为，如对别人要友好、遇到问题要冷静思考等。到了初二这一过渡期，是学生发展最关键的时期，由于同伴这些的影响，遇到的问题越来越多，不能及时得到解决，自我控制能力越来越差，到了初三，比以往更加成熟，已经能够自己选择和做决定，哪些事情是自己能做的，符合社会发展的情况，其积极社会适应水平更加明显。

（二）自我控制能力与青少年积极社会适应、消极社会适应的关系

进一步研究发现，自我控制能力与青少年积极社会适应呈正相关，自我控制能力越高，积极社会适应水平越高。反之，自我控制能力越低，青少年消极社会适应水平越高。这与高自我控制能力的人，会较少出现学业下滑，做出更多亲社会行为的结果相一致。而不是遇到问题就退缩。进一步回归得出，自我控制能力对青少年积极社会适应具有显著正向预测作用；自我控制能力对青少年消极社会适应具有显著负向预测作用。进一步表明了自我控制能力是影响青少年社会适应的重要因素，这与研究假设相一致。

自我控制是自我意识的重要组成部分，处于青春期的青少年正是自我意识发展的关键期，自我可控制水平的高低会随着自我意识的发展而有所不同，从而对事情的判断力也会有所不同。自我控制更是积极社会化发展的重要标志，对于正处于这一阶段的青少年，要进行更多的社会关注，及时引导纠正不良行为，使其健康成长。并能在问题中学会自己约束自己。当今社会正是社会发展变化的极速时代，时刻都要关注着自己的行为问题、解决问题能力等要素，以此适应社会的发展。如此不仅可以提升自己的受挫能力、更好的人际关系处理能力，而且还能进一步提升自己的自信心水平，从而促进自己健康的成长。

（三）根据研究结果提出的对策

青少年积极社会适应水平的提高有利于促进青少年各方面的发展，如更高的自尊水平、更好的人际关系、更高水平的学习动机等。为更好地促进学生心理健康发展，提高其积极社会适应水平，本研究将根据此研究结果提出几点对策，为青少年的健康发展提供一定的理论依据。

第一，重视青少年自我控制能力对青少年积极社会适应的作用。自我控制能力是一个人对自己行为规范认识度是否有较高认知的重要体

现,也是衡量一个人在社会生活中能否自己成长的重要标志。具有高自我控制能力的青少年会较少被谩骂,人格更加积极,长大后更具有温馨、幸福的家庭相处模式。

第二,强调各个不同影响源的共同作用,共同促进青少年积极社会水平的提高。本研究虽然只探讨了自我控制能力这一个影响源,但还有其他方面的共同作用,如父母支持、社会疏离感等。需要探讨更多影响青少年积极社会适应水平的因素,比较其作用的大小,为促进青少年适应水平、减少消极社会适应水平建言献策。

第三,社会应密切关注青少年的发展状况,重点抓住孩子的心理特点,共同应对青少年在目前所面临的问题,当其出现问题时,让他们知道该怎么做,该如何寻求他人的帮助;尤其是家庭结构不完整、父母陪伴少的青少年应给予更多积极的社会关注,本就缺乏安全感的青少年,心理极其敏感,首先会渴望得到父母的关爱,其次又想得到更多的友谊,但是由于家庭缺失,比较自卑,同在正常家庭结构下成长的孩子相比,更容易做出一些过激行为,因此,有必要而且必须对这类青少年给予更多的关注,引导其心理健康发展,从而使其健康成长。

(四)本研究的不足

本研究由于自身条件的限制和其他方面的不足,还存在许多不足。第一,收集问卷的精确度较低。施测过程中,不是一对一进行,而是由一名主测负责一个班级,不能同时关注到每个学生填写问卷,很有可能出现乱填的情况。另外,问卷题量较大,学生在填写问卷过程中可能产生疲劳效应。第二,研究样本选取范围较为狭窄,此次研究只选取了贵州省遵义、毕节、贵阳三个市的初中生,在全省乃至全国都不具有推广性,研究结果只在这个区域内适应,所以其推广度较为狭窄。第三,本研究探讨的影响源较为单一,不能一次性地得出影响青少年社会适应水平的多个因素,需要进行再次研究。第四,问卷选取的人口学资料较少,只有简单的性别、是否留守和年级。而在本研究中的几个变量在这几个人口学资料呈显著性差异较低,应该增加是否独生、是否单亲等几个人口学资料,探讨几个变量在其上是否存在显著性差异,关注到更多的几个方面。

五、结果

第一,青少年积极社会适应在性别、年级上存在显著性差异;消极社会适应在年级上存在显著差异；自我控制能力在性别和年级上存在显著性差异。

第二，自我控制能力对青少年积极社会适应具有显著正向预测作用，反之，自我控制能力对青少年消极社会适应具有显著负向预测作用。

第三，自我控制能力是影响青少年社会适应水平的重要因素。

第二节　应对方式对青少年社会适应的影响

一、问题提出

进入 21 世纪的青少年正是当代 00 后群体，他们与 90 后青少年相比心智更加成熟，而且伴随着网络科技的发展，面临的问题也越来越多。随着我国经济社会的不断发展进步，目前我国的经济水平得到了很大的提高，从 20 世纪解决温饱问题到如今追求生活高质量化。更多人从乡村转移到城市，从以往靠家里种地为生到现在从事行业的多元化，促进了人们生活水平的不断提高。但社会的快速发展随之也带来了负面的影响，如青少年手机网络成瘾、适应社会生活能力差、抗压力能力弱、面对困难消极敏感等内显和外显社会适应表现，最终影响了青少年的健康发展。因此，近几年来，关于青少年社会适应问题的讨论越来越多，其表现方面更是层出不穷。但是较多研究者比较关注青少年的积极社会适应问题，较少探讨青少年的消极社会适应，因此，本研究将对积极社会适应和消极社会适应结合一起探讨。这样不仅可以了解当前青少年的整体社会适应状况，还能更加清晰地提出有效应对措施。

社会适应是个体在学习、交往、发展和创造过程中，逐渐成为独立的主体去承担社会责任、应对社会环境变化和挑战的心理和行为活动。根据社会适应的功能可分为积极社会适应和消极社会适应。积极社会适应是指个体为了生存、发展的需要以及根据社会规范和环境要求，做出与社会发展相适应的行为，如日常生活中的积极行为；而消极社会适应是指那些违反社会规范，不利于个体生存和发展的行为，如反社会行为（李冬梅，雷雳，邹泓，2007）。在探究影响青少年社会适应水平的众多因素中，青少年遇到问题时的应对方式可能是一个较为重要的因素。Moos 等人指出应对方式是个体在与变化多端的复杂问题应急事件下的相互作用过程中所做出的应对努力。当人们在生活中遇到难题时，通过自身的不断努力去克服所面临的问题,最终解决了困难,从而适应了难题与自身的变化,最终使身心健康水平达到最佳状态。有研究发现,积极的应对方式能够显著预测青少年的健康水平(张燕,张涛,2020)。提出研究假设1:应对方式对青少年社会适应具有显著预测作用。同时也有研究表明个体的自我意识水平会影响其对应激事件的处理方式,自我意识较高的青少年更容易做出积极的应对方式来调整自己当前的状态(刘璐,2012)。提出研究假设2:应对方式是影响青少年社会适应的重要因素。

二、研究方法

(一)被试

调查对象来源于贵州省遵义市、毕节市、贵阳市的6所比较有代表性的初中学校。共有1078名学生参与此次问卷调查,实测回收有效问卷936份。其中男生447人(47.8%),女生489人(52.2%);228人为留守学生(24.4%),708人为非留守学生(75.6%);初一年级303人(32.4%),初二年级422人(45.1%),初三年级211人(22.5%)。

(二)工具

1. 应对方式问卷

采用解亚宁(1999)编制的简易应对方式问卷。该问卷含积极应对和消极应对两个维度,1–10题为积极应对方式,11–20题为消极应对方式。量表采用Likert 4点计分方式,被试根据自己的真实情况在“从不采用”到“经常采用”的4点量表上进行选择。应对倾向为积极应对得分(Z分数)减去消极应对得分(Z分数)。在本研究中,应对方式问卷的Cronbach's α=0.89。

2. 积极社会适应问卷

采用邹泓、余益兵、周晖等人编制的青少年社会适应状况评估问卷(2012)。本研究选取问卷的四个积极社会适应维度来评估个体的积极社会适应情况,共27个项目。问卷采用Likert5点计分方式,调查对象根据自己的真实情况在“非常不符合”到“非常符合”的5点量表上进行选择。分数越高表示个体有越好的积极社会适应。在本研究中,积极社会适应问卷的Cronbach's α=0.92。

3. 消极社会适应问卷

采用邹泓、余益兵、周晖等人编制的青少年社会适应状况评估问卷（2012）。本研究选取问卷的四个消极社会适应维度来评估个体的消极社会适应情况，共25个项目。问卷采用Likert5点计分方式，调查对象根据自己的真实情况在“非常不符合”到“非常符合”的5点量表上进行选择。分数越高表示个体社会适应越消极。在本研究中，消极社会适应问卷的Cronbach's α=0.91。

4. 数据筛选与处理

采用SPSS20.0软件对数据进行分析处理。采用描述统计对人口学资料和应对方式、青少年社会适应进行评估；采用方差分析人口学资料在各变量上的差异性；运用相关分析、回归分析进一步研究应对方式是不是影响青少年社会适应水平的重要因素。

三、结果分析

（一）各变量描述统计结果及分析

首先对应对方式问卷、青少年积极社会适应问卷、消极社会适应问卷数据进行描述统计。结果显示：各变量得分，积极社会适应（M=2.94，SD=0.53），处于中等水平；消极社会适应（M=2.43，SD=0.53），处于较低水平；积极应对（M=2.40，SD=0.53），处于较高水平；消极应对（M=2.05，SD=0.50），处于中等水平；应对倾向（M=–0.57，SD=1.11），积极应对大于消极应对，应对方式较积极。之后对各变量进行相关分析，结果显示：青少年积极社会适应与应对倾向（r=0.33，p<0.01）、积极应对（r=0.47，p<0.01）呈显著正相关、消极应对（r=–0.09，p<0.01）。青少年消极社会适应与应对倾向（r=–0.40，p<0.01）呈显著负相关、消极应对（r=0.36，p<0.01）、积极应对（r=–0.09，p<0.01）。

（二）应对方式与青少年社会适应差异检验结果及分析

通过初步的统计分析，采用t检验、单因素方差分析ANOVA得出，积极社会适应在性别上存在显著差异（t=1.72，p<0.01），通过均值比较，男生显著低于女生；在年级上存在显著性差异（F=4.02，p<0.01），年级越高其积极社会适应水平越高。消极社会适应在年级上存在显著性差异（F=4.02，p<0.01），初三年级显著低于初二年级和初一年级。这与聂衍刚

的研究结果相一致(聂衍刚,2005)。积极应对、消极应对、与之相应的应对倾向在性别、年级、是否留守上均不存在显著性差异。

为进一步验证应对方式对青少年社会适应的影响,以积极社会适应、消极社会适应作为因变量、应对方式作为自变量,采用强行进入法(Enter)进行线性回归。结果表明:各预测指标的容忍度(tolerance)在0.33到0.52之间,方差扩大因子VIF在1.16到2.40之间,说明这些指标的共线性对回归分析没有不良影响。回归分析结果显示:$R^2=0.16$,$\Delta R^2=0.16$,$F=180.48$,$p<0.001$,说明建立的回归方程是有意义的。应对方式对青少年积极社会适应具有正向预测作用的变量依次为应对倾向($\beta=0.16$,$p<0.001$)、积极应对($\beta=0.47$,$p<0.001$)、消极应对($\beta=0.16$,$p<0.001$);应对方式对青少年消极社会适应具有负向预测作用的变量为应对倾向($\beta=-0.25$,$p<0.001$),对青少年消极社会适应具有正向预测作用的变量为消极应对($\beta=0.39$,$p<0.001$)、积极应对($\beta=0.20$,$p<0.001$)。

四、讨论

(一)青少年社会适应现状、应对方式现状分析

通过描述统计结果发现,当前青少年积极社会适应、消极社会适应的得分较为中等,说明目前青少年的社会适应状况不太乐观。通过方差分析发现,男生的消极社会适应水平要高于女生,这是什么原因导致的呢?根据有关调查发现,男生在遇到问题的过程时,更倾向于采取暴力手段去解决,而不是先冷静下来思考过后,采取最有效的方式进行解决。而女生遇到问题时在无意识情况下,不会运用很极端的方式去解决,可能是大吵,可能是憋在心中不表达,因此,其社会适应状况存在着一定的差异。而应对方式在人口学变量上均不存在显著性差异,这可能是由于本次研究问卷的人口学资料比较少,而应对方式在性别、年级、是否留守上无较大差异。但应对方式可能在单亲家庭和非单亲家庭中会有所区别,有研究表明,在完整家庭结构中成长的孩子,在应对应激事件时,采取更多积极的应对方式去解决。在本研究中应对方式的体现由积极应对得分减去消极应对得分,最终结果为负数。其积极应对要大于消极应对,总体应对方式水平较好。但不可避免的是还存在部分青少年采取消极应对方式解决问题,每个青少年都是独立存在的个体,有着不同的生活环境,所以在面对同一问题时有着不同的解决方式,不可能使每个人完完全全地都运用相同的方式去面对问题。

（二）应对方式与青少年积极社会适应、消极社会适应的关系

为进一步探索应对方式与青少年积极社会适应、消极社会适应之间的关系，对此做相关分析，应对方式对青少年积极社会适应呈较高程度的正相关，应对方式越积极，青少年积极社会适应越良好，这与何月月等的研究结果一致（何月月，张世西，尹安春等，2020）。应对方式对青少年消极社会适应呈较低程度的负相关，说明在面对问题时采取更多消极应对的青少年期总体社会适应较消极，这与攻击性强的人越容易采取消极应对方式，心理健康发展水平越低的结果相一致（顾娟，2020）。青少年正值人生发展的关键期，自我概念逐渐形成，对于很多问题开始有了自己的想法，当自己面临挫折或其他问题时，能够自己做出相对应的应对倾向。而自己做出的是积极应对还是消极应对，就要看个体自身的社会问题解决能力以及自己对这件事情的看法，从而判断出做出的是消极应对还是积极应对。总之，应对方式是影响青少年社会适应水平的重要因素，在日常生活中，青少年的监护人或是与之有着亲密关系的人要从小培养孩子自己解决问题的能力，并让自己先判断自己的方式是否正确，对他们说的话进行相应的回应，让青少年感受到自己是受到关注的，之后对他们所做的应对方式进行正确的引导，使他们在解决实际问题的过程中成长起来。

（三）根据研究结果提出的对策

青少年积极社会适应水平的提高有利于促进青少年心理生理的健康发展，如更高的自尊水平、更好的人际关系、更优秀的学业成绩等。为增强青少年积极社会适应的发展，更好地适应社会的发展，本研究将根据此研究结果提出几点对策，为青少年的健康成长提供一定的理论依据。

第一，父母要重视青少年社会问题处理技巧的培养，减少青少年消极社会适应水平。家庭是青少年成长的重要场所，同时也是影响其各种行为习惯变化的重要场所。青少年自身的行为习惯若不及时加以引导纠正，会影响其一生；面对问题的应对方式关乎其在生活中的人际关系问题。因此，父母不仅要关注学习问题，更应该注重的是他们自身行为的规范以及情感上的支持，才能更好地促进他们生理和心理的健康发展，所以父母的教养方式对青少年处理实际问题的应对方式至关重要。

第二，以青少年应对应激事件的应对方式为重要抓手，促进青少年积极社会适应水平的提升。在本研究中，应对方式是影响青少年社会适应

水平的重要因素，要以此为重点方向，在生活中观察青少年遇到问题时的处理方式，并利用闲暇时间多关注他们的心理发展状况，使他们做出与内心想法一致的外显社会适应行为。只有更清楚地了解了他们的内心活动，才能更好地对他们的外显行为做出引导，共同促进其积极社会水平的提高，减少其消极社会适应水平。

第三，要重视多种影响源的共同促进作用，增强青少年积极社会适应水平。虽然在本次研究中只探讨了应对方式这一个影响因素，但还有其他因素同应对方式一起共同影响青少年的社会适应水平。因此，要重视多种社会支持的共同作用，共同增强青少年的积极社会适应水平。

（四）本研究的不足与展望

此次研究由于自身条件和其他方面的限制，还存在许多不足。第一，只对应对方式这一个影响因素进行了探讨，没有探讨更多影响青少年社会适应水平的因素，其结果较为单一，不具有全面性。第二，影响青少年社会水平的可能不只应对方式这一个因素，很有可能还有其他因素在中间起了一定的作用，本研究未进行探讨。第三，在进行问卷收集时，其人口学资料方面收集太少，只有年级、性别和是否留守，不能准确地得出应对方式、青少年积极社会适应水平、消极社会适应水平在其他的方面是否也存在显著差异，如是否单亲、是否独生等。第四，收集的数据精确度较低，在施测过程中是以班级为单位进行，数量较多，不能注意到每一个学生，难以避免乱写现象；而且题目数量较多，可能会产生疲劳效应，加上每个年级及班级学生的文化水平不一样，填写的真实性难以辨别，导致收集的数据质量较低。第五，选取的样本较为狭窄，选取对象均为贵州省贵阳、遵义、毕节三个市的初中生，研究结果不足以在全国或者全省进行推广，更不能以此推断高中生的社会适应水平。

五、结果

第一，青少年积极社会适应在性别和年级上存在显著性差异；青少年消极社会适应在年级上存在显著性差异。

第二，应对方式对青少年积极社会适应具有显著正向预测作用，反之，应对方式对青少年消极社会适应具有显著负向预测作用。

第三，应对方式是影响青少年社会适应水平的重要因素。

第三节　疏离感对青少年社会适应的影响

一、问题提出

目前，由于社会的不断进步和发展，给正处于青春期的青少年带来了极大的社会挑战。而他们由于自我意识发展不成熟，对于新出现的诸如身体和心理的急剧变化、学业成绩下滑等问题不知所措。为应对这一系列内隐和外显社会适应问题，他们需要来自社会的多方支持帮助其迎接各项社会挑战。正是由于当前社会支持力度不够，家庭环境的影响使他们无法做出适应社会发展的积极行为，导致当前青少年消极行为越来越多。虽然大多研究者对青少年的社会适应状况和特点进行了研究，但少有关注影响青少年积极社会适应和消极社会适应的因素。因此，为了更好地增强青少年的积极社会适应水平，为其提供理论指导，有必要对影响青少年社会适应的因素进行探讨。

积极社会适应是指个体为了生存、发展的需要以及根据社会规范和环境要求，做出与社会发展相适应的行为，如日常生活中的积极行为；而消极社会适应是指那些与违反社会规范，不利于个体生存和发展的行为，如反社会行为（李冬梅，雷雳，邹泓，2007）。青少年社会适应发展状况对他们的发展有着至关重要的作用，当前青少年由于手机网络成瘾等导致精神不佳、大脑迟钝、偏离社会发展等负面问题，在探讨影响青少年社会适应水平的因素中，对社会的疏离状态可能是一个重要因素。我国学者张春兴认为疏离感是由于社会变迁和都市工业化的影响，使人与其生活环境间失去了原有的和谐，从而形成现代人面对其生活时的疏离感。它包括四种情感成分，即社会孤立感、无意义感、自我分离感和无能为力感（杨东，吴晓蓉，2002）。有研究发现，疏离感低的青少年，较多表现为情绪发展稳定、自律水平高、更加自信（汤毅晖，黄海，雷良忻，2004）。自律水平越高，越自信的青少年越容易表现出积极社会适应。提出研究假设1：疏离感对青少年积极社会适应具有显著负向预测作用，对消极社会适应具有显著正向预测作用。正处于人生发展关键时期的青少年，也是疏离感较敏感的时期，高疏离感对青少年的发展有一定的消极作用（马文燕，陆超祥，余洋等，2018），而且，个体的疏离感状态能高程度地预测青少年的社会发展水平。提出研究假设2：疏离感是影响青少年社会适应水平的重要因素。

二、研究方法

（一）被试

调查对象来源于贵州省遵义市、毕节市、贵阳市的6所比较有代表性的初中学校。共有1078名学生参与此次问卷调查，实测回收有效问卷962份。其中男生461人（47.9%），女生501人（52.1%）；243人为留守学生（25.3%），719人为非留守学生（74.7%）；初一年级351人（36.5%），初二年级417人（43.3%），初三年级194人（20.2%）。

（二）工具

1. 青少年疏离感量表

采用陈维、赵守盈、罗杰和张进辅（2015）修订的一般疏离感量表。该量表为单维量表，共12题。量表采用Likert 4点计分方式，被试根据自己的真实情况在"非常不同意"到"非常同意"的4点量表上进行选择。得分越高表示疏离感越高。在本研究中，一般疏离感量表的Cronbach's α=0.88。

2. 积极社会适应问卷

采用邹泓、余益兵、周晖等人编制的青少年社会适应状况评估问卷（2012）。本研究选取问卷的四个积极社会适应维度来评估个体的积极社会适应情况，共27个项目。问卷采用Likert5点计分方式，调查对象根据自己的真实情况在"非常不符合"到"非常符合"的5点量表上进行选择。分数越高表示个体有越好的积极社会适应。在本研究中，积极社会适应问卷的Cronbach's α=0.92。

3. 消极社会适应问卷

采用邹泓、余益兵、周晖等人编制的青少年社会适应状况评估问卷（2012）。本研究选取问卷的四个消极社会适应维度来评估个体的消极社会适应情况，共25个项目。问卷采用Likert5点计分方式，调查对象根据自己的真实情况在"非常不符合"到"非常符合"的5点量表上进行选择。分数越高表示个体社会适应越消极。在本研究中，消极社会适应问卷的Cronbach's α=0.91。

4. 数据筛选与处理

采用 SPSS20.0 软件对数据进行分析处理。采用描述统计对人口学资料和疏离感、青少年社会适应进行评估；采用方差分析人口学资料在各变量上的差异性；运用相关分析、回归分析进一步研究疏离感是不是影响青少年社会适应水平的重要因素。

三、结果分析

（一）各变量描述统计结果及分析

首先对青少年疏离感量表、积极社会适应量表和消极社会适应量表的数据进行描述统计分析，结果显示：疏离感总得分（M=2.31，SD=0.81），处于较高水平；积极社会适应总得分（M=2.96，SD=0.55），处于中等水平；消极社会适应总得分（M=2.38，SD=0.53），处于较低水平。然后对疏离感与积极社会适应、消极社会适应进行相关分析，结果得出：疏离感与青少年积极社会适应（r=–0.13，p<0.01）呈显著负相关，疏离感与消极社会适应（r=0.62，p<0.01）呈显著正相关。

（二）疏离感与青少年社会适应差异检验结果及分析

通过初步的统计分析，采用 t 检验、单因素方差分析 ANOVA 得出，疏离感在性别（t=2.72，p<0.01）、年级上（F=3.49，p<0.05）呈显著性差异。积极社会适应在性别上存在显著差异（t=2.53，p<0.01），在是否留守上差异不显著（t=0.04，p>0.05），在年级上存在显著差异（F=2.28，p<0.01）。消极社会适应在性别上（t=1.87，p>0.05）、是否留守（t=1.75，p>0.05）、年级上均不存在显著差异（F=2.71，p>0.05）。

为进一步验证疏离感对青少年社会适应的影响，以积极社会适应、消极社会适应作为因变量、疏离感作为自变量，采用强行进入法（Enter）进行线性回归。结果表明：各预测指标的容忍度（tolerance）在 0.18 到 0.35 之间 ，方差扩大因子 VIF 在 1.19 到 2.55 之间，说明这些指标的共线性对回归分析没有不良影响。回归分析得出：R^2=0.39，ΔR^2=0.39，F=611.45，p<0.001，说明建立的回归方程是有意义的。进一步分析得出，疏离感对青少年积极社会适应具有显著负向预测作用（β=–0.13，p<0.001）；疏离感对青少年消极社会适应具有显著正向预测作用（β=0.65，p<0.001）。

四、讨论

（一）青少年社会适应现状、疏离感现状分析

根据描述统计结果得出，青少年积极社会适应得分较为中等，消极社会适应得分较低，说明了当前青少年社会适应状况还存在一定问题，其现状不容乐观。通过均值比较，女生现状要好于男生，原因可能是当前社会女生要比男生心思细腻，在休闲时娱乐方式更倾向于比较积极的社会读本，从中感受到的积极影响较大，再者，女生会更多地与父母或者是同伴沟通交流，表达自己对某件事的看法，或者是对遇到的烦恼事件向他们倾诉。通过倾诉，使自己的内心得到了释放，情感得到了积极的关注，积极社会适应水平更高。而随着年龄的增长，青少年的积极社会适应水平也越来越高，研究结果表明，初三学生积极社会适应要高于初二学生和初一学生，这更可能是由于随着年龄的增加，他们的自我意识趋向成熟、开始适应了环境带来的挑战，遇到问题沉着冷静，采取既不伤害他人也不伤害自己的方式去解决问题，这使得他们的积极社会适应状况要高于低年级学生。进一步对疏离感进行描述统计发现，其得分较高，说明目前青少年的疏离感状况较为严重。一方面，这可能是由于社会带来的发展变化使得他们较少与他人进行面对面沟通，长此以往，对他们越来越疏离；另一方面，这可能是因为青少年受到来自父母、家庭环境的影响，将自己困于自己的内心世界，可能是由于家庭结构变化导致，在完整家庭中成长的孩子，更可能做出亲社会行为。还有可能是因为父母教养方式所致，有研究表明，父母教养方式会影响青少年的疏离感状态，其教养方式专制性越强，青少年疏离感越高（徐夫真，2007），更难以适应社会的发展变化。

（二）疏离感与青少年积极社会适应、消极社会适应的关系

为进一步探讨疏离与青少年社会适应之间的关系，进行了相关分析，结果显示，疏离感与青少年积极社会适应之间呈显著负相关，也就表明，疏离感越高，青少年积极社会适应水平越低，反之，疏离感越低，青少年积极社会适应水平越高。这与疏离感越高，青少年的人生发展状况越积极的研究结果一致（魏义承，徐夫真，2019）。疏离感与青少年消极社会水平呈显著正相关，青少年疏离感越高，消极社会适应水平越高。青少年疏离感是他们由于社会发展带来的社会挑战，对生活的一种疏离状态。进一步回归得出，疏离感对青少年积极社会适应水平具有显著负向作用，疏离

感对青少年消极社会适应具有显著正向预测作用，这与本研究的假设1、2相一致。

现今是社会发展变化极速的时代，人们面临的问题越来越多，稍有不慎，将导致不可逆转的严重后果。由于各种社会适应问题的显现，其心理健康水平也不容乐观，自己适应社会发展的轨迹也越加艰难。学校和家庭是青少年生活的重要场所，在家中父母的一言一行、在学校老师的教导方式，对青少年的发展都起着至关重要的作用，为了能使青少年适应社会的发展状况，做出更多符合社会发展的行为，要重视环境教育的作用，增强青少年的心理适应水平，促进心理健康发展。

（三）根据研究结果提出的对策

青少年社会适应水平的发展关乎其各方面的成长，为更好地促进学生健康发展，提高其积极社会适应水平，本研究将根据此研究结果提出几点对策，为青少年的健康发展提供一定的理论依据。

第一，学校要根据青少年的身心发展状况，重视社会实践能力的培养，而不是教科书式教育。当前随着社会的发展，给人们带来了极大便利的同时也带来了极大的社会挑战，青少年由于社会实践不足，意识观念薄弱，自己难以适应。更是由于青少年心理、身心发展的剧烈变化，社会适应能力更是消极。因此，为更好地使青少年适应社会的发展，要多重视青少年应对社会挑战技巧的培养，促进青少年积极社会适应水平的提升。

第二，提升在校教师和父母的观念意识，家校联合，共同促进学生积极、健康地发展。一方面，提升青少年的积极社会适应水平，学校是一重要学习场所。首先教师要与家长多进行沟通，了解学生的基本情况，尤其是身心发展状况，要进行深入了解，为学生的身心发展提供更多的积极关注。同家长一起商讨提出有效的提升方案。另一方面，父母的教养受到许多因素的影响，如文化水平、思考问题的观念都会让他们对孩子的教育方式有所不同。因此，不仅是家长要配合，学校要更加重视青少年的心理健康，共同促进青少年的积极社会适应水平。

第三，强调多种支持共同作用，提高青少年的积极社会适应水平。本研究结果得出疏离感是影响青少年社会适应发展的一个重要因素。但其影响因素，仅凭增强疏离感这个单方面，其作用不是很大。因此，需要去探讨更多影响青少年社会适应水平的因素，多渠道共同提高学生的积极社会适应水平，促进其健康成长。

第四，要重视疏离感对青少年社会适应的影响，以增强疏离感为抓手,提升青少年的积极社会适应水平。疏离感对青少年的发展有着重要影响,要使他们减少疏离感,提升积极社会适应,要使他们的情感得以满足,行为方式得到关注,才能更好地增强疏离感,从而促进其积极社会适应的提高,减少青少年消极社会适应水平。

(四)本研究的不足

此次研究由于自身条件和其他方面的限制,还存在许多不足。第一,只对疏离感这一个因素进行了探讨,没有探讨更多影响青少年社会适应水平的因素,其结果较为单一,不具有全面性。第二,影响青少年社会水平的可能不只疏离感这一个方面,很有可能还有其他因素在共同起作用,本研究未进行探讨。第三,在进行问卷收集时,其人口学资料方面收集太少,只有年级、性别和是否留守,不能准确地得出疏离感、青少年积极社会水平、消极社会适应水平在其他的方面是否也存在显著差异,如是否单亲、是否独生等。第四,收集的数据精确度低,在施测过程当中是以班级为单位进行,数量较多,不能注意到每一个学生,难以避免乱写现象;而且题目数量较多,可能会产生疲劳效应,加上每个年级及班级学生的文化水平不一样,填写的真实性难以辨别,导致收集的数据质量较低。第五,选取样本太少,不具有代表性。本研究选取对象为贵州省贵阳市、遵义市和毕节市三个市的初中学校,研究结果只在这一范围内有推广性,而在全国范围内,不具有代表性。

五、结果

第一,青少年积极社会适应在性别和年级上存在显著性差异;疏离感在性别、年级上存在显著性差异。

第二,疏离感对青少年积极社会适应具有显著负向预测作用,反之,疏离感对青少年消极社会适应具有显著正向预测作用。

第三,疏离感是影响青少年社会适应水平的重要因素。

第六章　家庭因素对青少年社会适应的影响机制

家庭因素是青少年社会适应的核心影响因素，而在家庭因素中父母教养方式又是重中之重。父母教养方式如何影响青少年社会适应需要研究者进行深入的探讨。本章将重点讨论父母教养方式这一核心家庭因素对青少年的社会适应的影响机制，具体将探讨应对方式和自我控制能力在积极、消极家庭教养方式与青少年积极、消极社会适应中的中介作用。

第一节　积极教养方式对青少年社会适应的影响：积极应对的中介作用

一、问题提出

社会适应是指个体在与社会环境的交互作用中，通过顺应环境、调控自我或改变环境，最终达到与社会环境保持和谐、平衡的动态关系，是个体在社会生活中的心理、社会协调中的综合反应（邹泓，刘艳，张文娟等，2015；马诗浩，植凤英，邓霞，2019）。从发展心理学的角度来看，社会适应是人生历程的基本任务，是个体社会化的目标之一，也是反映个体心理健康水平的重要指标（Bronfenbrenner，2014）。青少年时期是个体的生理、心理发生急剧变化，从幼稚走向成熟的重要转折时期，因此，关注青少年的社会适应有利于他们的身心健康发展，提升其心理健康水平。

在青少年积极社会适应的影响因素研究中，较多集中于对个体因素和环境因素的研究。近年来，研究者把危险性因素（risk factor）和保护性因素（protective factor）的概念引入社会适应的研究当中，研究发现危险性因素和保护性因素对社会适应行为产生不同的影响（李冬梅，雷雳，邹泓，2007）。其中，危险性因素包括气质与人格（例如神经质）、提前进入青春期、冲动性、低智商和低教育成绩、父母不佳教养方式、父母低水平的监督、低父母依恋、虐待孩子、父母之间的冲突、破裂的家庭、反社会性父母、人口多的大家庭、社会经济因素、同伴影响、学校与社区影响等。保护性因素主要也包括两大类：个体方面的因素与环境方面的因素。例如：自尊、自我效能、责任感、成就动机、计划能力、积极归因、内控、高期望、自律、批判思维、热情、乐观、好脾气、敏捷、积极行动、高智商、问题解决能力、人际沟通能力等。

大量实证研究表明，父母教养方式是影响个体社会适应的重要因素。Patterson 等提出了解释青少年侵犯行为的威压理论，认为青少年的适应不良与父母无效的教养方式有关（Van Leeuwen & Vermulst，2004）。权威型父母常用的积极支持性教养行为，如温暖与支持、父母知晓、强化等能预测积极的发展结果（周云，朱海，吴红琴，2012），如更高的学业成就、人际交往能力，更低的外显和内隐问题行为；而专制型、放任型与忽视型父母常采用的消极控制性教养行为，如忽视、严厉惩罚等能预测消极的发展结果（刘文婧，许志星，邹泓，2012）。据此，提出研究假设 1：父母教养方式显著正向预测青少年积极社会适应。

父母教养方式是如何影响青少年的社会适应呢？文献分析发现，积极应对方式可能是父母教养方式影响青少年社会适应的中介变量。应对方式指的是个体为满足环境要求做出的认知和行为上的努力（Lazarus，1993），其中积极应对多以问题为中心，表现为个体力图解决实际问题，消极应对多以情绪为中心，表现为个体通过回避、否认等应对策略减少自身的不良情绪（邸妙词，刘儒德，高钦等，2015）。应对方式的积极与否，在一定程度上影响着社会适应水平。为什么积极应对方式可以中介父母教养方式对青少年社会适应的影响？首先，个体对应激事件的应对方式受到家庭环境、父母教养方式等家庭因素的直接影响，家庭教育的方式直接或者间接影响着个体采用的应对方式。有研究显示，父母教养方式与中学生应对方式显著相关，即父母的积极教养方式与积极应对方式呈显著正相关，父母拒绝、过度保护的消极教养方式与消极应对方式呈显著正相关。其次，在积极应对与积极社会适应的关系上，领域—功能模型则概括性指出，个体唯有采取积极的应对方式、付出更多努力，才能游刃有余地解决学习、生活方面的问题，即积极应对是积极适应的前提。最后，根据特异性匹配原则，当前因变量与结果变量的性质匹配时（例如，父母积极教养方式与积极应对，积极应对与积极适应），两者的联系更紧密（Swann，Schneider & Mcclarty，2007）。因此，提出研究假设 2：积极应对中介了积极父母教养方式对青少年积极社会适应的影响。

综上所述，本研究将通过一个中介模型对父母积极教养方式与青少年积极社会适应之间的关系进行深入的探究，主要目的是探究积极应对是否能中介父母积极教养方式对青少年积极社会适应的影响。通过对以上假设的检验可以进一步了解父母积极教养方式"怎样"影响青少年积极社会适应。为实践中提升青少年积极社会适应提供可参考的依据。

二、研究方法

（一）调查对象

调查对象来源于贵州省遵义市、毕节市、贵阳市的6所比较有代表性的初中学校。共有1078名学生参与此次问卷调查，实测回收有效问卷895份（$M_{年龄}$=14.31岁，$SD_{年龄}$=1.32）。其中男生434人（48.5%），女生461人（51.5%）；225人为留守学生（25.1%），670人为非留守学生（74.9%）；初一年级307人（34.3%），初二年级395人（44.1%），初三年级193人（21.6%）。

（二）工具

1. 父母积极教养方式问卷

采用"简式父母教养方式"问卷中的父母温暖分量表评估个体感知到的父母积极教养方式（蒋奖，鲁峥嵘，蒋苾菁，许燕，2010），问卷共7个项目，如"我觉得父/母亲尽量使我的青少年时期的生活更有意义和丰富多彩"。问卷采用Likert4点计分方式，调查对象根据自己的真实情况在"从不"到"总是"的4点量表上进行选择。该问卷分别考察个体感知到的父亲温暖和母亲温暖，最后通过计算母亲温暖和父亲温暖分值的平均数得到学生父母温暖的得分，得分越高代表个体感知到的父母的温暖和支持越多。在本研究中，问卷的Cronbach's α=0.91。

2. 应对方式问卷

采用解亚宁（1999）编制的简易应对方式问卷。该问卷含积极应对和消极应对两个维度，本研究选取消极应对这一维度进行研究，共8个项目。量表采用Likert 4点计分方式，被试根据自己的真实情况在"从不采用"到"经常采用"的4点量表上进行选择。消极应对方式的Cronbach's α=0.86。

3. 积极社会适应问卷

采用邹泓、余益兵、周晖等人编制的青少年社会适应状况评估问卷（2012）。本研究选取问卷的四个积极社会适应维度来评估个体的积极社会适应情况，共27个项目。问卷采用Likert5点计分方式，调查对象根据自己的真实情况在“非常不符合”到“非常符合”的5点量表上进行选择。分数越高表示个体有越好的积极社会适应。在本研究中，积极社会适应问卷的Cronbach's α=0.92。

（三）数据筛选与处理

采用SPSS24.0软件和Process3.0插件对数据进行分析处理。首先采用单因素方差分析考察青少年积极社会适应在人口学变量上的差异，并且在此基础上进一步事后检验得到积极社会适应在不同水平上的具体差异。然后进行相关分析，得到父母积极教养方式、积极应对与积极社会适应之间的相关关系。最后分析积极应对在父母积极教养方式与积极社会适应之间的中介作用。

三、结果分析

（一）共同方法偏差控制与检验

本研究中通过被试自陈法收集数据，可能存在共同方法偏差。因此，在问卷具体施测的过程中采取严格的程序控制（周浩，龙立荣，2004），强调本次问卷调查的匿名性、保密性和数据仅用于科学研究之用等。采用Harman单因子检验法对可能存在的共同方法偏差进行检验，结果表明特征值大于1的因子共13个，第一因子的变异解释率为20.51%，小于40%的临界标准。说明本研究的共同方法偏差问题在允许的范围内（熊红星，张璟，叶宝娟等，2012）。

（二）积极社会适应在人口学变量上的差异检验

使用单因素方差分析，将青少年积极社会适应作为因变量，人口学变量作为自变量，分析青少年积极社会适应在人口学变量上的差异。从结果来看，青少年社会适应在性别、年龄和年级以及留守情况上不存在显著差异性。

（三）各变量描述统计结果及相关分析

父母积极教养方式、积极应对和积极社会适应描述性统计及相关结果：父母积极教养方式（$M=2.23$, $SD=0.67$）处于中等偏下水平，青少年积极社会适应（$M=2.97$, $SD=0.58$）的情况处于偏上水平，从积极应对（$M=2.42$, $SD=0.55$）的得分来看，青少年的积极应对方式处于中等偏上水平。以上结果表明，大部分青少年感受到的父母积极教养方式较少，不过绝大部分青少年感觉自己社会适应能力良好且倾向于采用积极的应对方式。父母积极教养方式与积极应对表现为显著正相关（$r=0.39$, $p<0.001$）、父母积极教养方式与青少年积极社会适应为显著正相关关系（$r= 0.54$, $p< 0.001$）。说明父母采用积极的教养方式越多，青少年的社会适应越积极。积极应对与青少年积极社会适应表现为显著正相关（$r= 0.40$, $p<0.001$），也就是说青少年积极应对越积极，其社会适应表现越好。

（四）积极应对在父母积极教养方式与青少年社会适应之间的中介作用

青少年的积极应对在父母积极教养方式与青少年积极社会适应之间的中介效应是显著的。并且在加入中介变量后，父母积极教养方式对青少年积极社会适应的回归系数（$\beta = 0.29$, $p< 0.001$）也显著，因此，积极应对在父母积极教养方式与青少年积极社会适应之间起到了部分中介作用。由研究结果可知，积极应对的中介效应与总效应之比为 0.5020，即父母积极教养方式对青少年积极社会适应的作用有 52.20% 是通过积极应对间接影响的。

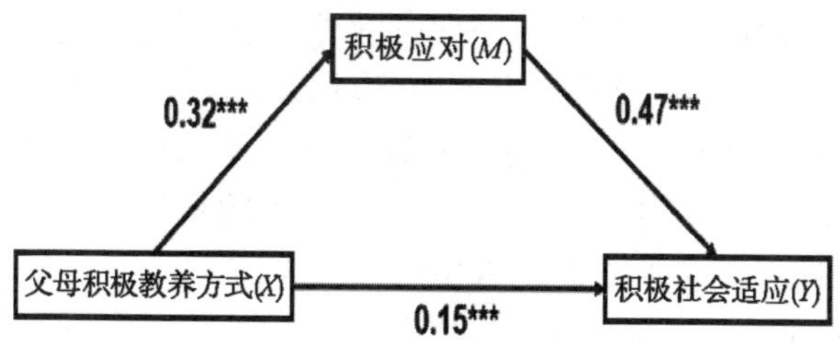

四、讨论

调查结果表明，父母积极教养方式显著正向预测青少年的积极社会适应,这与前人强调父母积极教养方式对青少年发展作用的研究相一致(方晓义,徐洁,孙莉,张锦涛,2004)。虽然伴随着年龄的增长,青少年与父母的互动模式发生了显著变化,在家庭的活动时间明显减少,但来自父母的温暖与支持对于青少年的发展而言仍具有不可替代的关键性作用。父母积极教养方式作为青少年健康发展的重要外在保护性因素,对青少年的发展具有重要的作用。与前人关注父母教养方式对社会适应问题的影响不同,本研究发现父母积极教养方式能显著改善青少年的社会适应状况,有效提升其社会适应水平。对于青少年来说,面对纷繁复杂的外部条件,正处于身心发展关键期的他们,面临着学业压力与升学压力,还面临着由幼稚、半成熟过渡到成熟的考验,在这一关键情况下,父母作为孩子的第一任教师,家庭作为孩子成长的首要环境,父母的温暖和关心是他们积极适应社会的重要条件和关键帮手。

本研究结果表明积极应对方式部分中介了父母积极教养方式对青少年的积极社会适应的影响。这与前人强调不同应对方式在个体发展过程的重要“桥梁”作用相一致,前人的研究表明应对方式能中介家庭因素对青少年的问题行为、社会责任感、焦虑、抑郁等结果变量的影响(金灿灿,王博晨,赵宝宝,2019;吴云龙等,2017;罗蕾等,2018)。家庭是组成社会的最小单位,也是个体最早接触和健康成长的重要场所。父母则是个体的重要他人,不仅是子女的物质提供者,更是情感支持者和精神领航者,父母教养方式在个体认知发展、人格形成、社会化等多方面有巨大影响,个体在成长过程中,会受到父母言谈举止、行为理念等潜移默化的影响。当父母为子女成长提供温暖理解的家庭环境时,个体会感受到更多的关爱和鼓励,更容易充满自信地与他人产生良性的人际交往互动。反之,如果父母长期采用拒绝否认的方式对待子女,无法满足子女的情感需求,个体常会陷入既无法从父母处得到情感需求的满足,容易贬抑自我产生自卑、焦虑、抑郁等。父母对子女过度保护、过分干涉也会使子女缺乏独立性,自我能力发展较差。积极的父母教养方式能够给予子女更加温暖的家庭环境和更多的鼓励支持,有助于孩子采用积极应对方式,那么在这种情况下,对于孩子的社会适应会产生积极的结果,进而促进其良好社会适应的发展。青少年正处于人生中的一个关键时期,由于他们身心发展的特点,在面对应急事件时往往会产生退缩心理,因此提高他们对应激事件以及困难环境的积极应对能力,有助于他们更好地去适应社会,推进个体社会化的进程。

五、结论

本研究采用问卷调查法探讨了父母积极教养方式对青少年积极社会适应的影响机制，通过对研究结果的分析和讨论，本研究得出以下结论。

第一，父母积极教养方式能够显著正向预测青少年积极社会适应。

第二，积极应对在父母积极教养方式对青少年积极社会适应的影响中起到中介作用。

第二节　消极教养方式对青少年社会适应的影响：消极应对的中介作用

一、问题提出

马斯洛需要层次理论提出个体具有与他人建立和发展社会关系的需要，良好的社会交往能促进个体身心健康发展（刘亚丽，2009）。社会适应是个体与环境交互作用的过程或状态，反映了个体与外界的和谐与平衡，包括自我适应、行为适应、人际适应与环境适应四个方面（白晓丽，姜永志，2020）。高速发展的社会对青少年的社会适应能力提出了更高的要求（贾双黛，张洛奕，2020）。研究表明，父母教养方式作为家庭环境的组成要素，会对孩子的行为产生影响（何丹，范翠英，牛更枫，2016）。以往的实证研究证实，父母教养方式与青少年的行为和心理问题有着密切关系（蒋奖，2004）。但鲜有研究分析父母消极教养方式对青少年消极社会适应的影响。因此，有必要探讨父母消极教养方式对青少年消极社会适应的影响机制。

父母教养方式是指父母在教养子女的过程中出现的一种行为方式，这种方式应是相对稳定且具有教育目的。临床的实践和研究证明，青少年的行为方式、人格、情绪特点等都与其父母教养方式密切相关（张强，2013）。其中，父母消极教养方式主要表现为拒绝和过度保护两个维度（张严文，刘拓，2020）。研究发现，采用消极教养方式的父母（即专制型、宽容型以及忽视型父母）极有可能给孩子带来消极的情绪体验（满佳奇，2020）。还有学者指出，父母采用“拒绝与否认”等消极教养方式将阻碍个体的发展，导致个体出现诸如抑郁、学习不良、网络成瘾等社会适应问题（徐慧，张建新，张梅玲，2008）。据此，提出研究假设1：父母消极教养方式显著正向预测青少年的消极社会适应。

应对方式是个体的一种认知和行为努力过程，目的是为了减少压力带来的负面影响（陈建新，伍莉，陈悦，2020）。解亚宁、姜乾金等选择二分法把应对分为积极应对和消极应对两种应对方式（解亚宁，1993）。为什么消极应对可以中介父母消极教养方式对青少年消极社会适应的影响？文献分析发现，消极应对可能是父母消极教养方式影响青少年消极社会适应的中介变量。其中，消极应对多以情绪为中心，表现为个体通过回避、否认等应对策略减少自身的不良情绪（邸妙词，刘儒德，高钦等，2015）。在父母消极教养方式下，青少年不可避免地出现负性情绪，影响其心理，从而影响其应对方式。以往研究还发现消极应对很容易引起各种不良的社会适应问题产生，如抑郁、焦虑及心理问题等，并由此引发一些负性事件发生。基于此，提出研究假设2：消极应对中介了父母消极教养方式对青少年消极社会适应的影响。

综上所述，本研究将通过一个中介模型对父母消极教养方式和青少年消极社会适应之间的关系进行深入的探究，主要目的是探究消极应对是否能中介父母消极教养方式对青少年消极社会适应的影响。通过对以上假设的检验可以进一步了解消极应对“怎样”影响青少年消极社会适应。

二、研究方法

（一）调查对象

调查对象来源于贵州省遵义市、毕节市、贵阳市的6所比较有代表性的初中学校。共有1078名学生参与此次问卷调查，实测回收有效问卷895份（$M_{年龄}$=14.31岁，$SD_{年龄}$=1.32）。其中男生434人（48.5%），女生461人（51.5%）；225人为留守学生（25.1%），670人为非留守学生（74.9%）；初一年级307人（34.3%），初二年级395人（44.1%），初三年级193人（21.6%）。

（二）工具

1. 父母消极教养方式问卷

采用“简式父母教养方式”问卷中的父母拒绝、过度保护两个分量表评估个体感知到的父母消极教养方式（蒋奖，鲁峥嵘，蒋苾菁，许燕，

2010),问卷共 7 个项目。问卷采用 Likert4 点计分方式,调查对象根据自己的真实情况在“从不”到“总是”的 4 点量表上进行选择。该问卷分别考察个体感知到的父亲拒绝、父亲过度保护、母亲拒绝和母亲过度保护,最后通过计算父亲拒绝、父亲过度保护、母亲拒绝和母亲过度保护分值的平均数得到学生父母消极教养方式的得分,得分越高代表个体感知到的父母的消极教养方式越多。在本研究中问卷的 Cronbach's α=0.91。

2. 应对方式问卷

采用解亚宁(1999)编制的简易应对方式问卷。该问卷含积极应对和消极应对两个维度,本研究选取消极应对这一维度进行研究,共 8 个项目。量表采用 Likert 4 点计分方式,被试根据自己的真实情况在“从不采用”到“经常采用”的 4 点量表上进行选择。消极应对方式的 Cronbach's α=0.86。

3. 消极社会适应问卷

采用邹泓、余益兵、周晖等人(2012)编制的青少年社会适应状况评估问卷。本研究选取问卷的四个消极社会适应维度来评估个体的消极社会适应情况,共 25 个项目。问卷采用 Likert5 点计分方式,调查对象根据自己的真实情况在“非常不符合”到“非常符合”的 5 点量表上进行选择。分数越高表示个体社会适应越消极。在本研究中,消极社会适应问卷的 Cronbach's α=0.91。

(三)数据筛选与处理

采用 SPSS24.0 软件和 Process3.0 插件对数据进行分析处理。首先采用单因素方差分析考察青少年消极社会适应在人口学变量上的差异,并且在此基础上进一步事后检验得到消极社会适应在不同水平上的具体差异。然后进行相关分析,得到父母消极教养方式、消极应对与消极社会适应之间的相关关系。最后分析消极应对在父母消极教养方式与消极社会适应之间的中介作用。

三、结果分析

(一)共同方法偏差控制与检验

本研究中通过被试自陈法收集数据,可能存在共同方法偏差。因此,在问卷具体施测的过程中采取严格的程序控制(周浩,龙立荣,2004),强调本次问卷调查的匿名性、保密性和数据仅用于科学研究之用等。采用 Harman 单因子检验法对可能存在的共同方法偏差进行检验，结果表明特征值大于 1 的因子共 19 个，第一因子的变异解释率为 13.05%，小于 40% 的临界标准。说明本研究的共同方法偏差问题在允许的范围内（熊红星，张璟，叶宝娟，郑雪，孙配贞，2012）。

（二）消极社会适应在人口学变量上的差异检验

使用单因素方差分析，将青少年消极社会适应作为因变量，人口学变量作为自变量，分析青少年社会适应在人口学变量上的差异。从结果来看，青少年社会适应在性别、年龄和年级以及留守情况上不存在显著差异性。

（三）各变量描述统计结果及相关分析

父母消极教养方式、消极应对和消极社会适应描述性统计及相关结果：父母消极教养方式（M=3.65，SD=0.73）处于较高水平，青少年消极社会适应（M=2.41，SD=0.54）的情况处于中等偏下水平，从消极应对（M=2.05，SD=0.51）的得分来看，青少年的消极应对方式处于偏下水平。从以上结果得出，大部分青少年感受到父母采用消极的教养方式，但只有少数青少年出现消极社会适应的表现以及采用消极的应对方式。父母消极教养方式与消极应对表现为显著正相关（r= 0.25，p<0.001）、父母消极教养方式与青少年消极社会适应为显著正相关关系（r=0.36，p<0.001），说明父母采用的消极教养方式越多，青少年的社会适应水平越低。消极应对与青少年消极社会适应表现为显著正相关（r=0.39，p<0.001），也就是说青少年越采用消极的应对方式，其消极社会适应的表现越多。

（四）消极应对在父母消极教养方式与青少年消极社会适应之间的中介作用

青少年采用消极应对在父母消极教养方式与青少年消极社会适应之间的中介效应是显著的。并且在加入中介变量后，父母消极教养方式对青少年消极社会适应的回归系数（β=0.23，p<0.001）也显著，因此，青少年消极应对在父母消极教养方式与消极社会适应之间起到了部分中介效应。由研究结果可知，消极应对中介效应与总效应之比为 0.2742，即父母消极教养方式对青少年消极社会适应的作用有 27.42% 是通过消极应对

间接影响的。

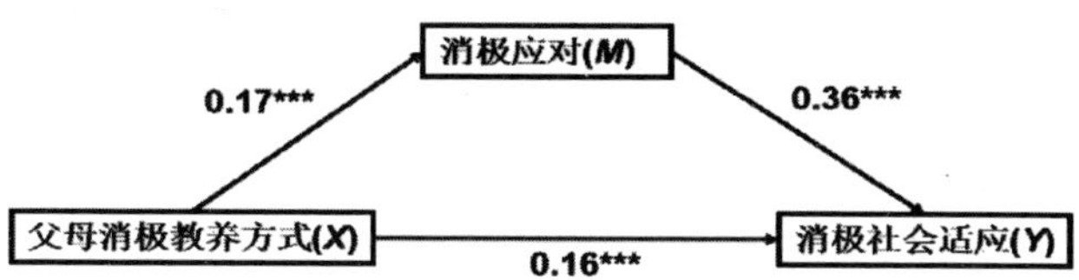

四、讨论

本研究发现，父母消极教养方式显著正向预测青少年的消极社会适应，这与前人强调父母消极教养方式对青少年发展作用的研究相一致（徐慧，张建新，张梅玲，2008）。虽然伴随着年龄的增长，青少年与父母的互动模式发生了显著变化，在家庭的活动时间明显减少，但对于青少年来说，父母的关爱或支持，拒绝或回避都对青少年的发展产生不可替代的作用。父母消极教养方式作为青少年健康发展的重要风险性因素，对青少年的发展具有重要的作用。与前人关注父母教养方式对社会适应问题的影响不同，本研究发现父母消极教养方式能对青少年不良的社会适应产生影响，甚至还可能促发其他社会适应问题的产生。对于青少年来说，面对纷繁复杂的外部条件，正处于身心发展关键期的他们，面临着学业压力与升学压力，还面临着由幼稚、半成熟过渡到成熟的考验，在这一关键情况下，父母作为孩子的第一任教师，家庭作为孩子成长的首要环境，父母需要采取积极的、温暖型的教养方式来促进他们的积极适应社会，避免消极的、不良的教养方式对青少年身心产生不健康的影响。

本研究结果表明消极应对部分中介了父母消极教养方式对青少年的消极社会适应的影响。这与前人强调不同应对方式在个体发展过程中的重要“桥梁”作用相一致，前人的研究表明应对方式能中介家庭因素对青少年的问题行为、社会责任感、焦虑、抑郁等结果变量的影响（金灿灿，王博晨，赵宝宝，2019；吴云龙等，2017；罗蕾等，2018）。当父母为子女成长提供温暖理解的家庭环境，个体会感受到更多的关爱和鼓励，更容易充满自信地与他人产生良性的人际交往互动。反之，如果父母长期采用拒绝否认的方式对待子女，无法满足子女的情感需求，个体常会陷入既无法从父母处得到情感需求的满足，又容易贬抑自我，产生自卑、焦虑、抑郁等。父母对子女过度保护、过分干涉也会使子女缺乏独立性，自我能力发展较差。消极的父母教养方式让子女体验到的家庭环境是不和谐、不温暖的，这会让孩子面对应激事件或者挫折、困难时，采用消极的应对方式，则必然会让孩子产生环境、人际、学业等方面的不适应。

该结果有效地解释了父母消极的教养方式“如何”作用于青少年消极社会适应。青少年正处于人生中的一个关键时期，由于他们身心发展的特点，在面对应激事件时往往会产生退缩心理，因此提高他们对应激事件以及困难环境的积极应对能力，不仅有助于他们更好地去适应社会，还能够促进其心理健康的发展，推进个体社会化的进程。

五、结论

本研究采用问卷调查法探讨了父母消极教养方式对青少年消极社会适应的影响机制，通过对研究结果的分析和讨论，本研究得出以下结论。

第一，父母消极教养方式能够显著负向预测青少年消极社会适应。

第二，消极应对在父母消极教养方式对青少年消极社会适应的影响中起到中介作用。

第三节　积极教养方式对青少年社会适应的影响：自控能力的中介作用

一、问题提出

社会适应是指个体在与社会环境的交互作用中，通过顺应环境、调控自我或改变环境，最终达到与社会环境保持和谐、平衡的动态关系，是个体在社会生活中的心理、社会协调的综合反应（马诗浩，植凤英，邓霞，2019；邹泓，刘艳，张文娟等，2015）。从发展心理学的角度来看，社会适应是人生历程的基本任务，是个体社会化的目标之一，也是反映个体心理健康水平的重要指标（Bronfenbrenner，2014；Zhou，Xin & Du，2019）。青少年时期是个体的生理、心理发生急剧变化、从幼稚走向成熟的重要转折时期，因此，关注青少年的社会适应有利于他们的身心健康发展，提升其心理健康水平。

家庭系统理论认为，家庭是影响青少年发展最直接、最持久的微观环境（Garbarino，2008）。研究者一直将家庭因素（家庭功能、亲子关系、父母控制、父母教养方式等）看成是影响青少年社会适应的重要外在因素，进行了大量的研究（李彩娜，张曼，冯建新，2010；刘文婧，许志星，邹泓，2012）。这其中，父母教养方式作为亲子互动的核心部分，更是受到了研究者的极大关注。实证研究表明，父母教养方式会对个体的社会适应产生持续影响，父母采用“温暖与理解”等积极教养方式能促进个体的发展，降低个体出现内隐和外显问题行为的可能性；而父母采用“拒绝与否认”等消极教养方式将阻碍个体的发展，导致个体出现诸如抑郁、学习不良、网络成瘾等社会适应问题（徐慧，张建新，张梅玲，2008）。值得注意的是，前人的研究集中在父母教养方式对消极社会适应的影响，主要探讨消极教养方式对社会适应问题的影响及其机制（何婷，宋子婧，丁莞等，2018）。从积极心理学的视角出发，探讨与个体的幸福、力量和成长相关联的积极社会适应及其保护性因素理应更受到研究者的关注。研究发现，良好的亲子依恋、健康的家庭功能等家庭因素的积极方面是青少年积极社会适应的保护性因素，能显著正向预测青少年的积极社会适应（邹泓，刘艳，张文娟，2015）。据此，提出研究假设 1：积极父母教养方式显著正向预测青少年的积极社会适应。

父母教养方式是如何影响青少年的社会适应呢？文献分析发现，自我控制能力可能是父母教养方式影响青少年社会适应的中介变量。自我控制能力是指个体按照社会标准或自己的意愿，对自己的行为、情绪和认知活动等进行约束、管理的能力（王红姣，卢家楣，2004）。自我控制能力不但是个体积极心理品质的重要组成部分，也是个体社会适应能力高低的决定性因素。为什么自我控制能力可以中介父母教养方式对青少年社会适应的影响？首先，个体自我控制能力的形成和发展受到家庭功能、父母教养方式等家庭因素的直接影响，家庭因素是个体自我控制能力最为稳定的预测变量之一。父母采用过度保护等消极教养方式会使得个体的自主性的发展受到阻碍，导致个体出现不良自我控制特征，不能有效控制自身的情绪和行为。同时，实证研究表明，父母采取积极教养方式能有效促进个体自我控制能力的发展（吴云龙，毛小霞，田录梅，2017）。其次，自我控制能力不但能有效抑制个体的问题行为，还能有效正向预测个体的积极心理品质和行为。相关研究表明，与低自我控制能力个体相比，高自我控制能力的个体更不易出现网络成瘾、攻击性行为、吸烟、饮酒、吸毒、违法犯罪等社会适应问题（王琼，肖桃，刘慧瀛，胡伟，2019；纪伟标，王玲，莫宏媛等，2013）。并且，自我控制能力对个体的亲社会行为、学习适应、网络适应、社会责任感等积极心理品质和行为具有显著的正向预测作用（罗蕾等，2018）。因此，提出研究假设 2：自我控制能力中介了积极父母教养方式对青少年积极社会适应的影响。

二、研究方法

（一）调查对象

调查对象来源于贵州省遵义市、毕节市、贵阳市的6所比较有代表性的初中学校。共有1078名学生参与此次问卷调查，实测回收有效问卷895份（M年龄=14.31岁，SD年龄=1.32）。其中男生434人（48.5%），女生461人（51.5%）；225人为留守学生（25.1%），670人为非留守学生（74.9%）；初一年级307人（34.3%），初二年级395人（44.1%），初三年级193人（21.6%）。

（二）工具

1. 父母积极教养方式问卷

采用“简式父母教养方式”问卷中的父母温暖分量表评估个体感知到的父母积极教养方式（蒋奖，鲁峥嵘，蒋苾菁，许燕，2010），问卷共7个项目，如“我觉得父/母亲尽量使我的青少年时期的生活更有意义和丰富多彩”。问卷采用Likert4点计分方式，调查对象根据自己的真实情况在“从不”到“总是”的4点量表上进行选择。该问卷分别考察个体感知到的父亲温暖和母亲温暖，最后通过计算母亲温暖和父亲温暖分值的平均数得到学生父母温暖的得分，得分越高代表个体感知到的父母的温暖和支持越多。在本研究中，问卷的Cronbach's α=0.91。

2. 青少年自我控制能力问卷

采用王红姣与卢家楣编制的青少年自我控制能力问卷（2004）。该问卷分为行为控制等三个维度，共36个题目。问卷采用Likert5点计分方式，调查对象根据自己的真实情况在“非常不符合”到“非常符合”的5点量表上进行选择。分数越高表示个体自我控制能力越高。在本研究中，自我控制能力问卷的Cronbach's α=0.89。

3. 积极社会适应问卷

采用邹泓、余益兵、周晖等人编制的青少年社会适应状况评估问卷（2012）。本研究选取问卷的四个积极社会适应维度来评估个体的积极社会适应情况，共27个项目。问卷采用Likert5点计分方式，调查对象根据自己的真实情况在“非常不符合”到“非常符合”的5点量表上进行选择。

分数越高表示个体有更好的积极社会适应。在本研究中，积极社会适应问卷的 Cronbach's α=0.92。

（三）数据筛选与处理

采用 SPSS24.0 软件和 Process3.0 插件对数据进行分析处理。首先采用单因素方差分析考察青少年积极社会适应在人口学变量上的差异，并且在此基础上进一步事后检验得到积极社会适应在不同水平上的具体差异。然后进行相关分析，得到父母积极教养方式、自我控制与积极社会适应之间的相关关系。最后分析自我控制在父母积极教养方式与积极社会适应之间的中介作用。

三、结果分析

（一）共同方法偏差控制与检验

本研究中通过被试自陈法收集数据，可能存在共同方法偏差。因此，在问卷具体施测的过程中采取严格的程序控制（周浩，龙立荣，2004），强调本次问卷调查的匿名性、保密性和数据仅用于科学研究之用等。采用 Harman 单因子检验法对可能存在的共同方法偏差进行检验，结果表明特征值大于 1 的因子共 17 个，第一因子的变异解释率为 15.85%，小于 40% 的临界标准。说明本研究的共同方法偏差问题在允许的范围内（熊红星等，2012）。

（二）积极社会适应在人口学变量上的差异检验

使用单因素方差分析，将青少年积极社会适应作为因变量，人口学变量作为自变量，分析青少年社会适应在人口学变量上的差异。从结果来看，青少年社会适应在性别、年龄和年级以及留守情况上不存在显著差异性。

（三）各变量描述统计结果及相关分析

父母积极教养方式、自我控制和积极社会适应描述性统计及相关结果：父母积极教养方式（M=2.23，SD=0.67）处于中等偏下水平，青少年积极社会适应（M=2.97，SD=0.58）的情况处于偏上水平，青少年的自我控制（M=3.28，SD=0.47）处于较高水平。以上结果表明，大部分青少年感受到的父母积极教养方式较少，不过绝大部分青少年感觉自己社会适应能力及自我控制能力良好。父母积极教养方式与自我控制表现为显著正相关（r=0.14，p<0.001）、父母积极教养方式与青少年积极社会适应为显著正相关关系（r=0.34，p<0.001），说明父母采用积极的教养方式越多，青少年的社会适应越良好。自我控制与青少年积极社会适应表现为显著正相关（r=0.21，p<0.001），也就是说青少年应对倾向越积极，其社会适应表现也越好。

（四）自我控制在父母积极教养方式与青少年社会适应之间的中介作用

青少年的自我控制在父母积极教养方式与中小学积极社会适应之间的中介效应是显著的。并且在加入中介变量后，父母积极教养方式对青少年积极社会适应的回归系数（ β = 0.07，p< 0.001 ）也显著，因此，自我控制在父母积极教养方式与青少年积极社会适应起到了部分中介效应。由研究结果可知，自我控制的中介效应与总效应之比为 0.0677，即父母积极教养方式对青少年积极社会适应的作用有 6.77% 是通过自我控制间接影响的。

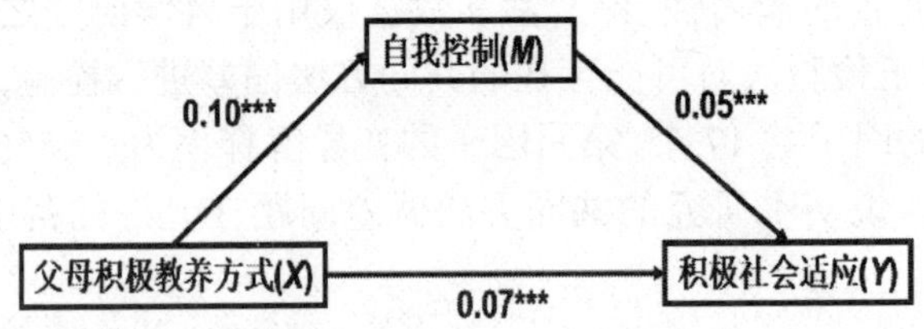

四、讨论

调查结果表明，父母积极教养方式显著正向预测青少年积极社会适应，这与前人强调父母积极教养方式对青少年发展作用的研究相一致（方晓义，徐洁，孙莉，张锦涛，2004）。虽然伴随着年龄的增长，青少年与父母的互动模式发生了显著变化，在家庭的活动时间明显减少，但来自父母的温暖与支持对于青少年的发展而言仍具有不可替代的关键性作用。父母积极教养方式作为青少年健康发展的重要外在保护性因素，对青少年的发展具有重要的作用。与前人关注父母教养方式对社会适应问题的影响不同，本研究发现父母积极教养方式能显著改善青少年的社会适应状况，有效提升其社会适应水平。青少年作为较为特殊群体，他们的生活环境、学习环境和心理环境与原来相比都发生了较大的变化，更需要来自重要他人的帮助与支持。此时，来自于父母的温暖和关心就能帮助青少年适应新环境，使其展现出更为积极的社会适应状态。

本研究结果表明自我控制能力部分中介了父母积极教养方式对青少年积极社会适应的影响。这与前人强调自我控制在个体发展过程的重要“桥梁”作用相一致，前人的研究表明自我控制能力能中介家庭因素对青少年的网络成瘾、网络适应、冒险行为、社会责任感等结果变量的影响（金灿灿，王博晨，赵宝宝，2019；吴云龙，毛小霞，田录梅，2017）。有限自制力理论认为，不良的亲子关系作为一种外在的压力情境会损耗青少年的自我控制资源，而自我控制资源的减少会导致青少年出现适应不良现象（王琼等，2019）。反过来，如果父母采取温暖与支持的积极教养方式则会增加青少年的自我控制资源，这种自我控制资源的增加就能进一步促进青少年的发展，使青少年表现出更多的积极心理品质及行为。与前人强调自我控制能力在消极亲子关系与社会适应问题之间的中介作用不同，本研究发现自我控制能力作为一个桥梁，能将父母积极教养方式和青少年积极社会适应连接起来。该结果有效地解释了父母积极教养方式“如何”作用于青少年积极社会适应。青少年正处于身心发展的关键时期，生活环境的改善、教育资源的增多使得这个时期充满积极转变的可能性，但是由于各种因素的影响，这一时期也可能是种种问题的高发时期。在这个时期提高青少年自我控制能力不但能有效抑制其问题行为，更为重要的是，伴随着自我控制能力的提高，青少年的社会适应状况也能得到显著的改善，促进其成长成才。

五、结论

本研究采用问卷调查法探讨了父母积极教养方式对青少年积极社会适应的影响机制，通过对研究结果的分析和讨论，本研究得出以下结论。

第一，父母积极教养方式能够显著正向预测青少年积极社会适应。

第二，自我控制在父母积极教养方式对青少年积极社会适应的影响中起到中介作用。

第四节　消极教养方式对青少年社会适应的影响：自控能力的中介作用

一、问题提出

青少年期是个体的生理心理发生急剧变化，从幼稚走向成熟的重要转折时期，在这一特殊时期，环境的改变以及学业的压力等会让青少年的社会适应面临前所未有的挑战（Gabdrakhmanova & Guseva，2016）。为了保障青少年身心健康发展，有必要对青少年的社会适应状况进行研究，以此来帮助他们更好地认识自我，积极适应和融入社会的发展。

社会适应是指个体在与社会环境的交互作用中，通过顺应环境、调控自我或改变环境，最终达到与社会环境保持和谐、平衡的动态关系，是个体在社会生活中的心理、社会协调状态的综合反映（杨飞龙，李翔，朱海东，2019）。对于青少年社会适应状况的评估，邹泓等人（2013）提出要从积极功能和消极功能这两个方面来考虑。积极适应是个体为了满足生存、发展或社会规范的需要，必须达到或具备的与其年龄相符合、与个体的幸福、力量和成长相关联的行为；消极适应是个体个人独立与社会责任不相符合，不利于个体生存、发展和成长的行为。但是根据文献的查阅发现，青少年的消极适应更能直观地展现出所存在的适应性问题，因此，需要特别关注青少年消极社会适应问题。

父母教养方式是指在家庭生活中以亲子关系为中心的，在日常生活中父母对子女进行抚养和教育时所传达给子女的态度以及由父母的行为所表达出的情感气氛的集合体，显示了亲子互动的性质，具有跨情境的稳定性（Darling & Steinberg，1993）。根据家庭系统理论，家庭是影响青少年发展最直接、最持久的微观环境（Garbarino，2008）。因此，可以推测父母教养方式一定程度上影响着青少年社会适应的发展。但是，性别、家庭经济条件以及社会地位等因素可能会导致父母所实施的教养方式存在差异，即父母的教养方式存在差异性。如，Baumrind（1991）提出教养方式包含要求性和反应性两个基本维度，并划分为权威型、专制型和放任型三种类型，之后又将放任型区分为溺爱型和拒绝（忽视）型，Perris，Jacobsson，Linndstrm，Knorring 和 Perris（1980）突破 Baumrind 的理论框架，提出了包括剥夺、惩罚、宽容、鼓励在内的 15 种父母教养行为。但是不管划分成几种类型，我们都可以从积极和消极两个方面来探讨。实证研究表明，父母教养方式会对个体的社会适应产生持续影响，父母采用"温暖与理解"等积极教养方式能促进个体的发展，降低个体出现内隐和外显问题行为的可能性；而父母采用"拒绝与否认"等消极教养方式将阻碍个体的发展，导致个体出现诸如抑郁、学习不良、网络成瘾等社会适应问题（徐慧，张建新，张梅玲，2008）。但是根据特异性匹配原则，当前因变量与结果变量的性质匹配时（例如，父母消极教养方式与消极社会适应），两者的联系更紧密（Swann, Schneider & Mcclarty，2007）。据此，提出研究假设1：父母消极教养方式显著正向预测青少年的消极社会适应。

自我控制是指人们克服冲动、习惯或自动化的反应，有意识地掌控自己行为方向的能力，是自我的核心功能之一（Baumeister, Vohs & Tice，2007）。换句话说，自我控制是个体通过监控自己，克服某些固有的行为反应倾向，代之以其他行为，从而使自己的行为更符合社会或自我标准的过程（Wills, Isasi, Mendoza & Ainette，2007；谭树华，郭永玉，2008）。自我控制能力对学生将来的成长发展至关重要。根据生态系统理论，个体的发展受多重生态系统的影响，其中家庭因素是个体自我控制能力最为稳定的预测变量之一。有研究指出，父母采用过度保护等消极教养方式会使得个体的自主性的发展受到阻碍，导致个体出现不良自我控制特征，不能有效控制自身的情绪和行为。不仅如此，自我控制也是影响抑郁产生和发展的重要因素（Dubas et al，2002；Connor & Dvorak，2001），而抑郁是内在社会适应的不良表现之一。除此之外，有研究指出自我控制能够在消极事件与抑郁关系中起中介作用（许有云，周宵，刘亚鹏，邓慧华，2014）。基于此，青少年的自我控制是否能在父母消极教养方式和青少年消极社会适应之间起到中介作用？这是一个有待探究的问题。因此，提出研究假设2：自我控制能力中介了父母消极教养方式对青少年消极社会适应的影响。

综上所述，本研究将通过一个中介模型对父母消极教养方式和青少年消极社会适应之间的关系进行深入的探究，主要目的是探究自我控制是否能中介父母消极教养方式对青少年消极社会适应的影响。通过对以上假设的检验可以进一步了解自我控制"怎样"影响青少年消极社会适应。

二、研究方法

（一）调查对象

调查对象来源于贵州省遵义市、毕节市、贵阳市的6所比较有代表性的初中学校。共有 1078 名学生参与此次问卷调查，实测回收有效问卷 895 份（$M_{年龄}$=14.31 岁，$SD_{年龄}$=1.32）。其中男生 434 人（48.5%），女生 461 人（51.5%）；225 人为留守学生（25.1%），670 人为非留守学生（74.9%）；初一年级 307 人（34.3%），初二年级 395 人（44.1%），初三年级 193 人（21.6%）。

（二）工具

1. 父母消极教养方式问卷

采用“简式父母教养方式”问卷中的父母拒绝、过度保护两个分量表评估个体感知到的父母消极教养方式（蒋奖，鲁峥嵘，蒋苾菁，许燕，2010），问卷共 7 个项目。问卷采用 Likert4 点计分方式，调查对象根据自己的真实情况在“从不”到“总是”的 4 点量表上进行选择。该问卷分别考察个体感知到的父亲拒绝、父亲过度保护、母亲拒绝和母亲过度保护，最后通过计算父亲拒绝、父亲过度保护、母亲拒绝和母亲过度保护分值的平均数得到学生父母消极教养方式的得分，得分越高代表个体感知到的父母的消极教养方式越多。在本研究中，问卷的 Cronbach's α=0.91。

2. 青少年自我控制能力问卷

采用王红姣与卢家楣编制的青少年自我控制能力问卷（2004）。该问卷分为行为控制等三个维度，共 36 个题目。问卷采用 Likert5 点计分方式，调查对象根据自己的真实情况在“非常不符合”到“非常符合”的 5 点量表上进行选择。分数越高表示个体自我控制能力越高。在本研究中，自我控制能力问卷的 Cronbach's α=0.89。

3. 消极社会适应问卷

采用邹泓、余益兵、周晖等人编制的青少年社会适应状况评估问卷（2012）。本研究选取问卷的四个消极社会适应维度来评估个体的消极社会适应情况，共 25 个项目。问卷采用 Likert5 点计分方式，调查对象根据自己的真实情况在“非常不符合”到“非常符合”的 5 点量表上进行选择。分数越高表示个体社会适应越消极。在本研究中，消极社会适应问卷的 Cronbach's α=0.91。

（三）数据筛选与处理

采用 SPSS24.0 软件和 Process3.0 插件对数据进行分析处理。首先采用单因素方差分析考察青少年消极社会适应在人口学变量上的差异，并且在此基础上进一步事后检验得到消极社会适应在不同水平上的具体差异。然后进行相关分析，得到父母消极教养方式、自我控制与消极社会适应之间的相关关系。最后分析自我控制在父母消极教养方式与消极社会适应之间的中介作用。

三、结果分析

（一）共同方法偏差控制与检验

本研究中通过被试自陈法收集数据，可能存在共同方法偏差。因此，在问卷具体施测的过程中采取严格的程序控制（周浩，龙立荣，2004），强调本次问卷调查的匿名性、保密性和数据仅用于科学研究之用等。采用 Harman 单因子检验法对可能存在的共同方法偏差进行检验，结果表明特征值大于 1 的因子共 23 个，第一因子的变异解释率为 15.73%，小于 40% 的临界标准。说明本研究的共同方法偏差问题在允许的范围内。

（二）消极社会适应在人口学变量上的差异检验

使用单因素方差分析，将青少年消极社会适应作为因变量，人口学变量作为自变量，分析青少年社会适应在人口学变量上的差异。从结果来看，青少年社会适应在性别、年龄和年级以及留守情况上不存在显著差异性。

（三）各变量描述统计结果及相关分析

父母消极教养方式、自我控制和消极社会适应描述性统计及相关结果，父母消极教养方式（M=3.65，SD=0.73）处于较高水平，青少年消极社会适应（M=2.41，SD=0.54）的情况处于中等偏下水平，青少年的自我控制（M=3.28，SD=0.47）处于较高水平。从以上结果得出，大部分青少年感受到父母采用消极的教养方式，但只有少数青少年出现消极社会适应的表现，且青少年的自我控制能力较好。父母消极教养方式与自我控制表现为显著负相关（r=−0.24，p<0.001）、父母消极教养方式与青少年消极社会适应为显著正相关关系（r=0.31，p<0.001）。说明父母采用的消极教养方式越多，青少年消极社会适应的表现就越多。自我控制与青少年消极社会适应表现为显著负相关（r=−0.61，p<0.001），也就是说自我控制能

力越好,其消极社会适应的表现就越少。

(四)自我控制在父母消极教养方式与青少年社会适应之间的中介作用

青少年的自我控制在父母消极教养方式与青少年消极社会适应之间的中介效应是显著的。并且在加入中介变量后,父母消极教养方式对青少年消极社会适应的回归系数($\beta=0.23$, $p<0.001$)也显著,因此青少年自我控制在父母消极教养方式与消极社会适应之间起到了部分中介效应。由研究结果可知,自我控制中介效应与总效应之比为 0.4424,即父母消极教养方式对青少年消极社会适应的作用有 44.24% 是通过自我控制间接影响的。

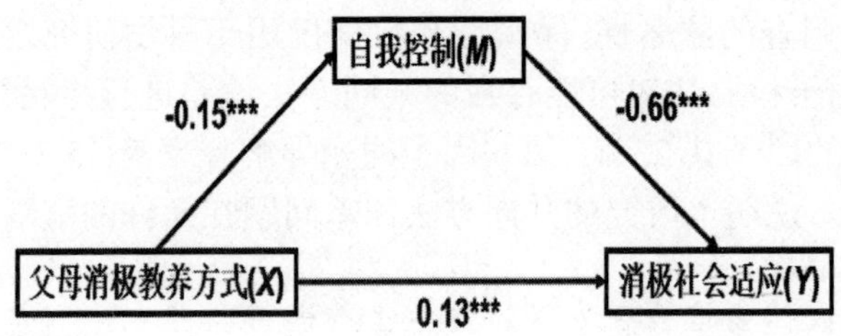

四、讨论

本研究发现,父母消极教养方式显著正向预测青少年的消极社会适应,这与前人强调父母消极教养方式对青少年发展作用的研究相一致(徐慧,张建新,张梅玲,2008)。虽然伴随着年龄的增长,青少年与父母的互动模式发生了显著变化,在家庭的活动时间明显减少,但对于青少年来说,父母的关爱或支持,拒绝或回避都对青少年的发展产生不可替代的作用。父母消极教养方式作为青少年健康发展的重要风险性因素,对青少年的发展具有重要的作用。与前人关注父母教养方式对社会适应问题的影响不同,本研究发现父母消极教养方式能对青少年不良的社会适应产生影响,甚至还可能促发其他社会适应问题的产生。对于青少年来说,面对纷繁复杂的外部条件,正处于身心发展关键期的他们,面临着学业压力与升学压力,还面临着由幼稚、半成熟过渡到成熟的考验,在这一关键情况下,父母作为孩子的第一任教师,家庭作为孩子成长的首要环境,父母需要采取积极的、温暖型的教养方式来促进他们积极适应社会,避免消极的、不良的教养方式对青少年身心产生不健康的影响。

本研究结果表明自我控制能力部分中介了父母消极教养方式对青少年消极社会适应的影响。这与前人强调自我控制在个体发展过程的重要“桥梁”作用相一致，前人的研究表明自我控制能力能中介家庭因素对青少年的网络成瘾、网络适应、冒险行为、社会责任感等结果变量的影响（金灿灿，王博晨，赵宝宝，2019）。本研究发现自我控制能力作为一个桥梁，能将父母消极教养方式和青少年消极社会适应连接起来。该结果有效地解释了父母消极教养方式“如何”作用于青少年消极社会适应。青少年正处于身心发展的关键时期，特别是社会变迁的环境变化与身心发展的双重压力使得当代青少年的社会适应面临前所未有的挑战，社会适应水平较低的青少年在现实社会环境中遇到挫折的可能性更大（Gabdrakhmanova & Guseva，2016）。因此，在这个时期提高青少年的自我控制能力不但能有效抑制其问题行为，更为重要的是，伴随着自我控制能力的提高青少年的社会适应状况也能得到显著的改善，促进了青少年身心健康的发展。

五、结论

本研究采用问卷调查法探讨了父母消极教养方式对青少年消极社会适应的影响机制，通过对研究结果的分析和讨论，本研究得出以下结论。

第一，父母消极教养方式能够显著正向预测青少年消极社会适应。

第二，自我控制在父母消极教养方式对青少年消极社会适应的影响中起到中介作用。

第七章　学校因素影响青少年社会适应的机制

学校因素是青少年社会适应的核心影响因素，需要研究者深入探讨学校因素对青少年社会适应的影响机制。本章将重点讨论教师支持、同伴支持、自主机会等学校因素对青少年社会适应的影响机制。

第一节　教师支持对青少年社会适应的影响：自控能力的中介作用

一、问题提出

教师支持指的是学生能够感受到的教师对自身的认可以及各方面的支持，如知识、能力和情感等方面的支持。教师是青少年社会化进程中重要的引导者，对青少年健康成长具有重要影响。根据 Deci 等提出的自我决定理论，个体的基本心理需求有三种，分别为自主、环境和关系需求。可以通过基本心理需求的满足对个体的自我取向和组织产生重要影响，从而对个体的适应产生重要影响。并且将个体动机分为内部、外部和无动机。其中内部动机是强度最高的动机。来自教师的支持可以帮助青少年调整其自我认知和评价，从而使得青少年的基本心理需求得到满足，并对青少年的学业成绩以及环境适应有显著的预测效果。同时，青少年的心理健康离不开外界的支持和自我调节，教师作为青少年重要的社会支持来源，如果给予青少年各方面的支持，青少年就能获得更多幸福感，更加积极进取，对其学业、人际等方面遇到的问题有更强的动机去自信地解决。

处于社会群体中的人的发展与社会密不可分，人不断与社会进行物质交换和信息交换。社会心理学中所讲的社会适应是个人和群体调整自己的行为,使其适应所处社会环境的过程。Alex（1988）认为适应是社会延续所必备的条件。根据为适应社会生活中不同类的事实而引起的问题,并将适应分为三类适应外在环境,包括自然环境和人文环境适应人类的生物社会性。社会要满足人的生物性需要、心理和文化需要,适应集体生活的情境。这种理论从社会维度对适应问题进行了阐述,对社会适应的研究指明了社会心理学意义。美国智力落后协会（AAMR）对社会适应的定义是"个体达到人们期望与其年龄和所处文化团体相适应的个人独立和社会责任标准的有效性或程度",并在2002年对适应行为做了进一步说明:"个体的适应行为是其在日常生活中所习得的社会和实践技能。"根据陈建文等人的研究,社会适应指的是个体处在社会环境的情境下,如何追求与社会环境维持和谐平衡关系的过程。社会适应的心理机制其实就是指人们怎样去适应不断发展变化的社会生活环境。这个过程既是个体满足自身需要,发挥自身潜能,树立自我形象的个性化过程,也是个体通过掌握各种社会规范,形成适应社会的行为模式的社会化过程,更是个体在必要的时候协调自我的需要与外在环境要求的关系的过程。社会适应过程是个体以自身的各种心理资源组成的自我系统与各种刺激因素组成的社会情境系统交互作用的过程。青少年发展阶段的主要任务是完善其自我同一性,清晰其自我概念,并形成积极的自我评价。社会适应是个体有效适应社会环境,并能够对日常生活中出现的问题进行有效的独立处理,对其社会责任能够独立承担。大量的研究发现,积极自我评价的青少年具有较高的自尊水平和自我效能感,其人格和情绪状态较为稳定,拥有较强的社会适应能力,并使得他们在社会生活中更多地选择积极的应对方式来解决问题（Ferris,2013;曾昱,胡鹏,2017）。

自我控制指的是个体在克服或控制自身负面的行为趋势以及控制自身不依照冲动而行动,并为了自己的理想、价值、道德和社会期待一致而努力,并坚持追寻长远目标的一种能力（Tangey,2004;Baumeister,2007）。我国学者王红姣、卢家楣认为自我控制能力也叫自制力,是指个体按照社会标准或者自身的意愿,对自身的行为、认知活动,以及情绪等进行控制管理的能力。自我控制是自我心理结构中比较重要的部分,在个体的社会适应中具有重要的作用。Gottfredson和Hirsichi曾于1990年提出一般性犯罪理论,该理论认为,自我控制具有相对稳定的特质。并且,这一稳定的个体差异对于偏差行为的发生具有预测作用,即自我控制较低的个体容易产生负面行为。之后有许多研究者对自我控制与青少年负面行为的关系进行了一系列的实证研究。Gibson（2001）发现,自我控制不足对青少年吸烟、酗酒等负面行为有预测作用;翟晟（2006）以男性未成年犯的研究发现，自我控制能力与违反社会规则、物质以及精神成瘾、破坏等负面行为呈显著的负相关。还有研究发现自我控制能力与大学生网络成瘾具有显著负向相关关系（许毅，2006）。综上所述，本研究将通过一个中介模型对教师支持与青少年积极社会适应之间的关系进行深入的探究，主要目的是探究自我控制能力是否为教师支持与青少年积极社会适应之间的中介变量。通过对以上假设的检验可以进一步了解对青少年积极社会适应产生影响的途径，为在实践中提升青少年积极社会适应提供参考依据。

二、研究方法

（一）研究对象

调查对象来源于贵州省遵义市、毕节市、贵阳市的6所比较有代表性的初中学校。共有1078名学生参与此次问卷调查，实测回收有效问卷885份（$M_{年龄}$=14.31岁，$SD_{年龄}$=1.32）。其中男生454人（51.3%），女生431人（48.7%）；223人为留守学生（25.2%），662人为非留守学生（74.8%）；初一年级306人（34.6%），初二年级385人（43.5%），初三年级194人（21.9%）。

（二）工具

1. 教师支持问卷

采用“感知到的学校氛围问卷”中的教师支持分量表评估个体得到的教师情感支持和学业支持（Jia et al.，2009），问卷共7个项目，如“为了使我提高成绩，老师付出了很多努力”。问卷采用Likert4点计分方式，调查对象根据自己的真实情况在“从不”到“总是”的4点量表上进行选择。得分越高表示其得到的教师支持程度越高。在本研究中，量表的Cronbach's α=0.89。

2. 积极社会适应问卷

采用邹泓、余益兵、周晖等人编制的青少年社会适应状况评估问卷（2012）。本研究选取问卷的四个积极社会适应维度来评估个体的积极社会适应情况，共27个项目。问卷采用Likert5点计分方式，调查对象根据自己的真实情况在“非常不符合”到“非常符合”的5点量表上进行选择。分数越高表示个体有更好的积极社会适应。在本研究中，积极社会适应问卷的 Cronbach's α=0.92。

3. 青少年自我控制能力问卷

采用王红姣与卢家楣编制的青少年自我控制能力问卷(2004)。该问卷分为行为控制等三个维度，共36个题目。问卷采用Likert5点计分方式，调查对象根据自己的真实情况在“非常不符合”到“非常符合”的5点量表上进行选择。分数越高表示个体自我控制能力越高。在本研究中，自我控制能力问卷的 Cronbach's α=0.89。

（三）统计方法

采用常用统计分析软件 SPSS21.0 对数据进行统计分析处理。

三、结果分析

首先对收集到的问卷进行初步的筛查与整理，剔除可以分辨出的未达到筛选要求的问卷。将问卷的数值进行认真录入，并将被试的人口社会统计学资料进行编码对应输入，再将所得到的数据导入 SPSS 进行下一步操作。

（一）共同方法偏差控制与检验

本研究数据均来源于自我报告，测量中可能存在共同方法偏差。因此，在问卷具体施测的过程中采取严格的程序控制(周浩，龙立荣，2004)，强调本次问卷调查的匿名性、保密性和数据仅用于科学研究之用等。在此基础上采用 Harman 单因子检验法对可能存在的共同方法偏差进行检验，结果表明特征值大于 1 的因子共 25 个，第一因子的变异解释率为 10.82%，小于 40% 的临界标准。说明本研究的共同方法偏差问题在允许的范围内(熊红星，张璟，叶宝娟，郑雪，孙配贞，2012)。

（二）各变量描述统计结果及相关分析

教师支持、青少年积极社会适应水平、自我控制能力描述性统计及相关结果：教师支持(M=3.39, SD=0.76)，处于中等偏上水平；青少年积极社会适应水平(M=2.96, SD=0.51)处于中等偏下水平；自我控制能力(M=3.16, SD=0.41)处于中等偏上水平。教师支持与青少年积极社会适应显著正相关(r=0.29, p<0.01)、教师支持与自我控制能力显著正相关(r=0.12, p<0.01);自我控制能力与青少年积极社会适应显著正相关(r=0.18, p<0.01)。

（三）青少年积极社会适应水平差异检验结果

对青少年积极社会适应水平进行差异检验,结果表明:不同性别的青少年在积极社会适应水平上存在显著性差异,男生的积极社会适应水平要显著高于女生(t_{883}=3.42, p<0.05, Cohen' s d=.157),不同年级(初一、初二、初三)青少年在积极社会适应水平上差异不显著(p>0.05),是否是留守青少年在积极社会适应水平上也不显著(p>0.05)。

（四）教师支持对青少年社会适应的影响:中介模型检验

我们首先采用 Baron 和 Kenny(1986)推荐的逐步法,进行中介效应检验,这个方法分为三个步骤:用假设中的中介对质量做回归变量分析,回归系数达到显著性水平;用因变量(控制变量)对自变量做回归分析,回归系数也达到显著性水平;用因变量(控制变量)对自变量和假设的中介变量同时做回归分析后,中介变量的回归系数达到显著性水平,自变量的回归系数减少,同时满足这三个条件的变量则为中介变量。当自变量(控制变量)的回归系数减少到不显著水平时,说明中介变量起到完全中介作用,自变量(控制变量)完全通过中介变量影响因变量;当自变量(控制变量)的回归系数减少,但是仍旧达到显著水平时,说明中介变量只起到部分中介作用,即自变量(控制变量)一方面通过中介变量影响因变量,同时也直接对因变量起作用。在步骤 1 中放入自变量(教师支持),假设的中介变量为自我控制能力;在步骤 2 放入自变量(教师支持),因变量为青少年社会积极适应水平,在步骤 3 中放入自变量(教师支持)和假设的中介变量(自我控制能力),因变量为青少年社会积极适应水平。

由步骤 1 可知,教师支持对自控能力正向预测作用显著(β=0.06, t=5.37, p<0.001);由步骤 2 可知,教师支持对青少年社会积极适应水平有显著影响(β=0.19, t=13.18, p<0.001);步骤 3 在加自我控制能力后,教师支持对青少年社会积极适应水平的影响显著降低但仍然显著(β=0.18, t=12.40, p<0.001),同时自我控制能力对青少年社会积极适应水平的影响显著(β=0.19, t=6.91, p<0.001),这说明自我控制能力起到部分中介作用,本研究的假设得到验证。

为进一步确认中介效应的显著性,我们采用 Hayes 和 Preacher(2010)

提出的中介效应检验方法来检验基本心理需求满足的中介作用。Hayes 和 Preacher 提出，自变量（*X*）、中介变量（*M*）和因变量（*Y*）之间的关系可以是线性的也可以是非线性的。中介效应显著需要三个条件：（1）自变量与中介变量显著相关；（2）在控制自变量的直接效应后，中介变量与因变量相关显著；（3）中介效应在 Bootstrap 检验中显著。具体方法为我们使用 Hayes 和 Preacher 编制的 Process 程序（Hayes & Preacher，2010）来进行分析，其中自变量、中介变量与因变量之间均为线性关系，并使用偏差矫正的百分位 Bootstrap 法抽样 5000 次计算出模型的直接效应与间接效应。

结果显示，教师支持对青少年社会积极适应水平影响的直接效应及自我控制能力的中介效应的 Bootstrap95% 置信区间的上下限均不包含 0，表明在教师支持与青少年社会积极适应水平的关系中自我控制能力的中介作用显著。该直接效应（0.18）和中介效应（0.01），分别占总效应（0.19）的 93.69%、6.31%。最终，本研究的研究框架也得到验证。

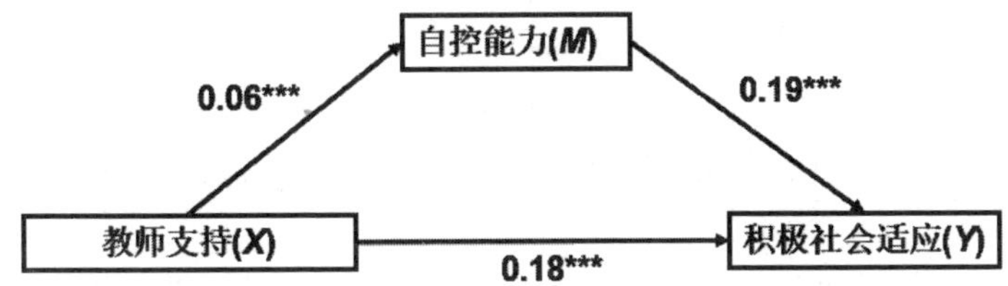

四、讨论

（一）青少年积极社会适应现状分析

调查结果表明青少年积极社会适应处于中等偏下水平，青少年积极社会适应水平有待提高。对不同人口学变量进行了进一步的检验，结果发现：不同性别的青少年在积极社会适应水平上存在显著性差异，这与前人的研究结果一致（Ybrandt，2007），这可能是由于自尊的关系。男生得分显著高于女生得分，说明处于青春期阶段的女生往往比男生有更多的抱怨、更低的自尊和更低的自我监控性，女生在青少年阶段，其社会化要求更倾向于维持自己在人际关系中的协调和与他人的情感联系均衡，男生则沿着更加独立和自主的道路发展（Harter，1983），从而导致男生得分显著高于女生得分。不同年级（初一、初二、初三）的青少年在积极社会适应水平上差异并不显著，但是这一结果与 Marsh 等人研究的“高年级时自我出现上升趋势”的结论并不一致，原因有待进一步研究。是不是留守青少年在积极社会适应水平上也不显著,这与赵景欣等人(2012)研究结果一致。这可能是由于随着年龄的增长，儿童对父母的依赖逐渐降低。生态环境的变化(例如,父母外出打工)在青少年发展中具有特殊的重要性。在这些过渡的时刻,个体由于面临挑战,必须学会适应,发展就会应运而生。在这一过程中,个体的适应结果会受到家庭、同伴与个体特征等不同系统之间交互作用的影响。在亲情相对缺失的不利处境中,留守青少年仍然具有积极适应的可能性,这取决于青少年及其所在的环境系统能否形成应对父母长期不在身边以及其他危险因素,良好的校园氛围使得留守青少年在积极社会适应水平上与非留守青少年一致。

(二)教师支持对青少年积极社会适应的影响:自我控制能力的中介作用

在本研究中,教师支持作为一种积极的心理资源对青少年积极社会适应产生了正向影响。在现实生活中,高教师支持的青少年拥有更多的积极情绪,自我效能感更强,面对纷繁复杂的各种学业、生活、社会任务时可能处理得更为出色,不仅对生活充满希望,而且能够用乐观和坚韧性的心态去迎接生活中的挑战,因此积极社会适应水平比低教师支持的青少年更高。

本研究发现教师支持与青少年积极社会适应呈显著正相关,并且自我控制能力这一变量中介了教师支持和青少年积极社会适应之间的关系,这与前人的研究结果相一致。在本研究中,自我控制能力的出现,提高了教师支持对青少年积极社会适应的正向影响,在两者的关系中起到了增强的作用。随着社会的发展,青少年扮演的角色日趋多样化与复杂化,作为一名初中学生,他们不但要面对繁重的学习任务,还要面对个人的发展目标以及社会与家长的高期望。如果他们不能及时进行良好的自我控制,舒缓过高的压力,那么极易产生各种随之而来的负面行为。当自我控制能力不能得到有效的使用时,就会对青少年的身心健康产生消极影响,其中一个重要的表现就是呈现较低的积极社会适应水平。

此外,本研究还发现自我控制能力中介了教师支持和青少年积极社会适应之间的关系。这一结果也印证了自我决定理论(self-determination theory, SDT)模型中得出的结论:青少年基本心理需求得到满足则能极大地激发青少年的内在动机,使得其积极追求自我成长,提升学习成绩,减少风险行为,提高幸福感。教师支持作为影响青少年基本心理需求的重大因素,来自教师的支持可以帮助青少年调整其自我认知和评价,从而使得青少年的基本心理需求得到满足，并对青少年的学业成绩以及环境适应有显著的预测效果。SDT 模型认为个体具有天生的追求成长和发展的需要，而个体的基本需要则需要通过外界环境的刺激才能得到满足，从而发挥其功能。教师提供的支持可以为青少年提供更多的选择、更好的沟通和更及时的反馈等，从而满足青少年成长和发展的需要，从而保证其更有效地投入学习（ Reeve, 2006 ）、更好地适应行为等（Ferris,2013）。积极社会适应水平反映了个体处在社会环境的情境下，如何追求与社会环境维持和谐平衡关系的过程，青少年发展阶段的主要任务是完善其自我同一性，清晰其自我概念，并形成积极的自我评价。自我控制指的是个体在克服或控制自身负面的行为趋势以及控制自身不依照冲动而行动，并为了自己的理想、价值、道德和社会期待一致而努力，并坚持追寻长远目标的一种能力。也就是说，自我控制也会影响积极社会适应。而翟晟等人（2006）研究表明：自我控制能力对积极社会适应具有正向影响，自我控制能力可以为 SDT 模型的个体基本需要补充身心能量，表现为自我控制能力对青少年负面行为的负向预测。具体而言，拥有较高自我控制能力水平的青少年能量更充足，能够较长远地看待问题，面对较大的学习、生活、发展和社会等压力也能减缓个人资源的消耗，更容易且更多地获得来自教师、同伴、家庭方面的社会支持，具有更多的应对方法以防止人格解体，因此自我控制能力水平高的青少年具有较多的教师支持，因此，这类青少年的积极社会适应水平更高。

整体而言，本研究探讨了教师支持与青少年积极社会适应之间的关系，以及这种关系会受到何种情况的影响，具体而言，在探寻教师支持对青少年积极社会适应产生影响的因素时，成功地验证了自我控制能力在两者之间的中介作用。本研究结果对于理解青少年积极社会适应度影响因素的作用机制和作用过程以及在实践中有效提高青少年积极社会适应具有重要的启示作用。首先，青少年积极社会适应是内部因素和外部因素共同作用的结果，除了需要增强青少年自我控制能力这类内部因素外，还应对教师支持等这类重要的外部因素进行优化；同时，本研究通过对青少年个体的内外因素——教师支持、自我控制能力的探讨，将 SDT 模型中社会支持等外部心理资源拓展到内部心理资源。其次，相关职能部门在提高青少年积极社会适应水平的过程中应当立足于青少年本身所具有的个体资源，激发其自我效能感，提高其自我控制能力，用乐观坚韧的态度对待学习和生活。

（三）本研究的不足及研究展望

本研究尚且存在一些不足之处，需要未来的研究加以完善与改进。首先，本研究的样本均来自贵州省遵义市、毕节市、贵阳市三个地区，样本不能代表全国的青少年；其次，人口统计学变量是青少年社会适应研究最基本的影响因素，只对二者进行了统计数据分析，未从其他角度考虑二者之间的关系；最后，运用问卷法进行研究，仅仅被试根据主观情况填写问卷，不能排除一些主观的期望和疲劳效应等被试误差。在未来的研究中，可以增加获取数据的渠道，引入一些客观的方法收集数据，在人口统计学变量在青少年社会适应上的差异分析的基础上，对青少年社会适应的其他影响因素进行进一步的探索，为青少年群体的心理健康问题提供更多有价值的研究。

五、结论

第一，青少年积极社会适应水平处于中等偏下水平。

第二，青少年的积极社会适应水平在性别上存在显著性差异，在年级、是否留守等人口统计学变量上则不存在显著性差异。

第三，教师支持、自我控制能力能有效正向预测青少年积极社会适应水平。即教师支持水平越高，则青少年积极社会适应水平也越高；自我控制能力水平越高，则青少年积极社会适应水平也越高。并且自我控制能力中介了教师支持和青少年积极社会适应的关系。

第二节　同伴支持对青少年社会适应的影响：自控能力的中介作用

一、问题提出

Ryan 等人提出的自我决定理论认为：支持性的社会环境对个体的基本心理需要能有效地满足，如个体通过与社会环境中的重要人士进行有效互动。相反的环境则会无法满足个体的基本心理需要。自我决定理论假设个体有一种积极向上发展的基本倾向，当其基本心理需要得到满足（need satisfaction）时，个体就会实现这种倾向；但是如果心理需要受挫

(need frustration)时,就会走向消极的发展。学校作为青少年最主要的活动场所,对青少年的发展有着举足轻重的影响。在此环境中,同伴作为青少年发展的重要背景,在其与同伴的互动过程中,将会获得一系列的社会技能、行为、态度和体验等,从而影响青少年的社会适应结果。(Rubin, Bukowski & Parker, 2006)。大量研究表明:与儿童不同,随着年龄增长,青少年对父母的依赖日益降低,而同伴关系在其生活中的作用则越来越强(Ladd & Burgess,2001; Wentzel,2003; 万晶晶,周宗奎,2005)。

青少年阶段是人生中极为重要的一个阶段,在这一阶段将面临诸多的社会适应任务和挑战,如学习的压力变大、社会交往范围扩大、对自我理想的追求、更多的社会责任等。这就要求其以更好的行为方式去适应社会环境和个体发展的需要。自我意识是个体对自身及其与周围世界关系的心理表征,表现为认识、情感、意志三种形式, 即包括自我认识、自我体验、自我控制三个活动方式、道德规范和行为准则的过程。个体的社会适应总是通过个体与社会环境部分,这些成分的积极发展是个体人格健全发展的基础。而个体社会适应(social adaptation)指"个体接受现存的社会环境相互作用的行为活动而实现的,其社会适应水平也是通过其适应行为表现出来的。聂衍刚,丁莉(2009)认为青少年社会适应有以下两个方面:良好的社会适应指个体为了其生存和发展的需要而必须学会的行为,以及根据社会规范和环境的要求而必须做出的行为选择,如独立生活、学习适应、社会生活等;不良的社会适应则是指个体依据自身发展和社会规范要求所必须回避的行为,亦即其在社会生活中不应该表现出来的行为,如品行不良行为、神经症行为等。同时,社会适应行为又是一个涉及智力、人格和自我意识等多种活动的整合系统,它与个体这些内在的稳定品质交织在一起,对个体的生存和发展有着重要的意义 。

个体的自我意识和社会适应有密切的关系。Sullivan (1953)认为自我系统是"所有人格失调问题的中心",个体的适应不良行为是由于背后有着个体的潜在观点:他认为自己在与他人的关系中是毫无价值的,无法融入的。也有的研究者认为 ,良好的自我意识是青少年心理和行为发展的一个保护因素 ,它能够阻止心理问题的出现并促进幸福感的产生(Gilman 等,2006)。雷雳、张雷(2003)在对于青少年自尊的研究中发现,自尊低的青少年更容易出现社会适应的困难,这些青少年在班级活动或社交活动中极少露面,很少受到别人的注意,因此更容易形成孤立感和孤独感。大量对自我控制与社会适应的研究则证明,自我控制对个体的心理健康和社会适应行为都有着极为重要的影响,那些高自我控制的青少年拥有更融洽的人际关系, 能对压力做出更好的应对, 以及更为优秀的学业成绩等；与之相反，青少年如果处于低自我控制则更加容易产生犯罪行为和适应不良行为，就会导致其更为容易出现烟草或酒精成瘾行为（徐淑媛，周俊，2004；Matthew & Gailliot，2007）。综上所述，本研究将通过一个中介模型对同伴支持与青少年积极社会适应之间的关系进行深入的探究，主要目的是探究自我控制能力是否为同伴支持与青少年积极社会适应之间的中介变量。通过对以上假设的检验可以进一步了解对青少年积极社会适应产生影响的途径，为在实践中提升青少年积极社会适应提供参考依据。

二、研究方法

（一）研究对象

调查对象来源于贵州省遵义市、毕节市、贵阳市的6所比较有代表性的初中学校。共有1078名学生参与此次问卷调查，实测回收有效问卷885份（$M_{年龄}$=14.31岁，$SD_{年龄}$=1.32）。其中男生454人（51.3%），女生431人（48.7%）；223人为留守学生（25.2%），662人为非留守学生（74.8%）；初一年级306人（34.6%），初二年级385人（43.5%），初三年级194人（21.9%）。

（二）工具

1. 同伴支持问卷

采用“感知到的学校氛围问卷”中的同伴支持分量表评估个体得到的同伴支持（Jia et al.，2009），共13个项目。问卷采用Likert4点计分方式，调查对象根据自己的真实情况在“从不”到“总是”的4点量表上进行选择。得分越高表示其得到的同伴支持程度越高。在本研究中，量表的Cronbach's α=0.87。

2. 积极社会适应问卷

采用邹泓、余益兵、周晖等人编制的青少年社会适应状况评估问卷（2012）。本研究选取问卷的四个积极社会适应维度来评估个体的积极社会适应情况，共27个项目。问卷采用Likert5点计分方式，调查对象根据自己的真实情况在“非常不符合”到“非常符合”的5点量表上进行选择。分数越高表示个体有更好的积极社会适应。在本研究中，积极社会适应问卷的Cronbach's α=0.92。

3. 青少年自我控制能力问卷

采用王红姣与卢家楣编制的青少年自我控制能力问卷（2004）。该问卷分为行为控制等三个维度，共36个题目。问卷采用Likert5点计分方式，调查对象根据自己的真实情况在“非常不符合”到“非常符合”的5点量表上进行选择。分数越高表示个体自我控制能力越高。在本研究中，自我控制能力问卷的 Cronbach’s α=0.89。

（三）统计方法

采用常用统计分析软件 SPSS21.0 对数据进行统计分析处理。

三、结果分析

首先对收集到的问卷进行初步的筛查与整理，剔除可以分辨出的未达到筛选要求的问卷。将问卷的数值进行认真录入，并将被试的人口社会统计学资料进行编码对应输入，再将所得到的数据导入 SPSS 进行下一步操作。

（一）共同方法偏差控制与检验

本研究数据均来源于自我报告，测量中可能存在共同方法偏差。因此，在问卷具体施测的过程中采取严格的程序控制（周浩，龙立荣，2004），强调本次问卷调查的匿名性、保密性和数据仅用于科学研究之用等。在此基础上采用 Harman 单因子检验法对可能存在的共同方法偏差进行检验，结果表明特征值大于 1 的因子共 28 个，第一因子的变异解释率为 10.34%，小于 40% 的临界标准。说明本研究的共同方法偏差问题在允许的范围内（熊红星，张璟，叶宝娟，郑雪，孙配贞，2012）。

（二）各变量描述统计结果及相关分析

同伴支持、青少年积极社会适应水平、自我控制能力描述性统计及相关结果：同伴支持（M=3.39，SD=0.76），处于中等偏上水平；青少年积极社会适应水平（M=2.96，SD=0.51）处于中等偏下水平；自我控制能力（M=3.16，SD=0.41）处于中等偏上水平。同伴支持与青少年积极社会适应显著正相关（r=0.29，p<0.01）、同伴支持与自我控制能力显著正相关（r=0.12，p<0.01）；自我控制能力与青少年积极社会适应显著正相关

（$r=0.18$，$p<0.01$）。

（三）青少年积极社会适应水平差异检验结果

对青少年积极社会适应水平进行差异检验，结果表明：不同性别的青少年在积极社会适应水平上存在显著性差异，男生的积极社会适应水平要显著高于女生（$t_{883}=3.42$，$p<0.05$，Cohen's d=.157），不同年级（初一、初二、初三）青少年在积极社会适应水平上差异不显著（$p>0.05$），是否是留守青少年在积极社会适应水平上也不显著（$p>0.05$）。

（四）同伴支持对青少年社会适应的影响：中介模型检验

我们首先采用 Baron 和 Kenny（1986）推荐的逐步法进行中介效应检验，这个方法分为三个步骤：用假设中的中介对质量做回归变量分析，回归系数达到显著性水平；用因变量（控制变量）对自变量做回归分析，回归系数也达到显著性水平；用因变量（控制变量）对自变量和假设的中介变量同时做回归分析后，中介变量的回归系数达到显著性水平，自变量的回归系数减少，同时满足这个三个条件的变量则为中介变量。当自变量（控制变量）的回归系数减少到不显著水平时，说明中介变量起到完全中介作用，自变量（控制变量）完全通过中介变量影响因变量；当自变量（控制变量）的回归系数减少，但是仍旧达到显著水平时，说明中介变量只起到部分中介作用，即自变量（控制变量）一方面通过中介变量影响因变量，同时也直接对因变量起作用。在步骤 1 中放入自变量（同伴支持），假设的中介变量为自我控制能力；在步骤 2 中放入自变量（同伴支持），因变量为青少年社会积极适应水平，在步骤 3 中放入自变量（同伴支持）和假设的中介变量（自我控制能力），因变量为青少年社会积极适应水平。

由步骤 1 可知，同伴支持对自控能力正向预测作用显著（$\beta=0.24$，$t=14.74$，$p<0.001$）；由步骤 2 可知，同伴支持对青少年社会积极适应水平有显著影响（$\beta=0.31$，$t=15.41$，$p<0.001$）；步骤 3 在加自我控制能力后，同伴支持对青少年社会积极适应水平的影响显著降低但仍然显著（$\beta=0.28$，$t=13.45$，$p<0.001$），同时自我控制能力对青少年社会积极适应水平的影响显著（$\beta=0.11$，$t=3.82$，$p<0.001$），这说明自我控制能力起到部分中介作用，本研究的假设得到验证。

为进一步确认中介效应的显著性，我们采用 Hayes 和 Preacher（2010）提出的中介效应检验方法来检验基本心理需求满足的中介作用。Hayes 和 Preacher 提出，自变量（X）、中介变量（M）和因变量（Y）之间的关系可以是线性的也可以是非线性的。中介效应显著需要三个条件:(1)自变量与中介变量显著相关;(2)在控制自变量的直接效应后,中介变量与因变量相关显著;(3)中介效应在 Bootstrap 检验中显著。具体方法为我们使用 Hayes 和 Preacher 编制的 Process 程序(Hayes & Preacher,2010)来进行分析,其中自变量、中介变量与因变量之间均为线性关系,并使用偏差矫正的百分位 Bootstrap 法抽样 5000 次计算出模型的直接效应与间接效应。

结果显示,同伴支持对青少年社会积极适应水平影响的直接效应及自我控制能力的中介效应的 Bootstrap95% 置信区间的上、下限均不包含 0,表明在教师支持与青少年社会积极适应水平的关系中自我控制能力的中介作用显著。该直接效应(0.28)和中介效应(0.03),分别占总效应(0.31)的 91.72%、8.28%。最终,本研究的研究框架也得到验证。

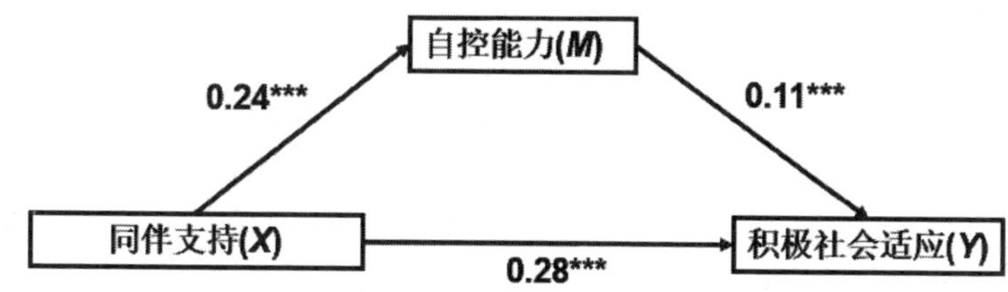

四、讨论

(一)青少年积极社会适应现状分析

调查结果表明青少年积极社会适应处于中等偏下水平,青少年积极社会适应水平有待提高。对不同人口学变量进行了进一步的检验,结果发现:不同性别的青少年在积极社会适应水平存在显著性差异,这与前人研究结果一致(Ybrandt,2007),这可能是由于自尊的关系。男生得分显著高于女生得分,说明处于青春期阶段的女生往往比男生有更多的抱怨、更低的自尊和更低的自我监控性,女生在青少年阶段,其社会化要求更倾向于维持自己在人际关系中的协调和与他人的情感联系均衡,男生则沿着更加独立和自主的道路发展(Harter,1983),从而导致男生得分显著高于女生得分。不同年级(初一、初二、初三)的青少年在积极社会适应水平上差异并不显著,但是这一结果与 Marsh、Freeman 等人研究的“高年级时自我出现上升趋势”的结论并不一致,原因有待进一步研究。是否是留守青少年在积极社会适应水平中也不显著,这与赵景欣等人(2012)的研究结果一致。这可能是由于随着年龄的增长,儿童对父母的依赖逐渐降低。生态环境的变化(例如,父母外出打工)在青少年发展中具有特殊的重要性。在这些过渡的时刻,个体由于面临挑战,必须学会适应,发展就会应运而生。在这一过程中,个体的适应结果会受到家庭、同伴与个体特征等不同系统之间交互作用的影响。在亲情相对缺失的不利处境中,留守青少年仍然具有积极适应的可能性,这取决于青少年及其所在的环境系统能否形成应对父母长期不在身边以及其他危险因素(Prinstein 等,2004),良好的校园氛围使得留守青少年在积极社会适应水平上与非留守青少年一致。

(二)同伴支持对青少年积极社会适应的影响:自我控制能力的中介作用

在本研究中,自我控制能力中介了同伴支持和青少年积极社会适应之间的关系。这一结果也印证了自我决定理论(self-determination theory, SDT)模型中得出的结论:青少年基本心理需求得到满足则能极大地激发青少年的内在动机,使得其积极追求自我成长,提升学习成绩、减少风险行为、提高幸福感。随着年龄的增长,同伴在青少年的生活有着越来越重要的作用(Ladd & Burgess,2001; Wentzel,2003),同伴支持作为影响青少年基本心理需求的重大因素,来自同伴的支持可以帮助青少年调整其自我认知和评价,从而使得青少年的基本心理需求得到满足,并对青少年的学业成绩以及环境适应有显著的预测效果。SDT 模型认为个体具有天生的追求成长和发展的需要,而个体的基本需要则需要通过外界环境的刺激才能得到满足,从而发挥其功能。同伴提供的支持可以为青少年提供更多的选择、更好的沟通和更及时的反馈等,从而满足青少年成长和发展的需要,从而使得青少年从中获得社会技能、行为、态度和体验等,并对其社会适应结果产生影响(Rubin, Bukowski & Parker, 2006)。积极社会适应水平反映了个体处在社会环境的情境下,如何追求与社会环境维持和谐平衡关系的过程,青少年发展阶段的主要任务是完善其自我同一性,清晰其自我概念,并形成积极的自我评价(Judge 等,1998),自我控制指的是个体在克服或控制自身负面的行为趋势以及控制自身不依照冲动而行动,并为了自己的理想、价值、道德和社会期待一致而努力,并坚持追寻长远目标的一种能力(Tangey,2004; Baumeister,2007)。也就是说,自我控制也会影响积极社会适应,而翟晟等人(2006)研究表明自我控制能力对积极社会适应具有正向影响,自我控制能力可以为 SDT 模型的个体基本需要补充身心能量,表现为自我控制能力对青少年负面行为的负向预测。具体而言，拥有较高自我控制能力水平的青少年能量更充足，能够较长远地看待问题，面对较大学习、生活、发展和社会等压力也能减缓个人资源的消耗，更容易且更多地获得来自教师、同伴、家庭方面的社会支持，具有更多的应对方法以防止人格解体，因此自我控制能力水平高的青少年具有较多的同伴支持，因此，这类青少年的积极社会适应水平更高。

本研究发现，同伴支持作为一种积极的心理资源对青少年积极社会适应产生了正向影响。在现实生活中，高同伴支持的青少年，拥有更多的积极情绪，自我效能感更强，面对纷繁复杂的各种学业、生活、社会任务时可能处理得更为出色，不仅对生活充满希望，而且能够用乐观和坚韧性的心态去迎接生活中的挑战，因此积极社会适应水平比低同伴支持的青少年更高。

此外，自我控制能力是青少年积极社会适应的重要影响变量，同伴支持水平升高会使得青少年自我控制能力提高；反之，当同伴支持降低时，青少年的自我控制能力水平也会降低。本研究结果验证了自我控制能力的中介作用，表明可以通过提高青少年的同伴支持水平，提升其自我控制能力，进而提升青少年积极社会适应水平。随着社会的发展，青少年扮演的角色日趋多样化与复杂化，作为一名初中学生，他们不但要面对繁重的学习任务，还要面对个人的发展目标以及社会与家长的高期望。如果他们不能及时进行良好的自我控制，舒缓过高的压力，那么极易产生各种随之而来的负面行为。当自我控制能力不能得到有效使用时，就会对青少年的身心健康产生消极影响，其中一个重要的表现就是呈现较低的积极社会适应水平。

整体而言，本研究探讨了同伴支持与青少年积极社会适应之间的关系，以及这种关系会受到何种情况的影响，具体而言，在探寻同伴支持对青少年积极社会适应产生影响的因素时，成功地验证了自我控制能力在两者之间的中介作用。本研究结果对于理解青少年积极社会适应度影响因素的作用机制和作用过程以及在实践中有效提高青少年积极社会适应具有重要的启示作用。首先，青少年积极社会适应是内部因素和外部因素共同作用的结果，除了需要增强青少年自我控制能力这类内部因素外，还应对同伴支持等这类重要的外部因素进行优化；同时，本研究通过对青少年个体的内外因素——同伴支持、自我控制能力的探讨，将SDT模型中社会支持等外部心理资源拓展到内部心理资源。其次，相关职能部门在提高青少年积极社会适应水平的过程中应当立足于青少年本身所具有的个体资源，激发其自我效能感，提高其自我控制能力，用乐观坚韧的态度对待学习和生活。

（三）本研究的不足及研究展望

本研究尚且存在一些不足之处，需要未来的研究加以完善与改进。首先，本研究的样本均来自贵州省遵义市、毕节市、贵阳市三个地区，样本不能代表全国的青少年；其次，人口统计学变量是青少年社会适应研究最基本的影响因素，只对二者进行了统计数据分析，未从其他角度考虑二者之间的关系；最后，运用问卷法进行研究，仅仅被试根据主观情况填写问卷，不能排除一些主观的期望和疲劳效应等被试误差。在未来的研究中，可以增加获取数据的渠道，引入一些客观的方法收集数据，在人口统计学变量在青少年社会适应上的差异分析的基础上，对青少年社会适应的其他影响因素进行进一步的探索，为青少年群体的心理健康问题提供更多有价值的研究。

五、结论

第一，青少年积极社会适应水平处于中等偏下水平。

第二，青少年的积极社会适应水平在性别上存在显著性差异，在年级、是否留守等人口统计学变量上则不存在显著性差异。

第三，同伴支持、自我控制能力能有效正向预测青少年积极社会适应水平。即同伴支持水平越高，则青少年积极社会适应水平也越高；自我控制能力水平越高，则青少年积极社会适应水平也越高。并且自我控制能力中介了同伴支持和青少年积极社会适应的关系。

第三节　自主机会对青少年社会适应的影响：自控能力的中介作用

一、问题提出

根据阶段环境匹配理论，青少年的成长中校园氛围至关重要，青少年成长的最主要场所就是学校，学校资源和青少年发展需求的匹配程度对其发展有重要影响（Eccles et al.，1993）。校园氛围（school climate）指的是学校生活的质量和特征，包含教师支持、同伴支持和自主机会三个组成部分，反映了学校所追求的目标、价值观、人际关系、教学经验积累和学校组织结构，它不仅仅是一种个人经验，也是一个群体现象（Cohen 等，2009）。Deci 和 Ryan 的自我决定理论（self-determination theory，SDT）指出人类有三大基本心理需求：关系需求、自主需求和能力需求。这些基本心理需求得到满足则能极大地激发青少年的内在动机，使得其积极追求自我成长，提升学习成绩、减少风险行为、提高幸福感；相反，如果这三大基本心理需求没有得到满足，则青少年会感到挫折、焦虑，降低其内在动机，因而导致更多的负面行为或通过其他方面（如沉迷网络）来寻求基本心理上的需求满足或产生功能性障碍。因而，感知到积极的校园氛围（如高自主机会）的青少年在关系、自主和能力等基本心理需求上将得到较高满足，这将大大降低他们转向负面行为来寻求基本心理需求的满足。

在心理学中，由外界刺激引起的生理、心理和行为反应叫应激反应。应激反应是一种适应性反应，是指由紧张刺激引起的，伴有躯体机能以及心理活动改变的一种心身紧张状态，在应激源即引起应激反应的刺激因素的刺激下，个体必然产生心理反应和行为变化，其结果有两种：一种是避开原有刺激，另一种是顺从原有刺激。这两种结果都可理解为适应。皮亚杰用他的发生认识理论，同样解释了这种适应。他认为认识既不来自于客体，也不来自于具有自我意识的主体，而是主客体之间相互作用的产物。Evans（1991）的研究指出适应行为是个体适合给定位置的能力及为适应环境要求而改变自己行为的能力。即在客体作用于主体的同时，主体也作用于客体，通过这种相互作用，主体实现了对客体的适应。他把主客体相互作用的过程概括为“同化于己”和“顺应于物”两方面，在同化和顺应的作用过程中，最终达到平衡。通过认知机制产生行为改变，使个体产生适应的结果。美国智力落后协会（American Association on Mental Retardation，AAMR）对适应行为做出如下解释：“个体达到群体期望的与其所处文化环境、年龄相匹配的个人独立和社会责任标准的有效性和程度。”社会适应是个体人生历程的基本任务，是个体生存与发展的核心问题。个体的成长就是一个不断适应的历程，个体正是在其学习、交往、社会实践和社会生活等形式的行为中将自身社会适应能力进行不断发展，并逐渐成为有个性的、成熟的社会成员。而青少年时期是个体生理、心理发生急剧变化的特殊时期，是从不成熟过渡到成熟的重要转折期，社会适应是青少年社会化的重要目标，也是衡量个体发展的重要指标，对青少年未来的发展至关重要。同时，WHO（1989）指出个体健康包括躯体健康、心理健康、社会适应良好和道德健康。陈建文等人（2004）对社会适应与心理健康关系进行的研究表明社会适应与个体心理健康有密切关系。社会适应不仅是个体健康的重要指标，同时也对个体心理是否健康至关重要。

自我意识指的是个体对其自身以及其与周围世界关系的心理表征，包括自我认识、自我体验和自我控制三个部分，表现为个体的认知、情感和意志三种形式。这三部分的积极发展与否对个体心理的健全发展有重要影响(朱智贤，1989)。Matthew 等人(2007)对自我控制与社会适应的研究证明，自我控制对个体的心理健康和社会适应至关重要。综上所述，本研究将通过一个中介模型对自主机会与青少年积极社会适应之间的关系进行深入的探究，主要目的是探究自我控制能力是否为自主机会与青少年积极社会适应之间的中介变量。通过对以上假设的检验可以进一步了解对青少年积极社会适应产生影响的途径，为在实践中提升青少年积极社会适应提供参考依据。

二、研究方法

(一)研究对象

调查对象来源于贵州省遵义市、毕节市、贵阳市的6所比较有代表性的初中学校。共有1078名学生参与此次问卷调查，实测回收有效问卷885份($M_{年龄}$=14.31岁，$SD_{年龄}$=1.32)。其中男生454人(51.3%)，女生431人(48.7%)；223人为留守学生(25.2%)，662人为非留守学生(74.8%)；初一年级306人(34.6%)，初二年级385人(43.5%)，初三年级194人(21.9%)。

(二)工具

1. 自主机会问卷

采用“感知到的学校氛围问卷”中的自主机会分量表评估个体得到的自主机会(Jia et al.，2009)，共5个项目。问卷采用Likert4点计分方式，调查对象根据自己的真实情况在“从不”到“总是”的4点量表上进行选择。得分越高表示其得到的自主机会越多。在本研究中，量表的Cronbach's α=0.90。

2. 积极社会适应问卷

采用邹泓、余益兵、周晖等人编制的青少年社会适应状况评估问卷(2012)。本研究选取问卷的四个积极社会适应维度来评估个体的积极社会适应情况，共27个项目。问卷采用Likert5点计分方式，调查对象根据自己的真实情况在“非常不符合”到“非常符合”的5点量表上进行选择。分数越高表示个体有更好的积极社会适应。在本研究中，积极社会适应问卷的Cronbach's α=0.92。

3. 青少年自我控制能力问卷

采用王红姣与卢家楣编制的青少年自我控制能力问卷（2004）。该问卷分为行为控制等三个维度，共36个题目。问卷采用Likert5点计分方式，调查对象根据自己的真实情况在“非常不符合”到“非常符合”的5点量表上进行选择。分数越高表示个体自我控制能力越高。在本研究中，自我控制能力问卷的Cronbach's α=0.89。

（三）统计方法

采用常用统计分析软件SPSS21.0对数据进行统计分析处理。

三、结果分析

首先对收集到的问卷进行初步的筛查与整理，剔除可以分辨出的未达到筛选要求的问卷。将问卷的数值进行认真录入，并将被试的人口社会统计学资料进行编码对应输入，再将所得到的数据导入SPSS进行下一步操作。

（一）共同方法偏差控制与检验

本研究数据均来源于自我报告，测量中可能存在共同方法偏差。因此，在问卷具体施测的过程中采取严格的程序控制（周浩，龙立荣，2004），强调本次问卷调查的匿名性、保密性和数据仅用于科学研究之用等。在此基础上采用Harman单因子检验法对可能存在的共同方法偏差进行检验，结果表明特征值大于1的因子共25个，第一因子的变异解释率为10.99%，小于40%的临界标准。说明本研究的共同方法偏差问题在允许的范围内（熊红星，张璟，叶宝娟，郑雪，孙配贞，2012）。

（二）各变量描述统计结果及相关分析

教师支持、青少年积极社会适应水平、自我控制能力描述性统计及相关结果：自主机会（M=2.35，SD=0.60），处于中等偏下水平；青少年积极社会适应水平（M=2.96，SD=0.51）处于中等偏下水平；自我控制能力（M=3.16，SD=0.41）处于中等偏上水平。自主机会与青少年积极社会适应显著正相关（r=0.10，p<0.01）、自主机会与自我控制能力显著正相关（r=0.12，p<0.01）；自我控制能力与青少年积极社会适应显著正相关（r=0.18，p<0.01）。

（三）青少年积极社会适应水平差异检验结果

对青少年积极社会适应水平进行差异检验，结果表明：不同性别的青少年在积极社会适应水平上存在显著性差异，男生的积极社会适应水平要显著高于女生（t_{883}=3.42，p<0.05，Cohen’s d=.157），不同年级（初一、初二、初三）青少年在积极社会适应水平上差异不显著（p>0.05），是不是留守青少年在积极社会适应水平上也不显著（p>0.05）。

（四）自主机会对青少年社会适应的影响：中介模型检验

我们首先采用 Baron 和 Kenny（1986）推荐的逐步法，进行中介效应检验，这个方法分为三个步骤：用假设中的中介对质量做回归变量分析，回归系数达到显著性水平；用因变量（控制变量）对自变量做回归分析，回归系数也达到显著性水平；用因变量（控制变量）对自变量和假设的中介变量同时做回归分析后，中介变量的回归系数达到显著性水平，自变量的回归系数减少，同时满足这三个条件的变量则为中介变量。当自变量（控制变量）的回归系数减少到不显著水平时，说明中介变量起到完全中介作用，自变量（控制变量）完全通过中介变量影响因变量；当自变量（控制变量）的回归系数减少，但是仍旧达到显著水平时，说明中介变量只起到部分中介作用，即自变量（控制变量）一方面通过中介变量影响因变量，同时也直接对因变量起作用。在步骤 1 中放入自变量（自主机会），假设的中介变量为自我控制能力；在步骤 2 中放入自变量（自主机会），因变量为青少年社会积极适应水平，在步骤 3 中放入自变量（自主机会）和假设的中介变量（自我控制能力），因变量为青少年社会积极适应水平。

由步骤 1 可知，自主机会对自控能力正向预测作用显著（β=0.07，t=4.48，p<0.001）；由步骤 2 可知，自主机会对青少年社会积极适应水平有显著影响（β=0.28，t=15.62，p<0.001）；步骤 3 在加入自我控制能力后，自主机会对青少年社会积极适应水平的影响显著降低但仍然显著（β=0.27，t=15.02，p<0.001），同时自我控制能力对青少年社会积极适应水平的影响显著（β=0.19，t=7.06，p<0.001），这说明自我控制能力起到部

分中介作用,本研究的假设得到验证。

为进一步确认中介效应的显著性,我们采用 Hayes 和 Preacher(2010)提出的中介效应检验方法来检验基本心理需求满足的中介作用。Hayes 和 Preacher 提出,自变量(*X*)、中介变量(*M*)和因变量(*Y*)之间的关系可以是线性的也可以是非线性的。中介效应显著需要三个条件:(1)自变量与中介变量显著相关;(2)在控制自变量的直接效应后,中介变量与因变量相关显著;(3)中介效应在 Bootstrap 检验中显著。具体方法为我们使用 Hayes 和 Preacher 编制的 Process 程序(Hayes & Preacher,2010)来进行分析,其中自变量、中介变量与因变量之间均为线性关系,并使用偏差矫正的百分位 Bootstrap 法抽样 5000 次计算出模型的直接效应与间接效应。

结果显示,自主机会对青少年社会积极适应水平影响的直接效应及自我控制能力的中介效应的Bootstrap95%置信区间的上下限均不包含0,表明在自主机会与青少年社会积极适应水平的关系中自我控制能力的中介作用显著。该直接效应(0.27)和中介效应(0.01)分别占总效应(0.28)的 95.46%、4.54%。最终,本研究的研究框架也得到验证。

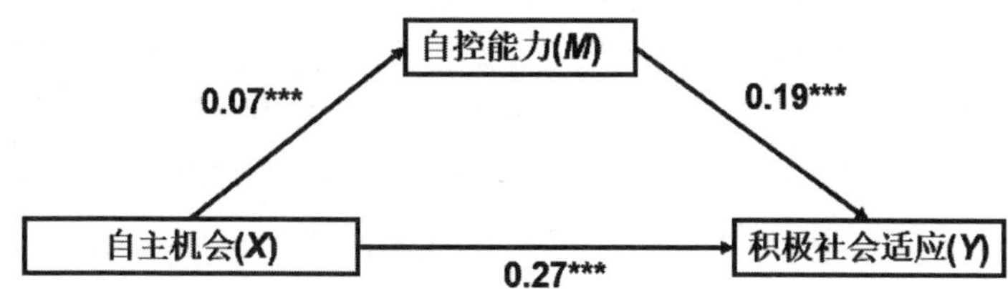

四、讨论

(一)青少年积极社会适应现状分析

调查结果表明青少年积极社会适应处于中等偏下水平,青少年积极社会适应水平有待提高。对不同人口学变量进行了进一步的检验,结果发现:不同性别的青少年在积极社会适应水平上存在显著性差异,这与前人研究结果一致(Ybrandt,2007),这可能是由于自尊的关系。男生得分显著高于女生得分,说明处于青春期阶段的女生往往比男生有更多的抱怨、更低的自尊和更低的自我监控性,女生在青少年阶段,其社会化要求更倾向于维持自己在人际关系中的协调和与他人的情感联系均衡,男生则沿着更加独立和自主的道路发展(Harter,1983),从而导致男生得分显著高于女生得分。不同年级(初一、初二、初三)的青少年在积极社会适应水平上差异并不显著,但是这一结果与 Marsh 等人研究的“高年级时自我出现上升趋势”的结论并不一致,原因有待进一步研究。是不是留守青少年在积极社会适应水平上也不显著,这与赵景欣等人(2012)的研究结果一致。这可能是由于随着年龄的增长,儿童对父母的依赖逐渐降低。生态环境的变化(例如,父母外出打工)在青少年发展中具有特殊的重要性。在这些过渡的时刻,个体由于面临挑战,必须学会适应,发展就会应运而生。在这一过程中,个体的适应结果会受到家庭、同伴与个体特征等不同系统之间交互作用的影响。在亲情相对缺失的不利处境中,留守青少年仍然具有积极适应的可能性,这取决于青少年及其所在的环境系统能否形成应对父母长期不在身边以及其他危险因素(Prinstein 等,2004),良好的校园氛围使得留守青少年在积极社会适应水平上与非留守青少年一致。

(二)自主机会对青少年积极社会适应的影响:自我控制能力的中介作用

在本研究中,自主机会作为一种积极的心理资源对青少年积极社会适应产生了正向影响。在现实生活中,高自主机会的青少年,他们拥有更多的积极情绪,自我效能感更强,面对纷繁复杂的各种学业、生活、社会任务时可能处理得更为出色,不仅对生活充满希望,而且能够用乐观和坚韧的心态去迎接生活中的挑战,因此积极社会适应水平比低自主机会的青少年更高。

本研究发现自主机会与青少年积极社会适应呈显著正相关,并且自我控制能力这一变量中介了自主机会和青少年积极社会适应之间的关系,这与前人研究结果相一致。在本研究中,自我控制能力的出现提高了自主机会对青少年积极社会适应的正向影响,在两者的关系中起到了增强的作用。随着社会的发展,青少年扮演的角色日趋多样化与复杂化,作为一名初中学生,他们不但要面对繁重的学习任务还要面对个人的发展目标以及社会与家长的高期望。如果他们不能及时进行良好的自我控制,舒缓过高的压力,那么极易产生各种随之而来的负面行为。当自我控制能力不能得到有效的使用时,就会对青少年的身心健康产生消极影响,其中一个重要的表现就是呈现较低的积极社会适应水平。

此外,本研究还发现自我控制能力中介了自主机会和青少年积极社会适应之间的关系。这一结果也印证了自我决定理论(self-determination theory, SDT)模型中得出的结论:青少年基本心理需求得到满足则能极大地激发青少年的内在动机,使得其积极追求自我成长,提升学习成绩、减少风险行为、提高幸福感。教师支持作为影响青少年基本心理需求的重大因素,来自自主机会的支持可以帮助青少年调整其自我认知和评价,从而使得青少年的基本心理需求得到满足,并对青少年的学业成绩以及环境适应有显著的预测效果。SDT 模型认为个体具有天生的追求成长和发展的需要,而个体的基本需要则需要通过外界环境的刺激才能得到满足,从而发挥其功能。自主机会的支持可以为青少年提供更多的选择、更好的沟通和更及时的反馈等,从而满足青少年成长和发展的需要,从而保证其更有效地投入学习、更好的适应行为等(Cohen,2009)。本研究还考察了青少年自主机会对积极社会适应的影响及内在机制。前人的研究已经证实了自主机会对积极社会适应的积极作用(陈建文, 2004)。但是在已有针对社会适应的研究中,从自主机会与自我控制的视角对青少年的社会适应进行分析少之又少。本研究以社会适应这一重要指标作为结果变量,验证了自主机会压力的重大影响。也就是说,自我控制也会影响积极社会适应,而翟晟等人(2006)的研究表明自我控制能力对积极社会适应具有正向影响,自我控制能力可以为 SDT 模型的个体基本需要补充身心能量,表现为自我控制能力对青少年负面行为的负向预测。具体而言,拥有较高自我控制能力水平的青少年能量更充足,能够较长远地看待问题,面对较大的学习、生活、发展和社会等压力也能减缓个人资源的消耗,更容易且更多地获得来自教师、同伴、家庭方面的社会支持,具有更多的应对方法以防止人格解体,因此自我控制能力水平高的青少年具有较多的自主机会,因此,这类青少年的积极社会适应水平更高。

整体而言,本研究探讨了自主机会与青少年积极社会适应之间的关系,以及这种关系会受到何种情况的影响,具体而言,在探寻自主机会对青少年积极社会适应产生影响的因素时,成功地验证了自我控制能力在两者之间的中介作用。本研究结果对于理解青少年积极社会适应度影响因素的作用机制和作用过程以及在实践中有效提高青少年积极社会适应具有重要的启示作用。首先,青少年积极社会适应是内部因素和外部因素共同作用的结果,除了需要增强青少年自我控制能力这类内部因素外,还应对自主机会等这类重要的外部因素进行优化; 同时,本研究通过对青少年个体的内外因素——自主机会、自我控制能力的探讨,将 SDT 模型中社会支持等外部心理资源拓展到内部心理资源。其次,相关职能部门在提高青少年积极社会适应水平的过程中应当立足于青少年本身所具有的个体资源,激发其自我效能感,提高其自我控制能力,用乐观坚韧的态度对待学习和生活。

(三)本研究的不足及研究展望

本研究尚且存在一些不足之处,需要未来的研究加以完善与改进。首先,本研究的样本均来自贵州省遵义市、毕节市、贵阳市三个地区,样本不能代表全国的青少年;其次,人口统计学变量是青少年社会适应研究最基本的影响因素,只对二者进行了统计数据分析,未从其他角度考虑二者之间的关系;最后,运用问卷法进行研究,仅仅被试根据主观情况填写问卷,不能排除一些主观的期望和疲劳效应等被试误差。在未来的研究中,可以增加获取数据的渠道,引入一些客观的方法收集数据,在人口统计学变量在青少年社会适应上的差异分析的基础上,对青少年社会适应的其他影响因素进行进一步的探索,为青少年群体的心理健康问题提供更多有价值的研究。

五、结论

第一,青少年积极社会适应水平处于中等偏下水平。

第二,青少年的积极社会适应水平在性别上存在显著性差异,在年级、是否留守等人口统计学变量上则不存在显著性差异。

第三,自主机会、自我控制能力能有效正向预测青少年积极社会适应水平。即自主机会水平越高,则青少年积极社会适应水平也越高;自我控制能力水平越高,则青少年积极社会适应水平也越高。并且自我控制能力中介了自主机会和青少年积极社会适应的关系。

第四节　教师支持对青少年社会适应的影响:应对方式的中介作用

一、问题提出

教师支持被普遍认同和使用的概念是 Deci 和 Ryan 在 1987 年提出的学生能够感受到的教师给予自己的认可以及各方面的支持,并且学生能够从教师身上获得知识、能力和情商上的帮助。个体的发展离不开人际交往,青少年阶段更是如此,在这个阶段养成的人际交往的习惯,将对其以后的发展有重要影响,可以说人际交往是青少年阶段发展至关重要的影响因素。青少年的大部分时间都在学校中度过,教师作为与青少年接触极其频繁的重要的监护人,对其影响尤为重要。教师作为父母之外最大的榜样,与教师的人际关系良好与否是影响青少年的一大因素。与教师良好的人际关系可以使得青少年获得教师更全面的了解、关心和全方面的支持。教师对于青少年的人际交往能力的影响和支持具有十分重要的意义。教师可以及时采取实际行动给予支持与帮助,多交流,多鼓励,给青少年以信心。如今社会相对开放,竞争也日趋激烈,良好的人际关系和性格对青少年日后的成长会有很大帮助。同时,学习是学生的第一要务。有研究表明学生除了父母给予支持以外,教师给予学生学习的支持和鼓励,对于学生学习成绩的提高是有必然联系的。初中是个体社会化的重要时刻,教师对青少年的影响不容小觑,教师对于学生的支持、信任行为可以促进青少年正确的世界观的养成(任萍,张云运等,2017)。

社会适应问题来源于人们的生活实践。“社会适应”一词也活跃在人们的日常用语中。现代社会的突飞猛进对人们的社会适应提出了许多问题。诸如“一个人适应社会需要什么样的心理素质?”“一个人怎样去适应不断变化和发展的社会环境?”“如何评价一个人是否适应了社会?”等等。从一般意义上说,现实社会中的每个人都面临着生存(自然生存和社会生存)、健康(身心健康)和发展三大人生主题,那么社会适应、心理健康和自我实现也是一个人追求的三大人生目标。伴随着科学技术的不断进步,全球经济和文化交流扩大,我国改革开放的进一步深化等,使得人们的价值观和生活方式等都产生了巨大的变化。我国青少年在这种环境中又同时处于人生中发展变化最迅速,面临最多社会适应任务和挑战的时期。同时独生子女生活环境、网络世界和影视媒体的多元影响、贫富差距扩大、巨大的升学和就业压力,又提高了对青少年的人格发展和社会适应的要求。

Sedikides 等人在 1997 年对自我调节的研究发现,自我具有适应功能是进化而来的。并且,自我在对其认知、情感、动机和行为过程中有重要作用。自我调节理论(Pervin,2003)将社会情境的应激源看作是有待解决的问题,并认为这些问题解决有以下过程:首先对目标和实际问题之间的差异进行评估,然后寻找如何减少这些差异,最后选择合适的行为来解决问题,如果问题没有得到解决,则重复之前的过程直至问题解决。在 Lazarus(1993)应对过程理论中,情境的变化会导致应对方式的变化,同时应对也会随着应激事件的不同甚至事件的不同阶段而变化。在这一过程中,个体的认知对应对过程(即个体用来适应和调节的方式),对其身心健康有着显著影响。综上所述,本研究将通过一个中介模型对教师支持与青少年积极社会适应之间的关系进行深入的探究，主要目的是探究积极应对方式是否为教师支持与青少年积极社会适应之间的中介变量。通过对以上假设的检验可以进一步了解对青少年积极社会适应产生影响的途径，为在实践中提升青少年积极社会适应提供参考依据。

二、研究方法

（一）研究对象

调查对象来源于贵州省遵义市、毕节市、贵阳市的 6 所比较有代表性的初中学校。共有 1078 名学生参与此次问卷调查，实测回收有效问卷 885 份（$M_{年龄}$=14.31 岁，$SD_{年龄}$=1.32）。其中男生 454 人（51.3%），女生 431 人（48.7%）；223 人为留守学生（25.2%），662 人为非留守学生（74.8%）；初一年级 306 人（34.6%），初二年级 385 人（43.5%），初三年级 194 人（21.9%）。

（二）工具

1. 教师支持问卷

采用“感知到的学校氛围问卷”中的教师支持分量表评估个体得到的教师情感支持和学业支持（Jia et al.，2009），问卷共 7 个项目，如“为了使我提高成绩，老师付出了很多努力”。问卷采用 Likert4 点计分方式，调查对象根据自己的真实情况在“从不”到“总是”的 4 点量表上进行选择。得分越高表示其得到的教师支持程度越高。在本研究中，量表的 Cronbach's α=0.89。

2. 积极社会适应问卷

采用邹泓、余益兵、周晖等人编制的青少年社会适应状况评估问卷（2012）。本研究选取问卷的四个积极社会适应维度来评估个体的积极社会适应情况，共 27 个项目。问卷采用 Likert5 点计分方式，调查对象根据自己的真实情况在“非常不符合”到“非常符合”的 5 点量表上进行选择。分数越高表示个体有越好的积极社会适应。在本研究中，积极社会适应问卷的 Cronbach's α=0.92。

3. 应对方式问卷

采用解亚宁（1999）编制的简易应对方式问卷。该问卷含积极应对和消极应对两个维度，1–10 题为积极应对方式，11–20 题为消极应对方式。量表采用 Likert 4 点计分方式，被试根据自己的真实情况在“从不采用”到“经常采用”的 4 点量表上进行选择。应对倾向为积极应对得分（Z 分数）减去消极应对得分（Z 分数）。在本研究中，应对方式问卷的 Cronbach’s α=0.89。

三、结果分析

首先对收集到的问卷进行初步的筛查与整理，剔除可以分辨出的未达到筛选要求的问卷。将问卷的数值进行认真录入，并将被试的人口社会统计学资料进行编码对应输入，再将所得到的数据导入 SPSS 进行下一步操作。

（一）共同方法偏差控制与检验

本研究数据均来源于自我报告，测量中可能存在共同方法偏差。因此，在问卷具体施测的过程中采取严格的程序控制（周浩，龙立荣，2004），强调本次问卷调查的匿名性、保密性和数据仅用于科学研究之用等。在此基础上采用 Harman 单因子检验法对可能存在的共同方法偏差进行检验，结果表明特征值大于 1 的因子共 20 个，第一因子的变异解释率为 12.48%，小于 40% 的临界标准。说明本研究的共同方法偏差问题在允许的范围内（熊红星，张璟，叶宝娟，郑雪，孙配贞，2012）。

（二）各变量描述统计结果及相关分析

教师支持、青少年积极社会适应水平、积极应对描述性统计及相关结果：教师支持（M=3.39，SD=0.76）处于中等偏上水平；青少年积极社会适应水平（M=2.96，SD=0.51）处于中等偏下水平；积极应对（M=2.41，SD=0.41）处于中等偏下水平。教师支持与青少年积极社会适应显著正相关（r=0.29，p<0.01）、教师支持与积极应对显著正相关（r=0.36，p<0.01）；积极应对与青少年积极社会适应显著正相关（r=0.46，p<0.01）。

（三）青少年积极社会适应水平差异检验结果

对青少年积极社会适应水平进行差异检验，结果表明：不同性别的青少年在积极社会适应水平上存在显著性差异，男生的积极社会适应水平要显著高于女生（t_{883}=3.42，$p<0.05$，Cohen’s d=.157），不同年级（初一、初二、初三）青少年在积极社会适应水平上差异不显著（$p>0.05$），是不是留守青少年在积极社会适应水平上也不显著（$p>0.05$）。

（四）教师支持对青少年社会适应的影响：中介模型检验

我们首先采用 Baron 和 Kenny（1986）推荐的逐步法，进行中介效应检验，这个方法分为三个步骤：用假设中的中介对质量做回归变量分析，回归系数达到显著性水平；用因变量（控制变量）对自变量做回归分析，回归系数也达到显著性水平；用因变量（控制变量）对自变量和假设的中介变量同时做回归分析后，中介变量的回归系数达到显著性水平，自变量的回归系数减少，同时满足这三个条件的变量则为中介变量。当自变量（控制变量）的回归系数减少到不显著水平时，说明中介变量起到完全中介作用，自变量（控制变量）完全通过中介变量影响因变量；当自变量（控制变量）的回归系数减少，但是仍旧达到显著水平时，说明中介变量只起到部分中介作用，即自变量（控制变量）一方面通过中介变量影响因变量，同时也直接对因变量起作用。在步骤 1 中放入自变量（教师支持），假设的中介变量为积极应对方式；在步骤 2 中放入自变量（教师支持），因变量为青少年社会积极适应水平，在步骤 3 中放入自变量（教师支持）和假设的中介变量（积极应对方式），因变量为青少年社会积极适应水平。

由步骤 1 可知，教师支持对积极应对方式正向预测作用显著（B=0.25，t=17.13，$p<0.001$）；由步骤 2 可知，教师支持对青少年社会积极适应水平有显著影响（B=0.19，t=13.18，$p<0.001$）；步骤 3 在加入积极应对方式后，教师支持对青少年社会积极适应水平的影响显著降低但仍然显著（B=0.09，t=6.51，$p<0.001$），同时积极应对方式对青少年社会积极适应水平的影响显著（B=0.39，t=18.90，$p<0.001$），这说明积极应对方式起到部分中介作用，本研究的假设得到验证。

为进一步确认中介效应的显著性，我们采用 Hayes 和 Preacher（2010）提出的中介效应检验方法来检验基本心理需求满足的中介作用。Hayes 和 Preacher 提出，自变量（X）、中介变量（M）和因变量（Y）之间的关系可以是线性的也可以是非线性的。中介效应显著需要三个条件：（1）自变量与中介变量显著相关；（2）在控制自变量的直接效应后，中介变量与因变量相关显著；（3）中介效应在 Bootstrap 检验中显著。具体方法为我们使用 Hayes 和 Preacher 编制的 Process 程序（Hayes & Preacher，2010）来进行分析，其中自变量、中介变量与因变量之间均为线性关系，并使用偏差矫正的百分位 Bootstrap 法抽样 5000 次计算出模型的直接效应与间接效应。

结果显示，教师支持对青少年社会积极适应水平影响的直接效应及积极应对方式的中介效应的Bootstrap95%置信区间的上下限均不包含0，表明在教师支持与青少年社会积极适应水平的关系中积极应对方式的中介作用显著。该直接效应（0.09）和中介效应（0.10），分别占总效应（0.19）的 48.66%、51.34%。最终，本研究的研究框架也得到验证。

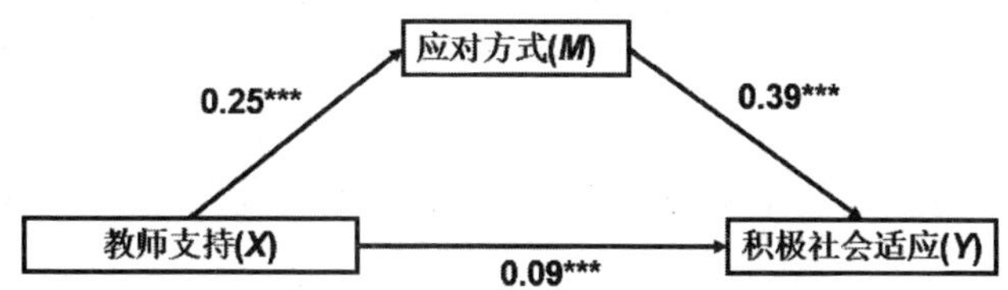

四、讨论

（一）青少年积极社会适应现状分析

调查结果表明青少年积极社会适应处于中等偏下水平，青少年积极社会适应水平有待提高。对不同人口学变量进行了进一步的检验，结果发现：不同性别的青少年在积极社会适应水平上存在显著性差异，这与前人研究结果一致（Ybrandt，2007），这可能是由于自尊的关系。男生得分显著高于女生得分，说明处于青春期阶段的女生往往比男生有更多的抱怨、更低的自尊和更低的自我监控性，女生在青少年阶段，其社会化要求更倾向于维持自己在人际关系中的协调和与他人的情感联系均衡，男生则沿着更加独立和自主的道路发展（Harter，1983），从而导致男生得分显著高于女生得分。不同年级（初一、初二、初三）的青少年在积极社会适应水平上差异并不显著，但是这一结果与 Marsh 等人研究的“高年级时自我出现上升趋势”的结论并不一致，原因有待进一步研究。是不是留守青少年在积极社会适应水平上也不显著，这与赵景欣等人（2012）的研究结果一致。这可能是由于随着年龄的增长，儿童对父母的依赖逐渐降低。生态环境的变化（例如，父母外出打工）在青少年发展中具有特殊的重要性。在这些过渡的时刻，个体由于面临挑战，必须学会适应，发展就会应运而生。在这一过程中，个体的适应结果会受到家庭、同伴与个体特征等不同系统之间交互作用的影响。在亲情相对缺失的不利处境中，留守青少年仍然具有积极适应的可能性,这取决于青少年及其所在的环境系统能否形成应对父母长期不在身边以及其他危险因素(Prinstein 等,2004),良好的校园氛围使得留守青少年在积极社会适应水平上与非留守青少年一致。

(二)教师支持对青少年积极社会适应的影响:应对方式的中介作用

在本研究中,教师支持作为一种积极的心理资源对青少年积极社会适应产生了正向影响。在现实生活中,高教师支持的青少年,他们拥有更多的积极情绪,自我效能感更强,面对纷繁复杂的各种学业、生活、社会任务时可能处理得更为出色,不仅对生活充满希望,而且能够用乐观和坚韧性的心态去迎接生活中的挑战,因此积极社会适应水平比低教师支持的青少年更高。

本研究发现教师支持与青少年积极社会适应呈显著正相关,并且积极应对方式这一变量中介了教师支持和青少年积极社会适应之间的关系,这与前人研究结果相一致。在本研究中,积极应对方式的出现,提高了教师支持对青少年积极社会适应的正向影响,在两者的关系中起到了增强的作用。随着社会的发展,青少年扮演的角色日趋多样化与复杂化,作为一名初中学生,他们不但要面对繁重的学习任务还要面对个人的发展目标以及社会与家长的高期望。如果他们不能及时选择积极的应对方式,舒缓过高的压力,那么极易产生各种随之而来的负面行为。当青少年的应对方式不是积极有效的时候,就会对青少年的身心健康产生消极影响,其中一个重要的表现就是呈现较低的积极社会适应水平。

此外,本研究还发现积极应对方式中介了教师支持和青少年积极社会适应之间的关系。这一结果也印证了自我决定理论(self-determination theory, SDT)模型中得出的结论:青少年基本心理需求得到满足则能极大地激发青少年的内在动机,使其积极追求自我成长,提升学习成绩、减少风险行为、提高幸福感。教师支持作为影响青少年基本心理需求的重大因素,来自教师的支持可以帮助青少年调整其自我认知和评价,从而使得青少年的基本心理需求得到满足,并对青少年的学业成绩以及环境适应有显著的预测效果。SDT 模型认为个体具有天生的追求成长和发展的需要,而个体的基本需要则需要通过外界环境的刺激才能得到满足,从而发挥其功能。教师支持作为外界环境中重要的一环,对青少年学习成绩的提高是有必然联系的。任萍、张云运等(2017)的研究表明,教师对于学生的支持、信任行为可以促进青少年正确的世界观的养成。积极社会适应水平反映了个体处在社会环境的情境下，如何追求与社会环境维持和谐平衡关系的过程，青少年发展阶段的主要任务是完善其自我同一性，清晰其自我概念，并形成积极的自我评价（Judge 等，1998），自我调节理论认为，在面对问题时，个体首先将自身期望与现实环境做比较，然后寻找如何减少这两者之间的差异，最后选择合适的应对方式。自我调节在对其认知、情感、动机和行为过程中有重要作用。也就是说，应对方式也会影响积极社会适应，而 Garnefski 等人（2006）的研究表明积极的应对方式对积极社会适应具有正向影响，自我控制能力可以为 SDT 模型的个体基本需要补充身心能量，表现为应对方式对青少年负面行为的负向预测。具体而言，拥有较积极的应对方式的青少年能量更充足，能够较长远地看待问题，面对较大的学习、生活、发展和社会等压力也能减缓个人资源的消耗，更容易且更多地获得来自教师、同伴、家庭方面的社会支持，具有更多的应对方法以防止人格解体，因此积极应对方式水平高的青少年具有较多的教师支持，因此，这类青少年的积极社会适应水平更高。

整体而言，本研究探讨了教师支持与青少年积极社会适应之间的关系，以及这种关系会受到何种情况的影响，具体而言，在探寻教师支持对青少年积极社会适应产生影响的因素时，成功地验证了积极应对方式在两者之间的中介作用。本研究结果对于理解青少年积极社会适应度影响因素的作用机制和作用过程以及在实践中有效提高青少年积极社会适应具有重要的启示作用。首先，青少年积极社会适应是内部因素和外部因素共同作用的结果，除了需要增强青少年积极应对方式这类内部因素外，还应对教师支持这类重要的外部因素进行优化；同时，本研究通过对青少年个体的内外因素——教师支持、积极应对方式的探讨，将 SDT 模型中社会支持等外部心理资源拓展到内部心理资源。其次，相关职能部门在提高青少年积极社会适应水平的过程中应当立足于青少年本身所具有的个体资源，激发其自我效能感，提高其积极应对水平，用乐观坚韧的态度对待学习和生活。

（三）本研究的不足及研究展望

本研究尚且存在一些不足之处，需要未来的研究加以完善与改进。首先，本研究的样本均来自贵州省遵义市、毕节市、贵阳市三个地区，样本不能代表全国的青少年；其次，人口统计学变量是青少年社会适应研究最基本的影响因素，只对二者进行了统计数据分析，未从其他角度考虑二者之间的关系；最后，运用问卷法进行研究，仅仅被试根据主观情况填写问卷,不能排除一些主观的期望和疲劳效应等被试误差。在未来的研究中,可以增加获取数据的渠道,引入一些客观的方法收集数据,在人口统计学变量在青少年社会适应上的差异分析的基础上,对青少年社会适应的其他影响因素进行进一步的探索,为青少年群体的心理健康问题提供更多有价值的研究。

五、结论

第一,青少年积极社会适应水平处于中等偏下水平。

第二,青少年的积极社会适应水平在性别上存在显著性差异,在年级、是否留守等人口统计学变量上则不存在显著性差异。

第三,教师支持、积极应对方式能有效正向预测青少年积极社会适应水平。即教师支持水平越高,则青少年积极社会适应水平也越高;积极应对方式水平越高,则青少年积极社会适应水平也越高。并且,积极应对方式中介了教师支持和青少年积极社会适应的关系。

第五节　同伴支持对青少年社会适应的影响:应对方式的中介作用

一、问题提出

社会支持是个体所觉察到的来自重要他人或其他群体的尊重、关爱和帮助。大量研究表明,来自重要他人的社会支持是影响青少年心理健康和社会适应的重要因素之一。社会支持与青少年的许多发展结果正相关,如学业适应、心理社会适应;与适应不良的指标呈负相关,如焦虑、抑郁、物质滥用、问题行为等(Pierce,1996;张文娟,邹泓,梁钰苓,2012)。同伴支持(Peer Support)是青少年社会支持的一个重要来源,是年龄相当的个体之间在共同活动、相互协作中建立的一种人际联系。同伴支持与青少年的人际关系密切相关。同伴支持影响个体的社会适应性,尤其是在人际适应性方面,相对于父母,同伴发挥着比父母更大的作用,同伴支持良好的个体会体验到较高的自尊,从而在与同伴的互相信任和互相支持中获得更好的社会适应性(琚晓燕,刘宣文,方晓义,2011)。同伴支持甚至比亲子关系更能影响个体的社会适应性,相较于亲子关系好而同伴支持不好的个体，亲子关系不好而同伴支持好的个体社会适应性更强（Laible, Carlo & Raffaelli, 2000）。同伴沟通和同伴疏离的个体都更多使用网络社交服务，同伴沟通的个体更倾向于利用网络来维系和拓展人际关系，而同伴疏离却对网络成瘾有显著的预测作用，同伴支持不良的个体倾向于依赖互联网来寻求社会支持（雷雳，伍亚娜，2009），以替代现实生活中不良的人际关系（张国华，伍亚娜，雷雳，2009），但这种同伴接纳反而会使个体更加依赖网络（徐夫真，张文新，2011），对个体现实生活中的人际关系产生不利影响（Yeh, Ko, Wu & Cheng, 2008）。对于大多数人来说，青少年是一个特别具有挑战的过渡性时期，既需要面对和完成许多社交、学业等任务，又需要为走向社会、独立承担社会责任做好准备。当青少年个体面临压力或威胁时，同伴支持会给予个体一些精神或物质资源，帮助个体缓解压力，减轻压力带来的不良情绪，是影响个体适应不利处境的重要因素之一。对于处于叛逆期的青少年来说，学校的同学、朋友这些同伴可能是他们社交网络中最值得信赖的成员，是一个特别重要的社会支持来源。

社会适应是个体在不断的学习、交往、发展与创造的过程中，逐渐成为独立的主体去承担社会责任、应对社会环境变化和挑战的心理和行为活动。有研究指出，个体的社会适应从内容分，包括身体适应、心理适应、文化环境适应（陈建文，2001）；袁金辉、陈金牛（2002）认为，社会适应按照心理适应内容分为认知的、情感的、性格的、行为的等方面；从性质分为适应良好和适应不良两方面；从策略分为主动适应和被动防御；从水平则分为掌握、应对、防御。中学生正处在青春期，是个体生理、心理发生急剧变化的特殊时期，是从不成熟过渡到成熟的重要转折期，有许多的自我发展问题待解决。而同伴是影响青少年自我发展一个很重要的因素，个体与同伴之间的关系是预测其社会适应的重要指标，会影响其社会行为表现、对自我的观点、对外在刺激的处理方式。在社会环境中，个体知觉到的同伴支持作为一种信息源，不仅可为其提供关于自我、他人的期望和价值观及解决问题的原则、规范等社会性信息；同时，它又可提供有利于其认同、转化这些社会性信息的外部条件，特别是那些来自不同重要他人的物质的和精神的支持，对满足学生的自尊、胜任、关系等需要有很大的影响。同伴交往是人类的基本需要，也在人类社会化过程中起着重要的作用。人们在满足基本心理需要的过程中，进行着整合，战胜挑战，使成长得以继续，健康得到维持。但如果外界环境使基本心理需要的满足受挫，机体本能地会对环境中的挑战做出最好的反应或最有效的可能实现的适应。也就是说，个体知觉到的同伴支持程度和基本需要的满足情况对其社会适应有影响。

Garnefski 和 Kraaij 在其 2006 年对于应对方式和个体心理适应关系的研究中发现，个体的应对方式对其心理适应具有重要影响。房超、方晓义、李辉等人（2009）提出，大学生的应对方式对其学校适应具有显著的预测作用。社会支持水平对个体采取的应对策略有重要影响（李伟，淘沙，2002）。综上所述，本研究将通过一个中介模型对同伴支持与青少年积极社会适应之间的关系进行深入的探究，主要目的是探究积极应对方式是否为同伴支持与青少年积极社会适应之间的中介变量。通过对以上假设的检验可以进一步了解对青少年积极社会适应产生影响的途径，为在实践中提升青少年积极社会适应提供参考依据。

二、研究方法

（一）研究对象

调查对象来源于贵州省遵义市、毕节市、贵阳市的 6 所比较有代表性的初中学校。共有 1078 名学生参与此次问卷调查，实测回收有效问卷 885 份（$M_{年龄}$=14.31 岁，$SD_{年龄}$=1.32）。其中男生 454 人（51.3%），女生 431 人（48.7%）；223 人为留守学生（25.2%），662 人为非留守学生（74.8%）；初一年级 306 人（34.6%），初二年级 385 人（43.5%），初三年级 194 人（21.9%）。

（二）工具

1. 同伴支持问卷

采用“感知到的学校氛围问卷”中的同伴支持分量表评估个体得到的同伴支持（Jia et al.，2009），共 13 个项目。问卷采用 Likert4 点计分方式，调查对象根据自己的真实情况在“从不”到“总是”的 4 点量表上进行选择。得分越高表示其得到的同伴支持程度越高。在本研究中，量表的 Cronbach's α=0.87。

2. 积极社会适应问卷

采用邹泓、余益兵、周晖等人编制的青少年社会适应状况评估问卷（2012）。本研究选取问卷的四个积极社会适应维度来评估个体的积极社会适应情况，共 27 个项目。问卷采用 Likert5 点计分方式，调查对象根据自己的真实情况在“非常不符合”到“非常符合”的 5 点量表上进行选择。分数越高表示个体有更好的积极社会适应。在本研究中,积极社会适应问卷的 Cronbach's α=0.92。

3. 应对方式问卷

采用解亚宁(1999)编制的简易应对方式问卷。该问卷含积极应对和消极应对两个维度,1–10 题为积极应对方式,11–20 题为消极应对方式。量表采用 Likert 4 点计分方式,被试根据自己的真实情况在"从不采用"到"经常采用"的 4 点量表上进行选择。应对倾向为积极应对得分(Z 分数)减去消极应对得分(Z 分数)。在本研究中,应对方式问卷的 Cronbach's α=0.89。

(三)统计方法

采用常用统计分析软件 SPSS21.0 对数据进行统计分析处理。

三、结果分析

首先对收集到的问卷进行初步的筛查与整理,剔除可以分辨出的未达到筛选要求的问卷。将问卷的数值进行认真录入,并将被试的人口社会统计学资料进行编码对应输入,再将所得到的数据导入 SPSS 进行下一步操作。

(一)共同方法偏差控制与检验

本研究数据均来源于自我报告,测量中可能存在共同方法偏差。因此,在问卷具体施测的过程中采取严格的程序控制(周浩,龙立荣,2004),强调本次问卷调查的匿名性、保密性和数据仅用于科学研究之用等。在此基础上采用 Harman 单因子检验法对可能存在的共同方法偏差进行检验,结果表明特征值大于 1 的因子共 22 个,第一因子的变异解释率为 12.31%,小于 40% 的临界标准。说明本研究的共同方法偏差问题在允许的范围内(熊红星,张璟,叶宝娟,郑雪,孙配贞,2012)。

(二)各变量描述统计结果及相关分析

同伴支持、青少年积极社会适应水平、积极应对方式描述性统计及相关结果:同伴支持(M=2.94, SD=0.55)处于中等偏下水平;青少年积极社会适应水平(M=2.96, SD=0.51)处于中等偏下水平;积极应对方式

（M=2.40，SD=0.52）处于中等偏下水平。同伴支持与青少年积极社会适应显著正相关（r=0.33，p<0.01）、同伴支持与积极社会应对显著正相关（r=0.43，p<0.01）；积极社会应对与青少年积极社会适应显著正相关（r=0.46，p<0.01）。

（三）青少年积极社会适应水平差异检验结果

对青少年积极社会适应水平进行差异检验，结果表明：不同性别的青少年在积极社会适应水平上存在显著性差异，男生的积极社会适应水平要显著高于女生（t_{883}=3.42，p<0.05，Cohen' s d=.157），不同年级（初一、初二、初三）青少年在积极社会适应水平上差异不显著（p>0.05），是不是留守青少年在积极社会适应水平上也不显著（p>0.05）。

（四）同伴支持对青少年社会适应的影响：中介模型检验

我们首先采用 Baron 和 Kenny（1986）推荐的逐步法，进行中介效应检验，这个方法分为三个步骤：用假设中的中介对质量做回归变量分析，回归系数达到显著性水平；用因变量（控制变量）对自变量做回归分析，回归系数也达到显著性水平；用因变量（控制变量）对自变量和假设的中介变量同时做回归分析后，中介变量的回归系数达到显著性水平，自变量的回归系数减少，同时满足这三个条件的变量则为中介变量。当自变量（控制变量）的回归系数减少到不显著水平时，说明中介变量起到完全中介作用，自变量（控制变量）完全通过中介变量影响因变量；当自变量（控制变量）的回归系数减少，但是仍旧达到显著水平时，说明中介变量只起到部分中介作用，即自变量（控制变量）一方面通过中介变量影响因变量，同时也直接对因变量起作用。在步骤 1 中放入自变量（同伴支持），假设的中介变量为积极应对方式；在步骤 2 中放入自变量（同伴支持），因变量为青少年社会积极适应水平，在步骤 3 中放入自变量（同伴支持）和假设的中介变量（积极应对方式），因变量为青少年社会积极适应水平。

由步骤 1 可知，同伴支持对积极应对方式正向预测作用显著（B=0.41，t=20.91，p<0.001）；由步骤 2 可知，同伴支持对青少年社会积极适应水平有显著影响（B=0.31，t=15.41，p<0.001）；步骤 3 在加入积极应对方式后，同伴支持对青少年社会积极适应水平的影响显著降低但仍然显著（B=0.15，t=7.48，p<0.001），同时积极应对方式对青少年社会积极适应水平的影响显著（B=0.38，t=17.47，p<0.001），这说明积极应对方式起到部分中介作用，本研究的假设得到验证。

为进一步确认中介效应的显著性，我们采用 Hayes 和 Preacher（2010）提出的中介效应检验方法来检验基本心理需求满足的中介作用。Hayes 和 Preacher 提出，自变量（*X*）、中介变量（*M*）和因变量（*Y*）之间的关系可以是线性的也可以是非线性的。中介效应显著需要三个条件：（1）自变量与中介变量显著相关；（2）在控制自变量的直接效应后，中介变量与因变量相关显著；（3）中介效应在 Bootstrap 检验中显著。具体方法为我们使用 Hayes 和 Preacher 编制的 Process 程序（Hayes & Preacher，2010）来进行分析，其中自变量、中介变量与因变量之间均为线性关系，并使用偏差矫正的百分位 Bootstrap 法抽样 5000 次计算出模型的直接效应与间接效应。

结果显示，同伴支持对青少年社会积极适应水平影响的直接效应及积极应对方式的中介效应的Bootstrap95% 置信区间的上下限均不包含 0，表明在同伴支持与青少年社会积极适应水平的关系中积极应对方式的中介作用显著。该直接效应（0.15）和中介效应（0.15）分别占总效应（0.31）的 49.94%、50.06%。最终，本研究的研究框架也得到验证。

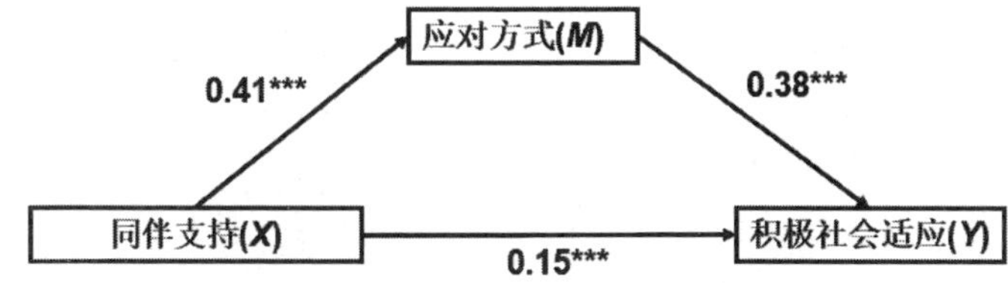

四、讨论

（一）青少年积极社会适应现状分析

调查结果表明青少年积极社会适应处于中等偏下水平，青少年积极社会适应水平有待提高。对不同人口学变量进行了进一步的检验，结果发现：不同性别的青少年在积极社会适应水平存在显著性差异，这与前人研究结果一致（Ybrandt，2007），这可能是由于自尊的关系。男生得分显著高于女生得分，说明处于青春期阶段的女生往往比男生有更多的抱怨、更低的自尊和更低的自我监控性，女生在青少年阶段，其社会化要求更倾向于维持自己在人际关系中的协调和与他人的情感联系均衡，男生则沿着更加独立和自主的道路发展（Harter，1983），从而导致男生得分显著高于女生得分。不同年级（初一、初二、初三）的青少年在积极社会适应水平上差异并不显著，但是这一结果与 Marsh、Freeman 等人研究的“高年级时自我出现上升趋势”的结论并不一致，原因有待进一步研究。是不是留守青少年在积极社会适应水平上也不显著，这与赵景欣等人(2012)的研究结果一致。这可能是由于随着年龄的增长，儿童对父母的依赖逐渐降低。生态环境的变化(例如，父母外出打工)在青少年发展中具有特殊的重要性。在这些过渡的时刻，个体由于面临挑战，必须学会适应，发展就会应运而生。在这一过程中，个体的适应结果会受到家庭、同伴与个体特征等不同系统之间交互作用的影响。在亲情相对缺失的不利处境中，留守青少年仍然具有积极适应的可能性，这取决于青少年及其所在的环境系统能否形成应对父母长期不在身边以及其他危险因素(Prinstein 等，2004)，良好的校园氛围使得留守青少年在积极社会适应水平上与非留守青少年一致。

（二）同伴支持对青少年积极社会适应的影响：应对方式的中介作用

在本研究中，应对方式中介了同伴支持和青少年积极社会适应之间的关系。这一结果也印证了自我决定理论(self-determination theory，SDT)模型中得出的结论：青少年基本心理需求得到满足则能极大地激发青少年的内在动机，使得其积极追求自我成长，提升学习成绩、减少风险行为、提高幸福感。Laible 等人(2000)的研究发现，同伴支持良好对社会适应良好的重要性比父母还重要。同时同伴支持良好的个体的自尊体验也较高，从而社会适应性也较高(琚晓燕，刘宣文，方晓义，2011)。同伴支持作为影响青少年基本心理需求的重大因素，来自同伴的支持可以帮助青少年调整其自我认知和评价，从而使得青少年的基本心理需求得到满足，并对青少年的学业成绩以及环境适应有显著的预测效果。SDT 模型认为个体具有天生的追求成长和发展的需要，而个体的基本需要则需要通过外界环境的刺激才能得到满足，从而发挥其功能。同伴提供的支持可以为青少年提供更多的选择、更好的沟通和更及时的反馈等，从而满足青少年成长和发展的需要，从而使得青少年从中获得社会技能、行为、态度和体验等，并对其社会适应结果产生影响(Rubin, Bukowski & Parker，2006)。积极社会适应水平反映了个体处在社会环境的情境下，如何追求与社会环境维持和谐平衡关系的过程，青少年发展阶段的主要任务是完善其自我同一性，清晰其自我概念，并形成积极的自我评价(Judge 等，1998)自我调节理论认为，在面对问题时，个体首先将自身期望与现实环境做比较，然后寻找如何减少这两者之间的差异，最后选择合适的应对方式。自我调节在对其认知、情感、动机和行为过程中有重要作用。也就是说，应对方式也会影响积极社会适应，房超、方晓义、李辉等人（2009）提出，大学生的应对方式对其学校适应具有显著的预测作用。社会支持水平对个体采取的应对策略有重要影响（李伟，淘沙，2002），自我控制能力可以为SDT模型的个体基本需要补充身心能量，表现为应对方式对青少年负面行为的负向预测。具体而言，拥有较积极的应对方式的青少年他们的能量更充足，能够较长远地看待问题，面对大量的学习、生活、发展和社会等压力也能减缓个人资源的消耗，更容易且更多地获得来自教师、同伴、家庭方面的社会支持，具有更多的应对方法以防止人格解体，因此，积极应对方式水平高的青少年具有较多的教师支持，因此，这类青少年的积极社会适应水平更高。

本研究发现，同伴支持作为一种积极的心理资源对青少年积极社会适应产生了正向影响。在现实生活中，高同伴支持的青少年拥有更多的积极情绪，自我效能感更强，面对纷繁复杂的各种学业、生活、社会任务时可能处理得更为出色，不仅对生活充满希望，而且能够用乐观和坚韧的心态去迎接生活中的挑战，因此积极社会适应水平比低同伴支持的青少年更高。

此外，本研究还发现同伴支持与青少年积极社会适应呈显著正相关，并且积极应对方式这一变量中介了同伴支持和青少年积极社会适应之间的关系，这与前人研究结果相一致。在本研究中，积极应对方式的出现，提高了同伴支持对青少年积极社会适应的正向影响，在两者的关系中起到了增强的作用。随着社会的发展，青少年扮演的角色日趋多样化与复杂化，作为一名初中学生，他们不但要面对繁重的学习任务还要面对个人的发展目标以及社会与家长的高期望。如果他们不能及时进行良好的自我控制，舒缓过高的压力，那么极易产生各种随之而来的负面行为。当自我控制能力不能得到有效的使用时，就会对青少年的身心健康产生消极影响，其中一个重要的表现就是呈现较低的积极社会适应水平。

整体而言，本研究探讨了同伴支持与青少年积极社会适应之间的关系，以及这种关系会受到何种情况的影响，具体而言，在探寻同伴支持对青少年积极社会适应产生影响的因素时，成功地验证了积极应对方式在两者之间的中介作用。本研究结果对于理解青少年积极社会适应度影响因素的作用机制和作用过程以及在实践中有效提高青少年积极社会适应具有重要的启示作用。首先，青少年积极社会适应是内部因素和外部因素共同作用的结果，除了需要增强青少年积极应对方式这类内部因素外，还应对同伴支持等这类重要的外部因素进行优化；同时，本研究通过对青少年个体的内外因素——同伴支持、积极应对方式的探讨，将SDT模型中社会支持等外部心理资源拓展到内部心理资源。其次,相关职能部门在提高青少年积极社会适应水平的过程中应当立足于青少年本身所具有的个体资源,激发其自我效能感,提高其积极应对水平,用乐观坚韧的态度对待学习和生活。

（三）本研究的不足及研究展望

本研究尚且存在一些不足之处,需要未来的研究加以完善与改进。首先,本研究的样本均来自贵州省遵义市、毕节市、贵阳市三个地区,样本不能代表全国的青少年;其次,人口统计学变量是青少年社会适应研究最基本的影响因素,只对二者进行了统计数据分析,未从其他角度考虑二者之间的关系;最后,运用问卷法进行研究,仅仅被试根据主观情况填写问卷,不能排除一些主观的期望和疲劳效应等被试误差。在未来的研究中,可以增加获取数据的渠道,引入一些客观的方法收集数据,在人口统计学变量在青少年社会适应上的差异分析的基础上,对青少年社会适应的其他影响因素进行进一步的探索,为青少年群体的心理健康问题提供更多有价值的研究。

五、结论

第一,青少年积极社会适应水平处于中等偏下水平。

第二,青少年的积极社会适应水平在性别上存在显著性差异,在年级、是否留守等人口统计学变量上则不存在显著性差异。

第三,同伴支持、积极应对方式能有效正向预测青少年积极社会适应水平。即同伴支持水平越高,则青少年积极社会适应水平也越高;积极应对方式水平越高,则青少年积极社会适应水平也越高。并且积极应对方式中介了同伴支持和青少年积极社会适应的关系。

第六节　自主机会对青少年社会适应的影响:应对方式的中介作用

一、问题提出

青少年在校时间占据其觉醒时间的三分之二多,学校经历无疑是家庭经历之外对青少年身心产生深远影响的另一重要微环境(Eccles & Roeser,2011)。Reichers 和 Schneider(1990)提出的生态系统理论的观点指出,环境因素对青少年心理发展有显著的影响,校园氛围作为对青少年活动最主要的环境之一,在青少年的心理发展中扮演着重要角色。在学生的校园生活中,针对学生的在校表现,校园氛围是一个强有力的预测指标。已有研究表明,当教师支持、同伴支持等积极校园氛围与青少年犯罪等不良行为呈显著负相关(Wang & Dishion, 2012)。青少年感知到的校园氛围会对其认识和态度的形成产生重要影响,从而对其学业成就产生进一步的影响(朱新筱,2005)。青少年如果感知到的是积极的校园氛围,其学习动机就越高,学业成就也越高(Mcevoy & Welker, 2000)。还有研究发现,当学生在校园中体验到教师、同伴和自主支持,会使得青少年更有动力去学习,学业成绩提高(郑圆皓,张卫等,2015)。针对中美青少年进行的一项研究发现,校园氛围越好,则青少年的抑郁症状越少。(Jia, Ling & Chen, 2009)。一项纵向研究的结果表明,中学生感知到的积极校园氛围与其抑郁症状呈显著负相关,中学生感知到的程度越高,其感到抑郁的可能性就越小(Wang,2009)。青少年对学校中的人际氛围和教学氛围非常敏感,渴望与他人建立深层次的关系,期待获得更多学习上的自主权(Roesert, 2000)。校园氛围与青少年的社会适应也密切相关,Way 等人(2007)的研究表明,校园氛围中自主机会的提升与青少年的自尊呈正相关,自主机会越多的青少年也会拥有越高的自尊水平。

适应和社会适应是个体发展与成熟的重要标准,也是心理学研究的重要内容。在现有的研究中,将适应或适应行为基本上看成是一致的。不同之处在于适应界定是偏重于个体的内在的心理品质的描述,而适应行为则强调个体心理发展的行为表现。在心理学中对适应进行研究时通常分为三个层次,第一个层次是生物学意义上的适应,即生理适应,是指个体为求得自身生存而在生理功能和心理结构方面的发展与完善,所有的器官都是随着环境不断变化发展的。二是心理上的适应,心理适应性,或称心理适应能力,是人的一种综合性心理特征,指个体在社会组织系统、群体或文化经济因素的变化中,其生存功能、发展和目标的实现相应的变化的能力。三是对社会生活环境的适应,包括为了生存而使自己的行为符合社会要求的适应和努力改变环境以使自己能够获得更好发展的适应,即社会适应。T. Parsons 指出,适应是指个体和环境互动的过程,这个过程可分为两种:其一是“个体必须对环境所强加的现实要求有一种顺应”,二是“积极的情境改造过程”,即个体主动调整自己的机体和心理状态,使自己的行为符合环境条件的要求,以及努力改变环境条件使自己能够获得更好发展的能力倾向(卢谢峰,2003)。

社会适应是与每个人所面对的生活、工作、学习和人际关系的问题和压力分不开的,因此,社会适应在很大程度上就是旨在面临问题和压力的应对过程(Foumet,1998)。由于人们之间的基本的人格特征的差异导致人们在面对压力时呈现不同的反应,从而不同的人一般拥有不同的应对策略。情境论者则认为环境要求和情境特征引起不同的应对策略。人们在面对压力时将采取何种应对策略,必须考虑环境刺激的因素。传递交互作用论取向(the transactionist approach)则认为在整个适应过程中,个体、情境因素和应对过程三方面交互作用。综上所述,本研究将通过一个中介模型对自主机会与青少年积极社会适应之间的关系进行深入的探究,主要目的是探究积极应对方式是否为自主机会与青少年积极社会适应之间的中介变量。通过对以上假设的检验可以进一步了解对青少年积极社会适应产生影响的途径,为在实践中提升青少年积极社会适应提供参考依据。

二、研究方法

(一)研究对象

调查对象来源于贵州省遵义市、毕节市、贵阳市的6所比较有代表性的初中学校。共有1078名学生参与此次问卷调查,实测回收有效问卷885份($M_{年龄}$=14.31岁,$SD_{年龄}$=1.32)。其中男生454人(51.3%),女生431人(48.7%);223人为留守学生(25.2%),662人为非留守学生(74.8%);初一年级306人(34.6%),初二年级385人(43.5%),初三年级194人(21.9%)。

(二)工具

1. 自主机会问卷

采用“感知到的学校氛围问卷”中的自主机会分量表评估个体得到的自主机会(Jia et al.,2009),共5个项目。问卷采用Likert4点计分方式,调查对象根据自己的真实情况在“从不”到“总是”的4点量表上进行选择。得分越高表示其得到的自主机会越多。在本研究中,量表的Cronbach's α=0.90。

2. 积极社会适应问卷

采用邹泓、余益兵、周晖等人编制的青少年社会适应状况评估问卷（2012）。本研究选取问卷的四个积极社会适应维度来评估个体的积极社会适应情况，共27个项目。问卷采用Likert5点计分方式，调查对象根据自己的真实情况在“非常不符合”到“非常符合”的5点量表上进行选择。分数越高表示个体有越好的积极社会适应。在本研究中，积极社会适应问卷的Cronbach's α=0.92。

3. 青少年自我控制能力问卷

采用王红姣与卢家楣编制的青少年自我控制能力问卷（2004）。该问卷分为行为控制等三个维度，共36个题目。问卷采用Likert5点计分方式，调查对象根据自己的真实情况在“非常不符合”到“非常符合”的5点量表上进行选择。分数越高表示个体自我控制能力越高。在本研究中，自我控制能力问卷的Cronbach's α=0.89。

（三）统计方法

采用常用统计分析软件SPSS21.0对数据进行统计分析处理。

三、结果分析

首先对收集到的问卷进行初步的筛查与整理，剔除可以分辨出的未达到筛选要求的问卷。将问卷的数值进行认真录入，并将被试的人口社会统计学资料进行编码对应输入，再将所得到的数据导入SPSS进行下一步操作。

（一）共同方法偏差控制与检验

本研究数据均来源于自我报告，测量中可能存在共同方法偏差。因此，在问卷具体施测的过程中采取严格的程序控制（周浩，龙立荣，2004），强调本次问卷调查的匿名性、保密性和数据仅用于科学研究之用等。在此基础上采用Harman单因子检验法对可能存在的共同方法偏差进行检验，结果表明特征值大于1的因子共30个，第一因子的变异解释率为10.88%，小于40%的临界标准。说明本研究的共同方法偏差问题在允许的范围内（熊红星，张璟，叶宝娟，郑雪，孙配贞，2012）。

（二）各变量描述统计结果及相关分析

自主机会、青少年积极社会适应水平、积极应对方式描述性统计及相关结果：自主机会（M=2.35，SD=0.60）处于中等偏下水平；青少年积极社会适应水平（M=2.96，SD=0.51）处于中等偏下水平；积极应对方式（M=2.40，SD=0.52）处于中等偏下水平。自主机会与青少年积极社会适应显著正相关（r=0.36，p<0.01）、自主机会与积极应对方式显著正相关（r=0.51，p<0.01）；积极应对方式与青少年积极社会适应显著正相关（r=0.46，p<0.01）。

（三）青少年积极社会适应水平差异检验结果

对青少年积极社会适应水平进行差异检验，结果表明：不同性别的青少年在积极社会适应水平上存在显著性差异，男生的积极社会适应水平要显著高于女生（t_{883}=3.42，p<0.05，Cohen's d=.157），不同年级（初一、初二、初三）青少年在积极社会适应水平上差异不显著（p>0.05），是不是留守青少年在积极社会适应水平上也不显著（p>0.05）。

（四）自主机会对青少年社会适应的影响：中介模型检验

我们首先采用 Baron 和 Kenny（1986）推荐的逐步法进行中介效应检验，这个方法分为三个步骤：用假设中的中介对质量做回归变量分析，回归系数达到显著性水平；用因变量（控制变量）对自变量做回归分析，回归系数也达到显著性水平；用因变量（控制变量）对自变量和假设的中介变量同时做回归分析后，中介变量的回归系数达到显著性水平，自变量的回归系数减少，同时满足这三个条件的变量则为中介变量。当自变量（控制变量）的回归系数减少到不显著水平时，说明中介变量起到完全中介作用，自变量（控制变量）完全通过中介变量影响因变量；当自变量（控制变量）的回归系数减少，但是仍旧达到显著水平时，说明中介变量只起到部分中介作用，即自变量（控制变量）一方面通过中介变量影响因变量，同时也直接对因变量起作用。在步骤 1 中放入自变量（自主机会），假设的中介变量为积极应对方式；在步骤 2 中放入自变量（自主机会），因变量为青少年社会积极适应水平，在步骤 3 中放入自变量（自主机会）和假设的中介变量（积极应对方式），因变量为青少年社会积极适应水平。

由步骤 1 可知，自主机会对积极应对方式正向预测作用显著

（B=0.45，t=26.1，p<0.001）；由步骤 2 可知，自主机会对青少年社会积极适应水平有显著影响（B=0.28，t=15.62，p<0.001）；步骤 3 在加入积极应对方式后，自主机会对青少年社会积极适应水平的影响显著降低但仍然显著（B=0.12，t=5.89，p<0.001），同时积极应对方式对青少年社会积极适应水平的影响显著（B=0.38，t=16.58，p<0.001），这说明积极应对方式起到部分中介作用，本研究的假设得到验证。

为进一步确认中介效应的显著性，我们采用 Hayes 和 Preacher（2010）提出的中介效应检验方法来检验基本心理需求满足的中介作用。Hayes 和 Preacher 提出，自变量（X）、中介变量（M）和因变量（Y）之间的关系可以是线性的也可以是非线性的。中介效应显著需要三个条件：（1）自变量与中介变量显著相关；（2）在控制自变量的直接效应后，中介变量与因变量相关显著；（3）中介效应在 Bootstrap 检验中显著。具体方法为我们使用 Hayes 和 Preacher 编制的 Process 程序（Hayes & Preacher，2010）来进行分析，其中自变量、中介变量与因变量之间均为线性关系，并使用偏差矫正的百分位 Bootstrap 法抽样 5000 次计算出模型的直接效应与间接效应。

结果显示，自主机会对青少年社会积极适应水平影响的直接效应及积极应对方式的中介效应的 Bootstrap95% 置信区间的上下限均不包含 0，表明在同伴支持与青少年社会积极适应水平的关系中积极应对方式的中介作用显著。该直接效应（0.12）和中介效应（0.17）分别占总效应（0.28）的 41.03%、58.97%。最终，本研究的研究框架也得到验证。

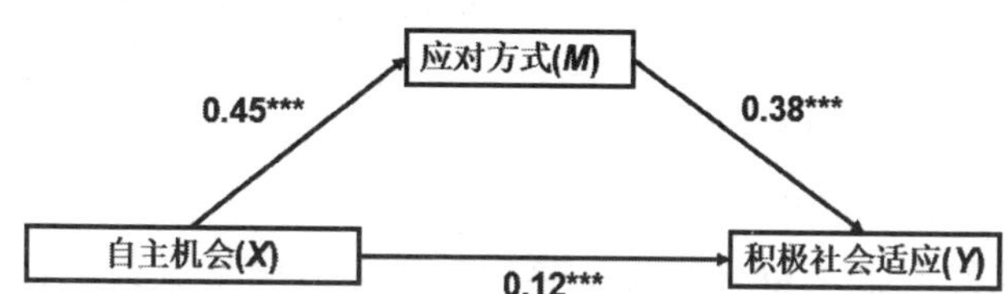

四、讨论

（一）青少年积极社会适应现状分析

调查结果表明青少年积极社会适应处于中等偏下水平，青少年积极社会适应水平有待提高。对不同人口学变量进行了进一步的检验，结果发现：不同性别的青少年在积极社会适应水平上存在显著性差异，这与前人的研究结果一致（Ybrandt，2007），这可能是由于自尊的关系。男生得分显著高于女生得分，说明处于青春期阶段的女生往往比男生有更多的抱怨、更低的自尊和更低的自我监控性,女生在青少年阶段,其社会化要求更倾向于维持自己在人际关系中的协调和与他人的情感联系均衡,男生则沿着更加独立和自主的道路发展(Harter,1983),从而导致男生得分显著高于女生得分。不同年级(初一、初二、初三)的青少年在积极社会适应水平上差异并不显著,但是这一结果与Marsh等人研究的“高年级时自我出现上升趋势”的结论并不一致,原因有待进一步研究。是不是留守青少年在积极社会适应水平上也不显著,这与赵景欣等人(2012)的研究结果一致。这可能是由于随着年龄的增长,儿童对父母的依赖逐渐降低。生态环境的变化(例如,父母外出打工)在青少年发展中具有特殊的重要性。在这些过渡的时刻,个体由于面临挑战,必须学会适应,发展就会应运而生。在这一过程中,个体的适应结果会受到家庭、同伴与个体特征等不同系统之间交互作用的影响。在亲情相对缺失的不利处境中,留守青少年仍然具有积极适应的可能性,这取决于青少年及其所在的环境系统能否形成应对父母长期不在身边以及其他危险因素(Prinstein等,2004),良好的校园氛围使得留守青少年在积极社会适应水平上与非留守青少年一致。

(二)自主机会对青少年积极社会适应的影响:应对方式的中介作用

在本研究中,自主机会作为一种积极的心理资源对青少年积极社会适应产生了正向影响。在现实生活中,高自主机会的青少年拥有更多的积极情绪,自我效能感更强,面对纷繁复杂的各种学业、生活、社会任务时可能处理得更为出色,不仅对生活充满希望,而且能够用乐观和坚韧的心态去迎接生活中的挑战,因此积极社会适应水平比低自主机会的青少年更高。

本研究发现自主机会与青少年积极社会适应呈显著正相关,并且自我控制能力这一变量中介了自主机会和青少年积极社会适应之间的关系,这与前人研究结果相一致。在本研究中,自我控制能力的出现提高了自主机会对青少年积极社会适应的正向影响,在两者的关系中起到了增强的作用。随着社会的发展,青少年扮演的角色日趋多样化与复杂化,作为一名初中学生,他们不但要面对繁重的学习任务,还要面对个人的发展目标以及社会与家长的高期望。如果他们不能及时进行良好的自我控制,舒缓过高的压力,那么极易产生各种随之而来的负面行为。当自我控制能力不能得到有效的使用时,就会对青少年的身心健康产生消极影响,其中一个重要的表现就是呈现较低的积极社会适应水平。

此外，本研究还发现自我控制能力中介了自主机会和青少年积极社会适应之间的关系。这一结果也印证了自我决定理论（self-determination theory，SDT）模型中得出的结论：青少年基本心理需求得到满足则能极大地激发青少年的内在动机，使得其积极追求自我成长，提升学习成绩、减少风险行为、提高幸福感。自主机会作为影响青少年基本心理需求的重大因素，来自自主机会的支持可以帮助青少年调整其自我认知和评价，从而使得青少年的基本心理需求得到满足，并对青少年的学业成绩以及环境适应有显著的预测效果。SDT 模型认为个体具有天生的追求成长和发展的需要，而个体的基本需要则需要通过外界环境的刺激才能得到满足，从而发挥其功能。自主机会的支持可以为青少年提供更多的选择、更好的沟通和更及时的反馈等，从而满足青少年成长和发展的需要，从而保证其更有效地投入学习、更好的适应行为等（Cohen，2009）。积极社会适应水平反映了个体处在社会环境的情境下，如何追求与社会环境维持和谐平衡关系的过程，青少年发展阶段的主要任务是完善其自我同一性，清晰其自我概念，并形成积极的自我评价（Judge 等，1998），自我调节理论认为，在面对问题时，个体首先将自身期望与现实环境做比较，然后寻找如何减少这两者之间的差异，最后选择合适的应对方式。自我调节在对其认知、情感、动机和行为过程中有重要作用。也就是说，应对方式也会影响积极社会适应，房超、方晓义、李辉等人（2009）提出，大学生的应对方式对其学校适应具有显著的预测作用。社会支持水平对个体采取的应对策略有重要影响（李伟，淘沙，2002），自我控制能力可以为 SDT 模型的个体基本需要补充身心能量，表现为应对方式对青少年负面行为的负向预测。具体而言，拥有较积极的应对方式的青少年能量更充足，能够较长远地看待问题，面对较大的学习、生活、发展和社会等压力也能减缓个人资源的消耗，更容易且更多地获得来自教师、同伴、家庭方面的社会支持，具有更多的应对方法以防止人格解体，因此积极应对方式水平高的青少年具有较多的教师支持，因此，这类青少年的积极社会适应水平更高。

整体而言，本研究探讨了自主机会与青少年积极社会适应之间的关系，以及这种关系会受到何种情况的影响，具体而言，在探寻自主机会对青少年积极社会适应产生影响的因素时，成功地验证了自我控制能力在两者之间的中介作用。本研究结果对于理解青少年积极社会适应度影响因素的作用机制和作用过程以及在实践中有效提高青少年积极社会适应具有重要的启示作用。首先，青少年积极社会适应是内部因素和外部因素共同作用的结果，除了需要增强青少年自我控制能力这类内部因素外，还应对自主机会等这类重要的外部因素进行优化；同时，本研究通过对青少年个体的内外因素——自主机会、自我控制能力的探讨，将SDT模型中社会支持等外部心理资源拓展到内部心理资源。其次，相关职能部门在提高青少年积极社会适应水平的过程中应当立足于青少年本身所具有的个体资源，激发其自我效能感，提高其自我控制能力，用乐观坚韧的态度对待学习和生活。

（三）本研究的不足及研究展望

本研究尚且存在一些不足之处，需要未来的研究加以完善与改进。首先，本研究的样本均来自贵州省遵义市、毕节市、贵阳市三个地区，样本不能代表全国的青少年；其次，人口统计学变量是青少年社会适应研究最基本的影响因素，只对二者进行了统计数据分析，未从其他角度考虑二者之间的关系；最后，运用问卷法进行研究，仅仅被试根据主观情况填写问卷，不能排除一些主观的期望和疲劳效应等被试误差。在未来的研究中，可以增加获取数据的渠道，引入一些客观的方法收集数据，在人口统计学变量在青少年社会适应上的差异分析的基础上，对青少年社会适应的其他影响因素进行进一步的探索，为青少年群体的心理健康问题提供更多有价值的研究。

五、结论

第一，青少年积极社会适应水平处于中等偏下水平。

第二，青少年的积极社会适应水平在性别上存在显著性差异，在年级、是否留守等人口统计学变量上则不存在显著性差异。

第三，自主机会、积极应对方式能有效正向预测青少年积极社会适应水平。即自主机会水平越高，则青少年积极社会适应水平也越高；积极应对方式水平越高，则青少年积极社会适应水平也越高。并且，积极应对方式中介了自主机会和青少年积极社会适应的关系。

第八章　家校共育对青少年社会适应的影响

家庭、学校、社会等因素会对青少年的社会适应产生影响，这些因素是如何对青少年社会适应产生影响需要研究者进一步深入的探讨。本章将重点讨论家庭因素、学校因素、个体因素对青少年社会适应的影响机制和影响过程。

第一节　父母教养方式和教师支持对青少年社会适应的影响

一、问题提出

青少年社会适应是青少年的核心发展任务，但由于家庭教育缺位、社会支持力度不够等因素的影响，青少年的社会适应情况不容乐观。从适应的功能上看，“适应不良”并不只是“良好适应”的反面，消极社会适应增多并不一定意味着积极社会适应减少。尽管有相当部分的青少年出现了诸如自卑、抑郁、学习成绩下滑、逃学、手机依赖等内隐和外显社会适应问题。但是，根据积极心理学的观点，更应当讨论如何有效提高青少年的社会适应水平，从而促进其全面健康成长（Cowen，1994）。因此，有必要探究哪些因素会对青少年的社会适应起到促进作用，并深入探讨这些因素“怎样”影响以及“何时”影响青少年社会适应。这也是贵州省教育保障工作需要直面的科学问题。

家庭系统理论认为，家庭是影响青少年发展最直接、最持久的微观环境（Garbarino，2008）。研究者一直将家庭因素（家庭功能、亲子关系、父母控制、父母教养方式等）看成是影响青少年社会适应的重要外在因素，进行了大量的研究（李彩娜，张曼，冯建新，2010；刘文婧，许志星，邹泓，2012）。这其中，父母教养方式作为亲子互动的核心部分，更是受到了研究者的极大关注。实证研究表明，父母教养方式会对个体的社会适应产生持续影响，父母采用“温暖与理解”等积极教养方式能促进个体的发展，降低个体出现内隐和外显问题行为的可能性；而父母采用“拒绝与否认”等消极教养方式将阻碍个体的发展，导致个体出现诸如抑郁、学习不良、网络成瘾等社会适应问题（徐慧，张建新，张梅玲，2008）。值得注意的是，前人的研究集中在父母教养方式对消极社会适应的影响，主要探讨消极教养方式对社会适应问题的影响及其机制（何婷，宋子婧，丁菀，刘伟，蔺秀云，2018）。从积极心理学的视角出发，探讨与个体的幸福、力量和成长相关联的积极社会适应及其保护性因素理应更受到研究者的关注。研究发现，良好的亲子依恋、健康的家庭功能等家庭因素的积极方面是青少年积极社会适应的保护性因素，能显著正向预测青少年的积极社会适应（邹泓等，2015）。据此，提出研究假设 1：积极父母教养方式显著正向预测青少年的积极社会适应。

父母教养方式是如何影响青少年的社会适应呢？文献分析发现，自我控制能力可能是父母教养方式影响青少年社会适应的中介变量。自我控制能力是指个体按照社会标准或自己的意愿，对自己的行为、情绪和认知活动等进行约束、管理的能力（王红姣，卢家楣，2004）。自我控制能力不但是个体积极心理品质的重要组成部分，也是个体社会适应能力高低的决定性因素。为什么自我控制能力可以中介父母教养方式对青少年社会适应的影响？首先，个体自我控制能力的形成和发展受到家庭功能、父母教养方式等家庭因素的直接影响，家庭因素是个体自我控制能力最为稳定的预测变量之一。父母采用过度保护等消极教养方式会使得个体的自主性的发展受到阻碍，导致个体出现不良自我控制特征，不能有效控制自身的情绪和行为。同时，实证研究表明，父母采取积极教养方式能有效促进个体自我控制能力的发展（吴云龙，毛小霞，田录梅，2017）。其次，自我控制能力不但能有效抑制个体的问题行为，还能有效正向预测个体的积极心理品质和行为。相关研究表明，与低自我控制能力个体相比，高自我控制能力的个体更不易出现网络成瘾、攻击性行为、吸烟、饮酒、吸毒、违法犯罪等社会适应问题（王琼，肖桃，刘慧瀛，胡伟，2019；纪伟标，王玲，莫宏媛，刘菁菁，程云玮，2013）。并且，自我控制能力对个体的亲社会行为、学习适应、网络适应、社会责任感等积极心理品质和行为具有显著的正向预测作用（罗蕾，明桦，田园，夏小庆，黄四林，2018）。因此，提出研究假设 2：自我控制能力中介了积极父母教养方式对青少年积极社会适应的影响。

发展心理学一直将家庭、同伴和学校看成是影响青少年发展最为直接的微观系统。生态系统理论以及发展情境论认为不但要重视各个微观系统对青少年发展的独立影响，更强调要关注这些微观系统对青少年发展及社会适应的交互作用(Bronfenbrenner，1979；Lerner，2002)。重叠领域理论认为家庭、社区和学校的积极因素既能各自单独促进青少年的发展，也可以相互合作共同推动青少年的发展(Epstein & Sanders，2006)。具体而言，父母积极教养方式和教师支持这两种青少年发展的保护性因素对个体发展的交互作用可能存在两种模式："锦上添花"和"美不胜收"，这两种模式说明了来自不同微观系统的保护性因素如何共同影响个体的发展。"锦上添花"模式认为，来自学校的保护性因素能放大或增强来自家庭的保护性因素的有利影响。在教师支持较多时，父母积极教养方式对个体发展和社会适应的促进作用会更大，教师支持会使来自更多采用"温暖与支持"等积极教养方式家庭的个体受益。"美不胜收"模式认为，来自学校的保护性因素会"削弱"来自家庭的保护性因素的积极作用。在教师支持较少时，父母积极教养方式对个体发展和社会适应的促进作用会更大，教师支持会使来自更少采用"温暖与支持"等积极教养方式家庭的个体受益。因此，提出研究假设3：教师支持不仅调节了父母积极教养方式与青少年自我控制能力的关系，而且调节了父母积极教养方式与青少年积极社会适应的关系，对调节模式("锦上添花"vs"美不胜收")不做具体假设。

综上所述，本研究提出一个有调节的中介模型(图8-1)，目的在于：第一，探讨父母积极教养方式是否能显著正向预测青少年的积极社会适应；第二，探究自我控制能力能否中介父母积极教养方式对青少年积极社会适应的影响，并进一步检验这个中介过程是否受到了教师支持的调节。通过对该模型的检验进一步了解父母积极教养方式"如何"以及"何时"对青少年的积极社会适应产生影响，为实践中有效提高青少年积极社会能力提供可参考的依据。

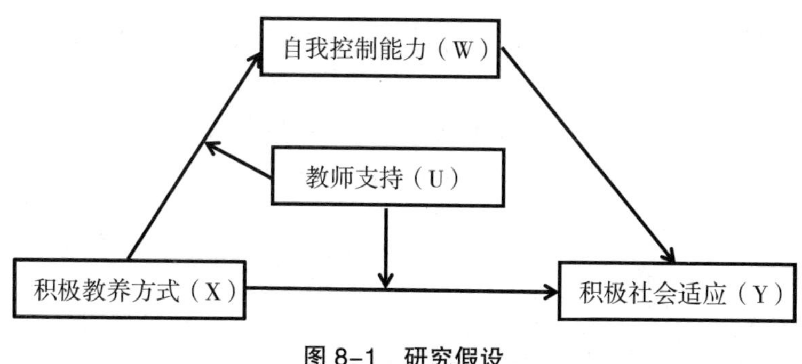

图8-1　研究假设

二、研究方法

（一）研究对象

研究对象来源于贵州省遵义市、毕节市、贵阳市的6所比较有代表性的初中学校。共有1078名学生参与此次问卷调查，实测回收有效问卷885份（$M_{年龄}$=14.31岁，$SD_{年龄}$=1.32）。其中男生454人（51.3%），女生431人（48.7%）；223人为留守学生（25.2%），662人为非留守学生（74.8%）；初一年级306人（34.6%），初二年级385人（43.5%），初三年级194人（21.9%）。

（二）工具

1. 父母积极教养方式问卷

采用“简式父母教养方式”问卷中的父母温暖分量表评估个体感知到的父母积极教养方式（蒋奖，鲁峥嵘，蒋苾菁，许燕，2010），问卷共7个项目，如“我觉得父/母亲尽量使我的青少年时期的生活更有意义和丰富多彩”。问卷采用Likert4点计分方式，调查对象根据自己的真实情况在“从不”到“总是”的4点量表上进行选择。该问卷分别考察个体感知到的父亲温暖和母亲温暖，最后通过计算母亲温暖和父亲温暖分值的平均数得到青少年父母温暖的得分，得分越高代表个体感知到的父母的温暖和支持越多。在本研究中，问卷的Cronbach’s α=0.92。

2. 教师支持问卷

采用“感知到的学校氛围问卷”中的教师支持分量表评估个体得到的教师情感支持和学业支持（Jia et al.，2009），问卷共7个项目，如“为了使我提高成绩，老师付出了很多努力”。问卷采用Likert4点计分方式，调查对象根据自己的真实情况在“从不”到“总是”的4点量表上进行选择。得分越高表示其得到的教师支持程度越高。在本研究中，量表的Cronbach’s α=0.88。

3. 青少年自我控制能力问卷

采用王红姣与卢家楣编制的青少年自我控制能力问卷（2004）。该问卷分为行为控制等三个维度，共36个题目。问卷采用Likert5点计分方式，调查对象根据自己的真实情况在“非常不符合”到“非常符合”的5点量表上进行选择。分数越高表示个体自我控制能力越高。在本研究中，自我控制能力问卷的 Cronbach's α=0.89。

4. 青少年积极社会适应问卷

采用邹泓、余益兵、周晖等人编制的青少年社会适应状况评估问卷（2012）。本研究选取问卷的四个积极社会适应维度来评估个体的积极社会适应情况，共 27 个项目。问卷采用 Likert5 点计分方式，调查对象根据自己的真实情况在“非常不符合”到“非常符合”的 5 点量表上进行选择。分数越高表示个体有越好的积极社会适应。在本研究中，积极社会适应问卷的 Cronbach' s α=0.93。

（三）统计方法

采用 SPSS21.0 和 Mplus7.0 软件对数据进行分析处理。

三、结果分析

（一）共同方法偏差控制与检验

本研究中通过被试自陈法收集数据，可能存在共同方法偏差。因此，在问卷具体施测的过程中采取严格的程序控制：强调本次问卷调查的匿名性、保密性和数据仅用于科学研究之用等。参照前人的研究对可能存在的共同方法偏差进行检验(周云，刘建平，王鑫强，许秀芬，2018)，采用验证性因素分析方法对“单一因素解释了所有变异”这一假设进行检验。结果显示：c^2/df=125.32，CFI=0.47，NNFI=0.42，RMSEA=0.54，SRMR=0.33。各项指标均显示模型拟合不好，不支持假设。说明本研究的共同方法偏差问题在允许的范围内。

（二）描述统计结果及相关分析

各变量描述统计和相关结果见表 8-1。从表 8-1 可知，父母积极教养方式（M=2.24，SD=0.67）、自我控制能力（M=3.28，SD=0.46）和积极社会适应（M=3.02，SD=0.51）处于中等水平，教师支持（M=3.10，SD=0.69）处于中上水平。积极社会适应与父母积极教养方式（r=0.35，p<0.001）、教师支持（r=0.34，p<0.001）、自我控制能力（r=0.33，p<0.001）均显著正相关。

表 8-1　各变量描述统计及相关结果

变量	平均数	标准差	1	2	3	4
1. 父母积极教养方式	2.24	.67	–			
2. 教师支持	3.10	.69	.29***	–		
3. 自我控制能力	3.28	.46	.17***	.20***	–	
4. 积极社会适应	3.02	51	.35***	34***	.33***	–

注：*** p<.001

（三）有调节的中介模型检验

根据叶宝娟和温忠麟（2014）提出的有调节的中介模型检验程序进行检验。将所有变量标准化为 Z 分数(除性别等控制变量外)，首先检验父母积极教养方式对积极社会适应的直接影响，结果表明数据对模型拟合良好，各项指标为：c^2/df =3.20，CFI=0.97，NNFI=0.96，RMSEA=0.032，SRMR=0.019。在控制了性别、年龄等人口统计学变量后，父母积极教养方式显著正向预测积极社会适应（γ=0.35，t= 10.71，p<0.001），研究假设 1 得到支持。然后运用 Mplus 7.0，通过结构方程建立父母积极教养方式、教师支持、自我控制能力及交互项（积极教养方式 × 教师支持）与积极社会适应的关系模型。模型的各项指标为：c^2/df =6.15，CFI=0.96，NNFI=0.93，RMSEA=0.054，SRMR=0.021。从图 8-2 可知，在控制了性别、年龄等人口统计学变量后，父母积极教养方式显著正向预测自我控制能力（γ=0.12，t=3.14，p<0.01），自我控制能力显著正向预测积极社会适应（γ=0.25，t=6.49，p<0.001）。采用偏差校正 bootstrap 方法抽样 1500 次计算自我控制能力在父母积极教养方式和积极社会适应之间的中介效应，95% 的置信区间为 [.012，.053]。因此，自我控制能力中介了父母积极教养方式对青少年积极社会适应的影响，中介效应量为 10.40%。研究假设 2 得到支持。同时，父母积极教养方式对积极社会适应的影响依然显著（γ=0.25，t=7.49，p<0.001），自我控制能力在父母积极教养方式与积极社会适应之间起部分中介作用。

父母积极教养方式与教师支持的交互项对自我控制能力影响显著（γ=0.07，t=2.01，p<0.05），采用偏差校正 bootstrap 方法抽样 1500 次计算教师支持对中介路径前半段的调节效应，95% 的置信区间为 [.001，.041]，置信区间不包括 0，教师支持调节了中介路径的前半段。父母积极教养方式与教师支持的交互项对积极社会适应的影响不显著

（γ=-0.01，t=-0.20，$p > 0.05$），采用 bootstrap 方法抽样 1500 次对这一路径的调节效应进行了进一步检验，95% 的置信区间为 [-.006，.006]，置信区间包括 0。教师支持对直接路径的调节不显著。研究假设 3 得到部分支持。

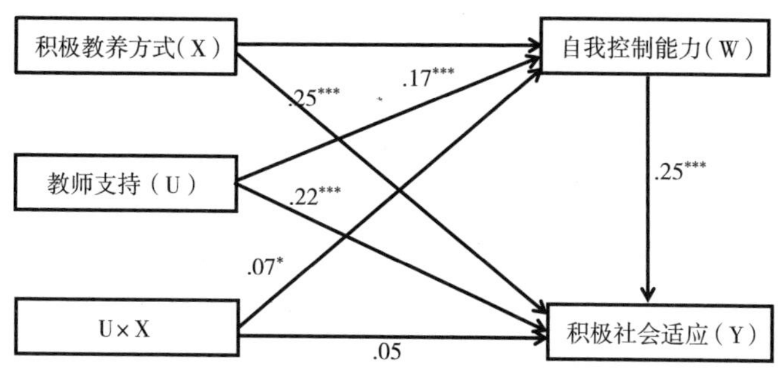

图 8-2　有调节的中介模型图

为揭示教师支持如何调节父母积极教养方式与自我控制能力之间的关系，绘制了父母积极教养方式与教师支持的交互作用图（图 8-3）。使用简单斜率检验来进行简单效应分析，结果表明：在高教师支持条件下（Z=1），父母积极教养方式显著正向预测自我控制能力（γ=0.19，t=4.09，p<0.001）；父母积极教养方式每增加一个标准差，自我控制能力就会提高 .19 个标准差。在低教师支持条件下（Z=–1），父母积极教养方式对自我控制能力无显著预测作用（γ=0.05，t=0.91，$p > 0.05$）。这说明教师支持显著促进了父母积极教养方式对青少年自我控制能力的积极作用，两者的交互符合“锦上添花”模式。

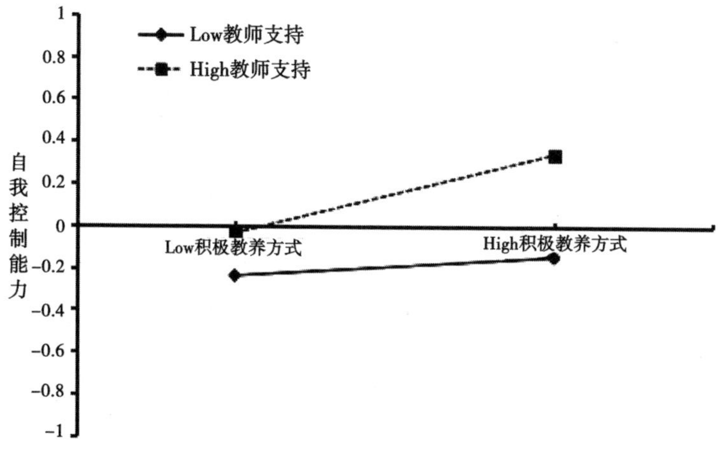

图 8-3　教师支持对积极教养方式与自控能力之间关系的调节作用

四、讨论

（一）父母积极教养方式的正向预测作用

调查结果表明，父母积极教养方式显著正向预测青少年积极社会适应，这与前人强调父母积极教养方式对青少年发展作用的研究相一致（方晓义，徐洁，孙莉，张锦涛，2004）。虽然伴随着年龄的增长，青少年与父母的互动模式发生了显著变化，在家庭的活动时间明显减少，但来自父母的温暖与支持对于青少年的发展而言仍具有不可替代的关键性作用。父母积极教养方式作为青少年健康发展的重要外在保护性因素，对青少年的发展具有重要的作用。与前人关注父母教养方式对社会适应问题的影响不同，本研究发现父母积极教养方式能显著改善青少年的社会适应状况，有效提升其社会适应水平。青少年作为较为特殊的群体，他们的生活环境、学习环境和心理环境与原来相比都发生了较大的变化，更需要来自重要他人的帮助与支持。此时，来自于父母的温暖和关心就能帮助青少年适应新环境，使其展现出更为积极的社会适应状态。

（二）自我控制能力的中介效应

本研究结果表明自我控制能力部分中介了父母积极教养方式对青少年积极社会适应的影响。这与前人强调自我控制在个体发展过程的重要“桥梁”作用相一致，前人的研究表明自我控制能力能中介家庭因素对青少年的网络成瘾、网络适应、冒险行为、社会责任感等结果变量的影响（金灿灿，王博晨，赵宝宝，2019；吴云龙等，2017；罗蕾等，2018）。有限自制力理论认为，不良的亲子关系作为一种外在的压力情境会损耗青少年的自我控制资源，而自我控制资源的减少会导致青少年出现适应不良现象（王琼等，2019）。反过来，如果父母采取温暖与支持的积极教养方式则会增加青少年的自我控制资源，这种自我控制资源的增加就能进一步促进青少年的发展，使青少年表现出更多的积极心理品质及行为。与前人强调自我控制能力在消极亲子关系与社会适应问题之间的中介作用不同，本研究发现自我控制能力作为一个桥梁，能将父母积极教养方式和青少年积极社会适应连接起来。该结果有效地解释了父母积极教养方式“如何”作用于青少年积极社会适应。青少年正处于身心发展的关键时期，生活环境的改善、教育资源的增多使得这个时期充满积极转变的可能性，但是由于各种因素的影响，这一时期也可能是种种问题的高发时期。在这个时期提高青少年自我控制能力不但能有效抑制其问题行为，更为重要的是，伴随着自我控制能力的提高，青少年的社会适应状况也能得到显著的改善，促进其成长成才。

（三）教师支持的调节作用

青少年的发展离不开社会支持系统的综合作用，除了父母的接受和支持以外，来自教师、同伴等其他重要他人的接受和支持对青少年的发展也起着重要的保护性作用。研究者除了探讨父母和教师对青少年发展的单独作用外，也开始逐渐关注两者对青少年发展的共同影响（孙岩，刘沙，杨丽珠，2016；田录梅，陈光辉，王姝琼，刘海娇，张文新，2012）。本研究发现，教师支持调节"父母积极教养方式→自我控制能力→积极社会适应"这一路径的前半段。研究结果支持了重叠领域理论的观点，即家庭因素和学校因素能共同推动青少年的发展。同时，研究结果也表明家庭和学校是影响青少年发展的两个重要微观系统，两者可以对青少年的发展产生交互影响。在具体调节模式上，研究结果支持"锦上添花"模式。即相较于低教师支持，父母积极教养方式在高教师支持条件下对易地扶贫搬迁学生自我控制能力的促进作用更大，并通过自我控制能力进一步影响积极社会适应。换句话说，父母积极教养方式对自我控制能力的有利作用在教师支持较低时无法表现出来。出现这种结果可能是由于本次调查的青少年都是初中生，且大部分为寄宿生。虽然父母积极教养方式和教师支持都是这些学生自我控制能力等个体积极心理品质的重要保护性因素，但无论是在接触的时间上，还是在对学生学习、生活的影响上，教师都已经赶上甚至逐渐超过父母。如果教师不能采取有效的方式提高学生的自我控制能力，不但使父母的积极作用无法发挥，还可能进一步导致学生出现各种问题行为。

研究结果还发现，教师支持对"父母教养方式→积极社会适应"这一直接路径的调节作用不显著，教师支持并没有显著促进父母积极教养方式对青少年积极社会适应的有利作用。出现这种结果可能是因为家庭和学校在学生社会性发展的目标比较一致，父母和教师对学生社会适应的引导都是在主流价值观的影响下完成，较难出现交互作用。这一结果也在前人的研究中得到验证，研究表明，家庭因素和学校因素对青少年社会性发展是单独发挥作用，并不存在共同影响（唐芹等，2013）。个体与环境是一个复杂的交互系统，多种环境因素的共同作用往往是通过影响个体内在的心理品质进一步影响个体的社会性发展。对于青少年而言，来自父母的温暖与支持和来自教师的情感支持会共同提升他们的自我控制，通过自我控制能力进一步影响其积极社会适应。

（四）研究启示与研究不足

本研究为青少年积极社会适应的培养实践提供了新的理论参考。首先，重视父母积极教养方式在促进青少年社会适应上的重要作用。虽然在进入初中阶段后，学生与父母的关系、相处模式等都发生了较大的变化，但是父母的温暖与支持仍然是学生健康成长不可缺少的支持性因素。父母应当尽量满足孩子对家庭的情感需求，增加他们的安全感和被重视感，从而提升其积极社会适应。其次，要积极提升青少年的自我控制能力。自我控制能力在青少年的人生发展中起着关键的"基石"作用，家长和学校都应当采取恰当的办法对其自我控制能力进行有针对性的训练，培养他们学习、生活的自律性。最后，充分发挥家校共育在促进学生发展中的积极作用，提高父母、教师在教育、引导学生上的协同性。尤其是在提升学生积极心理品质方面要注重家校合作，充分发挥多种教育资源的协同作用，共同提高青少年的积极心理品质。

本研究还存在以下不足：首先，本研究采用横断数据探讨来自家庭、学校的积极因素对青少年发展的促进作用，并不能得出变量间的因果关系结论，今后的研究可以采用纵向追踪数据进一步探讨家庭、学校因素对青少年社会适应的影响及其机制。其次，本研究只探讨了家庭、学校因素对积极社会适应的影响，今后的研究可以进一步探讨家庭因素和学校因素对积极社会适应和消极社会适应影响的异同。最后，本研究只探讨了家庭因素中的父母教养方式对青少年社会适应的影响，今后的研究可以将家庭作为一个整体来进行探讨，用系统的眼光讨论家庭对青少年社会适应的影响。

五、结论

第一，父母积极教养方式显著正向预测青少年积极社会适应。

第二，自我控制能力部分中介了父母积极教养方式对青少年积极社会适应的影响。

第三，教师支持调节了"父母积极教养方式→自我控制能力→积极社会适应"这一路径的前半段，教师支持能显著增强积极教养方式对易地扶贫搬迁学校青少年自我控制能力的促进作用；教师支持对直接路径的调节效应不显著。

第二节　父母教养方式和自我控制能力对青少年社会适应的影响

一、问题提出

社会适应是一个多维概念，它含有社会适应行为、社会适应过程和社会适应状态三层含义。但多数研究者倾向于认为社会适应是个体在与环境相互作用过程中达到人们期望的与其年龄和所处文化群体相适应的发展标准的程度（王建平，李董平，张卫，2010）。从功能上划分，社会适应可以分为积极的社会适应和消极的社会适应。根据积极心理学的观点，积极社会适应和消极社会适应并不是截然对立，消极社会适应增多并不意味着积极社会适应的减少。从促进青少年发展的角度而言，更应当探究什么因素会影响青少年积极社会适应以及这些因素影响青少年积极社会适应的过程。

在影响青少年发展的诸多因素中，来自家庭的因素一直是研究者关注的重点。家庭系统理论认为，家庭是影响青少年发展最直接、最持久的微观环境（Garbarino，2008）。研究者一直将家庭因素（家庭功能、亲子关系、父母控制、父母教养方式等）看成是影响青少年社会适应的重要外在因素，进行了大量的研究（李彩娜，张曼，冯建新，2010；刘文婧，许志星，邹泓，2012）。这其中，父母教养方式作为亲子互动的核心部分，更是受到了研究者的极大关注。实证研究表明，父母教养方式会对个体的社会适应产生持续影响，父母采用“温暖与理解”等积极教养方式能促进个体的发展，降低个体出现内隐和外显问题行为的可能性；而父母采用“拒绝与否认”等消极教养方式将阻碍个体的发展，导致个体出现诸如抑郁、学习不良、网络成瘾等社会适应问题（徐慧，张建新，张梅玲，2008）。研究发现，良好的亲子依恋、健康的家庭功能等家庭因素的积极方面是青少年积极社会适应的保护性因素，能显著正向预测青少年的积极社会适应（邹泓等，2015）。据此，提出研究假设1：积极父母教养方式显著正向预测青少年积极社会适应。

自我控制能力是指个体按照社会标准或自己的意愿，对自己的行为、情绪和认知活动等进行约束、管理的能力（王红姣，卢家楣，2004）。自我控制能力不但是个体积极心理品质的重要组成部分，也是个体社会适应能力高低的决定性因素。自我控制能力不但是能有效抑制个体的问题行为,还能有效正向预测个体的积极心理品质和行为。相关研究表明,与低自我控制能力个体相比,高自我控制能力的个体更不易出现网络成瘾、攻击性行为、吸烟、饮酒、吸毒、违法犯罪等社会适应问题(王琼,肖桃,刘慧瀛,胡伟,2019;纪伟标,王玲,莫宏媛,刘菁菁,程云玮,2013)。并且,自我控制能力对个体的亲社会行为、学习适应、网络适应、社会责任感等积极心理品质和行为具有显著的正向预测作用(罗蕾,明桦,田园,夏小庆,黄四林,2018)。因此,提出研究假设2:自我控制能力显著正向预测青少年积极社会适应。

生态系统理论(ecological systems theory)认为,个体发展是内在个体心理品质和外在环境共同作用的结果。在相同或类似外在环境下的个体会由于内在心理品质的不同而表现出发展上的差异。研究表明,父母教养方式会对个体的社会适应产生持续影响,父母采用“温暖与理解”等积极教养方式能促进个体的发展,降低个体出现内隐和外显问题行为的可能性;而父母采用“拒绝与否认”等消极教养方式将阻碍个体的发展,导致个体出现诸如抑郁、学习不良、网络成瘾等社会适应问题(刘文婧,许志星,邹泓,2012)。但研究者也发现父母教养方式对青少年社会适应只有轻度或者中等效应;对于具有个人特质的个体,父母教养方式对于青少年社会适应几乎没有影响(Collins, Maccoby, Steinberg, Hetherington & Bornstein, 2000)。这就需要研究者深入探究父母教养方式作用与青少年社会适应的条件。并且,前人的研究大多单独探究家庭、同伴等外在因素或个体心理品质等内在因素对青少年社会适应的影响,较少将二者综合起来进行分析。本研究将采取个体与环境交互的观点探讨父母积极教养方式在何种条件下对青少年积极社会适应发挥的作用最大。据此提出研究假设3:父母积极教养方式和自我控制能力交互影响青少年社会适应。

综上所述,本研究提出一个调节模型,目的在于:第一,探讨父母积极教养方式是否能显著正向预测青少年积极社会适应;第二,探究自我控制能力能否显著预测青少年积极社会适应的影响;第三,检验父母积极教养方式和自我控制能力能否交互影响青少年积极社会适应。通过对该模型的检验进一步了解父母积极教养方式“何时”对青少年积极社会适应产生影响,为实践中有效提高青少年积极社会适应能力提供可参考的依据。

二、研究方法

（一）研究对象

调查对象来源于贵州省贵阳市、遵义市、毕节市3个地级市的5个县，抽取来自22所学校共2006名中学生参与本次调查研究。为保证调查对象的多样性，在选取学校时大体按照1∶1∶1的比例选取乡镇、县城、市区的学校。贵阳市共抽取8所学校；遵义市共抽取8所学校；毕节市共抽取6所学校；选取的学校均为初中学校。实测回收有效问卷1791份（$M_{年龄}$=14.41岁，$SD_{年龄}$=1.33）。其中男生859人（48%），女生932人（52%）；初一学生544人（30.4%），初二学生748人（41.8%），初三学生499人（27.9%）；留守学生439人（24.5%），非留守学生1352人（75.5%）。

（二）工具

1. 父母积极教养方式问卷

采用“简式父母教养方式”问卷中的父母温暖分量表评估个体感知到的父母积极教养方式（蒋奖，鲁峥嵘，蒋苾菁，许燕，2010），问卷共7个项目，如“我觉得父 / 母亲尽量使我的青少年时期的生活更有意义和丰富多彩”。问卷采用Likert4点计分方式，调查对象根据自己的真实情况在“从不”到“总是”的4点量表上进行选择。该问卷分别考察个体感知到的父亲温暖和母亲温暖，最后通过计算母亲温暖和父亲温暖分值的平均数得到易地扶贫搬迁学校学生父母温暖的得分，得分越高代表个体感知到的父母的温暖和支持越多。在本研究中，问卷的Cronbach’s α=0.92。

2. 青少年自我控制能力问卷

采用王红姣与卢家楣编制的青少年自我控制能力问卷（2004）。该问卷分为行为控制等三个维度，共36个题目。问卷采用Likert5点计分方式，调查对象根据自己的真实情况在“非常不符合”到“非常符合”的5点量表上进行选择。分数越高表示个体自我控制能力越高。在本研究中，自我控制能力问卷的Cronbach’s α=0.89。

3. 青少年积极社会适应问卷

采用邹泓、余益兵、周晖等人编制的青少年社会适应状况评估问卷（2012）。本研究选取问卷的四个积极社会适应维度来评估个体的积极社会适应情况，共 27 个项目。问卷采用 Likert5 点计分方式，调查对象根据自己的真实情况在“非常不符合”到“非常符合”的 5 点量表上进行选择。分数越高表示个体有更好的积极社会适应。在本研究中，积极社会适应问卷的 Cronbach's α=0.93。

三、结果分析

（一）共同方法偏差控制与检验

本研究中通过被试自陈法收集数据，可能存在共同方法偏差。因此，在问卷具体施测的过程中采取严格的程序控制：强调本次问卷调查的匿名性、保密性和数据仅用于科学研究之用等。参照前人的研究对可能存在的共同方法偏差进行检验（周云，刘建平，王鑫强，许秀芬，2018），采用验证性因素分析方法对“单一因素解释了所有变异”这一假设进行检验。结果显示：c^2/df =125.32，CFI=0.47，NNFI=0.42，RMSEA=0.54，SRMR=0.33。各项指标均显示模型拟合不好，不支持假设。说明本研究的共同方法偏差问题在允许的范围内。

（二）各变量描述统计结果及相关分析

青少年积极家庭教养方式、自我控制能力、积极社会适应的描述性统计及相关结果如下所示：父母积极教养方式处于中等水平（M=2.24，SD=0.67）；青少年的积极社会适应处于中等偏上水平（M=3.01，SD=0.51）。四个反映积极适应的因子分别为：自我肯定（M=2.97，SD=0.60）、亲社会倾向（M=3.22，SD=0.63）、行事效率（M=2.88，SD=0.62）、积极应对（M=2.97，SD=0.62），积极社会适应的四个因子均处于中等偏上水平。自我控制能力及各因子分别为：自控能力总分（M=3.27，SD=0.46）、行为控制（M=3.34，SD=0.57）、情绪控制（M=3.23，SD=0.46）、思维控制（M=3.21，SD=0.54），自我控制能力总分及各因子分均处于中等偏上水平。父母积极教养方式与积极社会适应、自我肯定、亲社会倾向、行事效率、积极应对、自我控制能力总分、行为控制、情绪控制、思维控制均为显著正相关（p<0.01）；积极社会适应与积极社会适应各因子、自控能力总分、行为控制、情绪控制、思维控制均呈显著正相关（p<0.01）；自我肯定与积极社会适应各因子、自我控制能力总分、行为控制、情绪控制、思维控制均呈显著正相关（p<0.01）；亲社会倾向与积极社会适应各因子、自我控制能力总分、行为控制、情绪控制、思维控制均呈显著正相关（p<0.01）；行事效率与积极社

会适应各因子、自我控制能力总分、行为控制、情绪控制、思维控制均呈显著正相关（$p<0.01$）；积极应对与自我控制能力总分、行为控制、情绪控制、思维控制均呈显著正相关（$p<0.01$）；自我控制能力总分与行为控制、情绪控制、思维控制均呈显著正相关（$p<0.01$）。

（三）青少年社会适应差异检验结果

为进一步了解青少年社会适应在性别、年级等人口统计学变量的差异，对青少年社会适应进行差异检验。结果表明：女生的积极社会适应显著高于男生（$t_{1789}=3.79$, $p<0.001$）；具体到社会适应的每一个因子，女生在亲社会倾向（$t_{1789}=8.60$, $p<0.001$）、行事效率（$t_{1789}=2.24$, $p<0.05$）上显著高于男生；在自我肯定、积极应对上，男女性不存在显著差异（$p > 0.05$）。青少年积极社会适应及各因子在是否留守学生上均不存在显著差异（$p > 0.05$）。

不同年级青少年社会适应检验结果如下：不同年级青少年的积极社会适应存在显著差异（$F_{2,1788}=9.47$, $p<0.001$）；进一步事后检验表明，初一学生显著高于初二、初三学生（$p<0.01$），初二学生与初三学生之间无显著差异。不同年级青少年在自我肯定因子上不存在显著差异（$p > 0.05$），但在亲社会因子（$F_{2,1788}=6.33$, $p<0.01$）、行事效率因子（$F_{2,1788}=17.53$, $p<0.001$）、积极应对因子（$F_{2,1788}=14.53$, $p<0.001$）上存在显著差异；进一步事后检验发现，在亲社会因子上，初一年级学生显著高于初二、初三年级学生（$p<0.01$），初二学生与初三学生之间无显著差异（$p > 0.05$）；在行事效率因子上，随着年级的增加行事效率因子得分显著下降（$p<0.05$）；在积极应对因子上，初一年级学生显著高于初二、初三年级学生（$p<0.01$），初二学生与初三学生之间无显著差异（$p > 0.05$）。

（四）父母积极教养对青少年积极社会适应的影响：调节模型检验

首先将所有变量标准化为Z分数，然后构建父母积极教养与自我控制能力的交互项。运用Mplus 7.0，通过结构方程建立父母积极教养、自我控制能力及其交互项与青少年积极社会适应的关系模型。模型的各项指标为：$c^2/df=4.76$, CFI=0.97, NNFI=0.95, RMSEA=0.046, SRMR=0.039。各项指标表明，数据对模型的拟合良好。在控制了性别、年龄等人口统计学变量后，父母积极教养显著正向预测青少年积极社会适应（$\gamma=0.31$, $t=10.08$, $p<0.001$），研究假设1得到支持。自我控制能力也显著正向预测青少年积极社会适应（$\gamma=0.27$, $t=8.79$, $p<0.001$），研究

假设 2 得到支持。父母积极教养与自我控制能力的交互项显著正向预测青少年社会适应($\gamma= 0.07$, $t= 2.14$, $p<0.05$),研究假设 3 得到支持[illegible]

为进一步揭示自我控制能力如何调节父母积极教养与青[illegible]社会适应之间的关系,绘制了父母积极教养与自我控制能力[illegible]用图。使用简单斜率检验来进行简单效应分析,结果表明:在高自控能力条件下(Z=1),父母积极教养显著提高了青少年社会适应($\gamma=0.37$, $t=8.97$, $p<0.001$);父母积极教养每增加一个标准差,青少年积极社会适应就会增加 0.37 个标准差。在低自控能力条件下(Z=–1),父母积极教养显著提高了青少年社会适应($\gamma=0.24$, $t=4.89$, $p<0.001$);父母积极教养每增加一个标准差,青少年积极社会适应增加 0.24 个标准差。这说明自我控制能力有效增强了父母积极教养对青少年积极社会适应的促进作用。父母积极教养方式和自我控制能力这两种青少年发展的保护性因素对个体发展的交互作用可能存在两种模式:"锦上添花"和"美不胜收",这两种模式说明了来自不同微观系统的保护性因素如何共同影响个体的发展。"锦上添花"模式认为,来自个人特征的保护性因素能放大或增强来自家庭的保护性因素的有利影响。在自我控制能力较强时,父母积极教养方式对个体发展和社会适应的促进作用会更大,自我控制能力会使来自更多采用"温暖与支持"等积极教养方式家庭的个体受益。"美不胜收"模式认为,自我控制能力会"削弱"来自家庭的保护性因素的积极作用。在自我控制能力较弱时,父母积极教养方式对个体发展和社会适应的促进作用会更大,自我控制能力会使来自更少采用"温暖与支持"等积极教养方式家庭的个体受益。本研究表明,父母积极教养和自我控制能力这两个保护性因素的交互作用模式符合"锦上添花"模式。

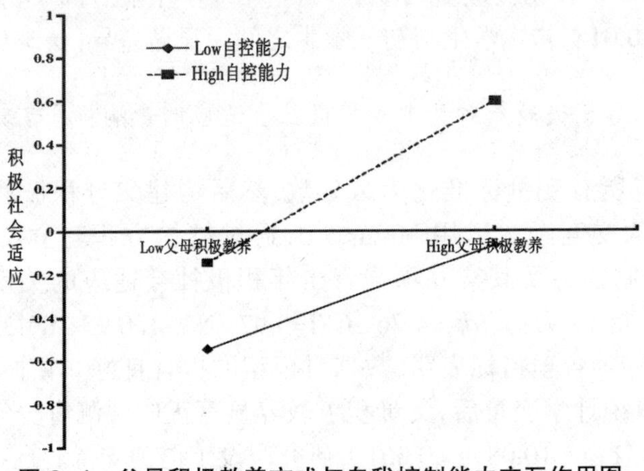

图 8–4　父母积极教养方式与自我控制能力交互作用图

四、讨论

（一）青少年积极社会适应在人口统计学变量上的差异

研究结果发现，女生的积极社会适应显著高于男生；并且，在亲社会倾向、行事效率因子得分上，女生显著高于男生。这可能是因为受到中国传统文化中有关性别角色的影响，女生更容易在与他人相处过程中表现出更多的信任与支持。青少年社会适应在年级上的差异具有较为稳定的一致特点：在积极社会适应及其各因子得分上，初一年级的积极社会适应得分显著高于初二和初三年级，初二和初三年级则无显著的差异。这说明，初一年级的社会适应水平最高，而随着年级的增长，青少年的社会适应水平呈下降的趋势。这可能是因为初中是义务教育阶段，家庭对初一学生的关心支持较多，这有利于他们形成积极的环境适应，并形成积极的行为适应等。而伴随着年级的增加，尤其是到了初三年级，青少年要面临着巨大的升学压力以及未来方向的抉择，竞争更为激烈，再加上青春期出现的各种心理困惑，初二尤其是初三学生的积极社会适应就会呈现显著下降的趋势。

（二）父母积极教养方式的正向预测作用

研究发现，父母积极教养显著正向预测青少年积极社会适应。这说明父母积极教养是青少年社会适应的外在保护性因素。这与前人强调父母积极教养方式对青少年发展作用的研究相一致（王丽，傅金芝，2005）。进入青春期后，虽然青少年与父母的互动模式无论是在时间还是在空间上均发生了显著变化，在家庭以外的活动时间明显增多，但来自父母的温暖与支持对于青少年的发展依然具有不可替代的作用。与前人关注父母教养方式对社会适应问题的影响不同，本研究发现父母积极教养方式能显著改善青少年的社会适应状况，有效提升其社会适应水平。尤其是对于进入青春期的青少年，他们的生活环境、学习环境和心理环境与原来相比都发生了较大的变化，更需要来自重要他人的帮助与支持。此时，来自于父母的温暖和关心就能帮助青少年适应新环境，使其展现出更为积极的社会适应状态。

（三）自我控制能力的正向预测作用

本研究结果表明自我控制能力也能显著正向预测青少年的积极社会适应，可以看成是青少年社会适应的内在保护性因素。研究表明情绪是行为最具决定性的前因变量，积极情绪是产生积极行为的原因，积极的行为又会引起积极的情绪，两者之间构成一种良性循环。在本研究中，情绪控制能力强的青少年在日常学习、生活中会表现更多的积极情绪，这种积极的情绪使他们产生更多的自我满足、自尊、价值有更好的自我知觉，最终表现出更多的积极社会适应。前人的研究大多强调自我控制在个体发展过程的“桥梁”作用，认为自我控制能力能中介家庭因素对青少年的网络成瘾、网络适应、冒险行为、社会责任感等结果变量的影响（金灿灿，王博晨，赵宝宝，2019；吴云龙等，2017；罗蕾等，2018）。本研究表明，自我控制能力除了能作为“桥梁”促进青少年的发展以外，还可以有效地直接提升青少年的积极社会适应。

（四）父母积极教养与自控能力交互影响青少年积极社会适应

本研究结果还表明，自我控制能力可以调节父母积极教养方式对青少年积极社会适应的影响。调节模式符合“锦上添花”模式，即自我控制能力可以显著增强父母积极教养这一保护性因素对青少年积极社会适应的促进作用。生态系统理论（ecological systems theory）认为，个体发展是内在个体心理品质和外在环境共同作用的结果。在相同或类似外在环境下的个体会由于内在心理品质的不同而表现出发展上的差异。具体到本研究中，父母积极教养方式这一外在因素对青少年的积极社会适应状况的提升作用会由于自我控制能力这一内在心理品质的不同而存在差异，自我控制能力强的青少年在父母采用温暖与支持等积极教养方式下能表现出更为积极的社会适应状况。这提示我们，应该用个体特征和环境交互作用的观点来理解和提高青少年的社会适应水平。

（五）研究启示与研究不足

本研究为青少年积极社会适应的培养实践提供了新的理论参考。首先，重视父母积极教养方式在青少年社会适应上的重要作用。虽然在进入初中阶段后，学生与父母的关系、相处模式等都发生了较大的变化，但是父母的温暖与支持仍然是学生健康成长不可缺少的支持性因素。父母应当尽量满足孩子对家庭的情感需求，增加他们的安全感和被重视感，从而提升其积极社会适应。其次，要积极提升青少年的自我控制能力。自我控制能力在青少年的人生发展中起着关键的“基石”作用，家长和学校都应当采取恰当的办法对其自我控制能力进行有针对性的训练，培养他们的学习、生活的自律性。个体的发展受到内部因素和外部因素的交互影响，内外部因素共同对青少年的发展起作用。在进行社会适应能力培育的过程中，既要重视初中生的内部因素，也不能忽视外部因素对初中生社会适应的影响。例如，可以增加来自教师、同伴以及父母的支持在不同的方面对中学生的全面健康发展起着重要的作用。更为重要的是，内外部因素还能共同影响中学生发展。需要两者相互配合，协同两方面的作用，共同促进初中生社会适应能力的提升。

本研究还存在以下不足：首先，本研究采用横断数据探讨来自家庭、个体特征对青少年发展的促进作用，并不能得出变量间的因果关系结论，今后的研究可以采用纵向追踪数据进一步探讨家庭、个体因素对青少年社会适应的影响及其机制。其次，本研究只探讨了家庭、个体因素对积极社会适应的影响，今后的研究可以进一步探讨家庭因素和个体因素对积极社会适应和消极社会适应影响的异同。

五、结论

第一，父母积极教养方式显著正向预测青少年积极社会适应。

第二，自我控制能力显著正向预测青少年积极社会适应。

第三，自控能力调节了父母积极教养方式对青少年积极社会适应的影响，自控能力显著增强了父母积极教养方式对青少年社会适应的积极影响。

第三节　校园氛围和自我控制能力对青少年社会适应的影响

一、问题提出

社会适应是一个多维概念，它含有社会适应行为、社会适应过程和社会适应状态三层含义。但多数研究者倾向于认为社会适应是个体在与环境相互作用过程中达到人们期望的与其年龄和所处文化群体相适应的发展标准的程度(王建平,李董平,张卫,2010)。从功能上划分,社会适应可以分为积极的社会适应和消极的社会适应。根据积极心理学的观点,积极社会适应和消极社会适应并不是截然对立,消极社会适应增多并不意味着积极社会适应的减少。从促进青少年发展的角度而言,更应当探究什么因素会影响青少年积极社会适应以及这些因素影响青少年积极社会适应的过程。

校园氛围是学校生活的质量和特征,反映了学校的准则、目标、价值观、人际关系、教与学的实践经验和学校的组织结构,它不仅仅是一种个人经验,也是一个群体现象(鲍学峰,张卫,喻承甫等,2016)。对于已经步入青春期的青少年而言,他们的主要活动场所已经从家庭转为学校,校园氛围对青少年发展的作用也有了显著的提升。阶段环境匹配理论认为,积极的校园氛围对于青少年的发展具有关键性的作用,学校资源能否匹配青少年的发展需求决定着青少年的发展程度(Eccles et al.,1993)。实证研究也发现校园氛围是青少年发展的保护性因素,不但能促进青少年的学校适应、有效提高学生的学业成就,还能有效缓解青少年越轨同伴交往、网络成瘾等问题行为(谢家树,梅里,2018)。因此,提出研究假设1:校园氛围显著正向预测青少年积极社会适应。

自我控制能力是指个体按照社会标准或自己的意愿,对自己的行为、情绪和认知活动等进行约束、管理的能力(王红姣,卢家楣,2004)。自我控制能力不但是个体积极心理品质的重要组成部分,也是个体社会适应能力高低的决定性因素。自我控制能力不但能有效抑制个体的问题行为,还能有效正向预测个体的积极心理品质和行为。相关研究表明,与低自我控制能力个体相比,高自我控制能力的个体更不易出现网络成瘾、攻击性行为、吸烟、饮酒、吸毒、违法犯罪等社会适应问题(王琼,肖桃,刘慧瀛,胡伟,2019;纪伟标,王玲,莫宏媛,刘菁菁,程云玮,2013)。并且,自我控制能力对个体的亲社会行为、学习适应、网络适应、社会责任感等积极心理品质和行为具有显著的正向预测作用(罗蕾,明桦,田园,夏小庆,黄四林,2018)。因此,提出研究假设2:自我控制能力显著正向预测青少年积极社会适应。

根据生态系统理论(ecological systems theory)的观点,个体发展是内在个体心理品质和外在环境共同作用的结果。在相同或类似外在环境下的个体会由于内在心理品质的不同而表现出发展上的差异。研究表明,校园氛围能对青少年的社会适应产生关键性的影响,良好的校园氛围能有效促进个体的发展,降低个体出现内隐和外显问题行为的可能性;而消极的校园氛围将阻碍个体的发展，导致个体出现诸如抑郁、学习不良、网络成瘾等社会适应问题（杨雪，王艳辉，李董平等，2013）。但研究者也发现校园氛围对青少年发展结果只有轻度或者中等效应，存在某种调节变量影响二者之间的关系（鲍振宙，张卫，李董平等，2013 ）。这就需要研究者深入探究校园氛围作用于青少年社会适应的条件。并且，前人的研究大多单独探究家庭、校园等外在因素或个体心理品质等内在因素对青少年社会适应的影响，较少将二者综合起来进行分析。本研究将采取个体与环境交互的观点探讨校园氛围在何种条件下对青少年积极社会适应发挥的作用最大。据此提出研究假设 3：校园氛围和自我控制能力交互影响青少年社会适应。

综上所述，本研究提出一个调节模型，目的在于：第一，探讨校园氛围是否能显著正向预测青少年积极社会适应；第二，探究自我控制能力能否显著预测青少年积极社会适应的影响；第三，检验校园氛围和自我控制能力能否交互影响青少年积极社会适应。通过对该模型的检验进一步了解校园氛围“何时”对青少年积极社会适应产生影响，为实践中有效提高青少年积极社会适应能力提供可参考的依据。

二、研究方法

（一）研究对象

调查对象来源于贵州省贵阳市、遵义市、毕节市 3 个地级市的 5 个县，抽取来自 22 所学校共 2006 名中学生参与本次调查研究。为保证调查对象的多样性，在选取学校时大体按照 1 : 1 : 1 的比例选取乡镇、县城、市区的学校。贵阳市共抽取 8 所学校；遵义市共抽取 8 所学校；毕节市共抽取 6 所学校；选取的学校均为初中学校。实测回收有效问卷 1791 份（$M_{年龄}$=14.41 岁，$SD_{年龄}$=1.33）。其中男生 859 人（48%），女生 932 人（52%）；初一学生 544 人（30.4%），初二学生 748 人（41.8%），初三学生 499 人（27.9%）；留守学生 439 人（24.5%），非留守学生 1352 人（75.5%）。

（二）工具

1. 校园氛围问卷

采用感知到的学校氛围问卷（Jia et al.，2009）评估整体校园氛围。该问卷由 25 个题目组成，包括三个维度：教师支持、同伴支持、自主机会。其中教师支持含7个项目,同伴支持含13个项目,自主机会含5个项目。采用参考前人的做法,删除与个人经历相关的7个题项,仅考察个体对校园氛围的感知(李董平,何丹,陈武等,2015)。最后保留16个题目。其中教师支持和自主机会各3个题目,同学支持10个题目。问卷采用Likert4点计分方式,调查对象根据自己的真实情况在“从不”到“总是”的4点量表上进行选择。得分越高表示感知到的学校氛围越积极。在本研究中,量表的Cronbach's α=0.88。

2. 青少年自我控制能力问卷

采用王红姣与卢家楣编制的青少年自我控制能力问卷(2004)。该问卷分为行为控制等三个维度,共36个题目。问卷采用Likert5点计分方式,调查对象根据自己的真实情况在“非常不符合”到“非常符合”的5点量表上进行选择。分数越高表示个体自我控制能力越高。在本研究中,自我控制能力问卷的Cronbach's α=0.89。

3. 青少年积极社会适应问卷

采用邹泓、余益兵、周晖等人编制的青少年社会适应状况评估问卷(2012)。本研究选取问卷的四个积极社会适应维度来评估个体的积极社会适应情况,共27个项目。问卷采用Likert5点计分方式,调查对象根据自己的真实情况在“非常不符合”到“非常符合”的5点量表上进行选择。分数越高表示个体有越好的积极社会适应。在本研究中,积极社会适应问卷的Cronbach's α=0.93。

三、结果分析

(一)共同方法偏差控制与检验

本研究中通过被试自陈法收集数据,可能存在共同方法偏差。因此,在问卷具体施测的过程中采取严格的程序控制:强调本次问卷调查的匿名性、保密性和数据仅用于科学研究之用等。参照前人的研究对可能存在的共同方法偏差进行检验(周云,刘建平,王鑫强,许秀芬,2018),采用验证性因素分析方法进行对“单一因素解释了所有变异”这一假设进行检验。结果显示:c^2/df =125.32,CFI=.47,NNFI=.42,RMSEA=.54,SRMR=.33。各项指标均显示模型拟合不好,不支持假设。说明本研究的共同方法偏差问题在允许的范围内。

（二）各变量描述统计结果及相关分析

青少年校园氛围感知、自我控制能力、积极社会适应的描述性统计及相关结果如下所示：青少年感知到的校园氛围总分及各因子分别为：校园氛围总分（M=2.86，SD=0.49）、自主机会（M=2.40，SD=0.60）、教师支持（M=3.01，SD=0.68）、同伴支持（M=3.00，SD=0.54）。青少年校园氛围感知总分及各因子分均处于中等偏上水平（M=3.01，SD=0.51）。青少年积极社会适应总分处于中等偏上水平（M=3.01，SD=0.51），四个反映积极适应的因子分别为：自我肯定（M=2.97，SD=0.60）、亲社会倾向（M=3.22，SD=0.63）、行事效率（M=2.88，SD=0.62）、积极应对（M=2.97，SD=0.62），积极社会适应的四个因子均处于中等偏上水平。自我控制能力及各因子分别为：自控能力总分（M=3.27，SD=0.46）、行为控制（M=3.34，SD=0.57）、情绪控制（M=3.23，SD=0.46）、思维控制（M=3.21，SD=0.54），自我控制能力总分及各因子分均处于中等偏上水平。校园氛围与积极社会适应、自我肯定、亲社会倾向、行事效率、积极应对、自我控制能力总分、行为控制、情绪控制、思维控制均为显著正相关（$p<0.01$）；积极社会适应与积极社会适应各因子、自控能力总分、行为控制、情绪控制、思维控制均呈显著正相关（$p<0.01$）；自我肯定与积极社会适应各因子、自我控制能力总分、行为控制、情绪控制、思维控制均呈显著正相关（$p<0.01$）；亲社会倾向与积极社会适应各因子、自我控制能力总分、行为控制、情绪控制、思维控制均呈显著正相关（$p<0.01$）；行事效率与积极社会适应各因子、自我控制能力总分、行为控制、情绪控制、思维控制均呈显著正相关（$p<0.01$）；积极应对与自我控制能力总分、行为控制、情绪控制、思维控制均呈显著正相关（$p<0.01$）；自我控制能力总分与行为控制、情绪控制、思维控制均呈显著正相关（$p<0.01$）。

（三）青少年社会适应与自控能力的差异检验结果

为进一步了解青少年社会适应在性别、年级等人口统计学变量的差异，对青少年社会适应进行差异检验。结果表明：女生的积极社会适应显著高于男生（t_{1789}=3.79，$p<0.001$）；具体到社会适应的每一个因子，女生在亲社会倾向（t_{1789}=8.60，$p<0.001$）、行事效率（t_{1789}=2.24，$p<0.05$）上显著高于男生；在自我肯定、积极应对上，男女性不存在显著差异（$p > 0.05$）。青少年积极社会适应及各因子在是否留守学生上均不存在显著差异（$p > 0.05$）。

对青少年自控能力进行差异检验，结果表明：自控能力在性别、是否独生上不存在显著性差异（$p > 0.05$）。不同年级的自控能力存在显著性差异（$F_{2,1778}=44.52$，$p<0.001$）；进一步事后检验发现初中生的自控能力随着年级的增加显著降低。不同年级青少年社会适应检验结果如下：不同年级青少年的积极社会适应存在显著差异（$F_{2,1788}=9.47$，$p<0.001$）；进一步事后检验表明，初一学生显著高于初二、初三学生（$p<0.01$），初二学生与初三学生之间无显著差异。不同年级青少年在自我肯定因子上不存在显著差异（$p > 0.05$），但在亲社会因子（$F_{2,1788}=6.33$，$p<0.01$）、行事效率因子（$F_{2,1788}=17.53$，$p<0.001$）、积极应对因子（$F_{2,1788}=14.53$，$p<0.001$）上存在显著差异；进一步事后检验发现，在亲社会因子上，初一年级学生显著高于初二、初三年级学生（$p<0.01$），初二学生与初三学生之间无显著差异（$p > 0.05$）；在行事效率因子上，随着年级的增加行事效率因子得分显著下降（$p<0.05$）；在积极应对因子上，初一年级学生显著高于初二、初三年级学生（$p<0.01$），初二学生与初三学生之间无显著差异（$p > 0.05$）。

（四）校园氛围对青少年积极社会适应的影响：调节模型检验

首先，将所有变量标准化为Z分数，然后构建校园氛围与自我控制能力的交互项。运用Mplus 7.0，通过结构方程建立校园氛围、自我控制能力及其交互项与青少年积极社会适应的关系模型。模型的各项指标为：$c^2/df=4.76$，CFI=0.97，NNFI=0.95，RMSEA=0.046，SRMR=0.039。各项指标表明，数据对模型的拟合良好。在控制了性别、年龄等人口统计学变量后，校园氛围显著正向预测青少年积极社会适应（$\gamma= 0.38$，$t= 11.94$，$p<0.001$），研究假设1得到支持。自我控制能力也显著正向预测青少年积极社会适应（$\gamma=0.18$，$t= 5.59$，$p<0.001$），研究假设2得到支持。校园氛围与自我控制能力的交互项显著正向预测青少年社会适应（$\gamma= 0.12$，$t= 3.81$，$p<0.001$），研究假设3得到支持。

为进一步揭示自我控制能力如何调节校园氛围与青少年积极社会适应之间的关系，绘制了校园氛围与自我控制能力的交互作用图。使用简单斜率检验来进行简单效应分析，结果表明：在高自控能力条件下（Z=1），校园氛围显著提高了青少年社会适应（$\gamma=0.49$，$t=11.74$，$p<0.001$）；校园氛围每增加一个标准差，青少年积极社会适应就会增加0.49个标准差。在低自控能力条件下（Z=–1），校园氛围显著提高了青少年社会适应（$\gamma=0.28$，$t=5.81$，$p<0.001$）；校园氛围每增加一个标准差，青少年积极社会适应增加0.28个标准差。这说明自我控制能力有效增强

了校园氛围对青少年积极社会适应的促进作用。校园氛围和自我控制能力这两种青少年发展的保护性因素对个体发展的交互作用可能存在两种模式:“锦上添花”和“美不胜收”,这两种模式说明了来自不同微观系统的保护性因素如何共同影响个体的发展。“锦上添花”模式认为,来自个人特征的保护性因素能放大或增强来自学校的保护性因素的有利影响。在自我控制能力较强时,校园氛围对个体发展和社会适应的促进作用会更大,自我控制能力会使更多感知到积极校园氛围个体受益。“美不胜收”模式认为,自我控制能力会“削弱”来自学校的保护性因素的积极作用。在自我控制能力较弱时,校园氛围对个体发展和社会适应的促进作用会更大,自我控制能力会使来自更少感知到积极校园氛围的个体受益。本研究表明,校园氛围和自我控制能力这两个保护性因素的交互作用模式符合“锦上添花”模式。

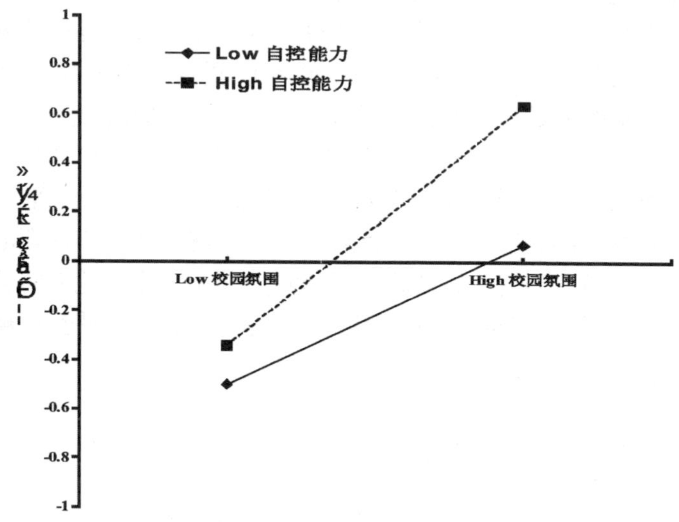

图 8–5　校园氛围与自我控制能力交互作用图

四、讨论

(一)青少年积极社会适应在人口统计学变量上的差异

研究结果发现,女生的积极社会适应显著高于男生;并且,在亲社会倾向、行事效率因子得分上,女生显著高于男生。这可能是因为受到中国传统文化中有关性别角色的影响,女生更容易在与他人相处的过程中表现出更多的信任与支持。青少年社会适应在年级上的差异具有较为稳定的一致特点：在积极社会适应及其各因子得分上，初一年级的积极社会适应得分显著高于初二和初三年级，初二和初三年级则无显著的差异。这说明，初一年级的社会适应水平最高，而随着年级的增长，青少年的社会适应水平呈下降的趋势。这可能是因为初中是义务教育阶段，家庭对初一学生的关心支持较多，这有利于他们形成积极的环境适应，并形成积极的行为适应等。而伴随着年级的增加，尤其是到了初三年级，青少年要面临着巨大的升学压力以及未来方向的抉择，竞争更为激烈，再加上青春期出现的各种心理困惑，初二尤其是初三学生的积极社会适应就会呈现显著下降的趋势。

（二）校园氛围的正向预测作用

研究发现，校园氛围显著正向预测青少年积极社会适应。这说明校园氛围是青少年社会适应的外在保护性因素。这与前人强调校园氛围对青少年发展的积极作用相一致（朱烨，2018）。进入青春期后，伴随着青少年在学校活动时间的增多，校园氛围对青少年发展的作用也在显著增加。与前人关注校园氛围对社会适应问题的影响不同，本研究发现校园氛围能显著改善青少年的社会适应状况，有效提升其社会适应水平。尤其是对于进入青春期的青少年，他们的生活环境、学习环境和心理环境与原来相比都发生了较大的变化，更需要来自教师、同学等重要他人的关心与支持。此时，良好的校园氛围就能帮助青少年适应新环境，使其展现出更为积极的社会适应状态。

（三）自我控制能力的正向预测作用

本研究结果表明自我控制能力也能显著正向预测青少年的积极社会适应，可以看成是青少年社会适应的内在保护性因素。研究表明情绪是行为最具决定性的前因变量，积极情绪是产生积极行为的原因，积极的行为又会引起积极的情绪，两者之间构成一种良性循环。在本研究中，情绪控制能力强的青少年在日常学习、生活中会表现出更多的积极情绪，这种积极的情绪使他们产生更多的自我满足、自尊、价值，有更好的自我知觉，最终表现出更多的积极社会适应。前人的研究大多强调自我控制在个体发展过程的“桥梁”作用，认为自我控制能力能中介家庭因素对青少年的网络成瘾、网络适应、冒险行为、社会责任感等结果变量的影响（金灿灿，王博晨，赵宝宝，2019；吴云龙等，2017；罗蕾等，2018）。本研究表明，自我控制能力除了能作为“桥梁”促进青少年的发展以外，还可以有效地直接提升青少年的积极社会适应。

（四）校园氛围与自控能力交互影响青少年积极社会适应

本研究结果还表明，自我控制能力可以调节校园氛围对青少年积极社会适应的影响。调节模式符合“锦上添花”模式，即自我控制能力可以显著增强校园氛围这一保护性因素对青少年积极社会适应的促进作用。生态系统理论（ecological systems theory）认为，个体发展是内在个体心理品质和外在环境共同作用的结果。在相同或类似外在环境下的个体会由于内在心理品质的不同而表现出发展上的差异。具体到本研究中，校园氛围这一外在因素对青少年的积极社会适应状况的提升作用会由于自我控制能力这一内在心理品质的不同而存在差异，自我控制能力强的青少年在积极的校园氛围下能表现出更为积极的社会适应状况。这提示我们，应该用个体特征和环境交互作用的观点来理解和提高青少年的社会适应水平。

（五）研究启示与研究不足

本研究为青少年积极社会适应的培养实践提供了新的理论参考。首先，重视校园氛围在青少年社会适应上的重要作用。在进入初中阶段后，教师和同学的温暖与支持是青少年健康成长不可缺少的关键性支持性因素。学校应当尽量满足青少年的情感需求，增加他们的安全感和被重视感，从而提升其积极社会适应。其次，要积极提升青少年的自我控制能力。自我控制能力在青少年的人生发展中起着关键的“基石”作用，家长和学校都应当采取恰当的办法对其自我控制能力进行有针对性的训练，培养他们学习、生活的自律性。个体的发展受到内部因素和外部因素的交互影响，内、外部因素共同对青少年的发展起作用。在进行社会适应能力培育的过程中，既要重视初中生的内部因素，也不能忽视外部因素对初中生社会适应的影响。更为重要的是，内、外部因素还能共同影响中学生发展。需要两者相互配合，协同两方面的作用，共同促进初中生社会适应能力的提升。

本研究还存在以下不足：首先，本研究采用横断数据探讨来自学校、个体特征对青少年发展的促进作用，并不能得出变量间的因果关系结论，今后的研究可以采用纵向追踪数据进一步探讨学校、个体因素对青少年社会适应的影响及其机制。其次，本研究只探讨了学校、个体因素对积极社会适应的影响，今后的研究可以进一步探讨学校因素和个体因素对积极社会适应和消极社会适应影响的异同。

五、结论

第一，校园氛围显著正向预测青少年积极社会适应。

第二，自我控制能力显著正向预测青少年积极社会适应。

第三，自控能力调节了校园氛围对青少年积极社会适应的影响，自控能力显著增强了校园氛围对青少年社会适应的积极影响。

参考文献

A. C. G. & B. J. W. (2001). Low self-control and coworker delinquency.*Journal of Criminal Justice*, (6), 483-492.

Baumeister, R. F. & Tice, V. D. M. (2007). The strength model of self-control.Current Directions in Psychological ence, 16 (6), 351-355.

Bronfenbrenner, U. (1979). *The ecology of human development: experiments by nature and design.* Cambridge, MA: *Harvard University Press.*

Cohen, J. , Mccabe, L. , Michelli, N. M. & Pickeral, T. (2009). School climate: Research, policy, practice, and teacher education. *Teachers College Record*, 111 (1), 180-213.

Collins, W.A., Maccoby, E., Steinberg, L., Hetherington, E. M., &Bornstein, M.H. (2000).Contemporary research on parenting: The case for nature and nurture.*American Psychologist*, 55 (*2*), 218-232.

Cowen, E. L. (1994). The enhancement of psychological wellness: challenges and opportunities.*American Journal of Community Psychology*, 22 (2), 149-79.

Darling, N. & Steinberg, L. (1993). Parenting style as context: an integrative model.Psychological Bulletin, 113 (3), 487-496.

Deci, E. L. & Ryan, R. M. (1985). Intrinsic motivation and self-determination in human behavior. *Contemporary Sociology*, 3 (2).

Eccles, J. S. & Roeser, R. W. (2011). Schools as developmental contexts during adolescence. *Journal of Research on Adolescence*, 21.

Eccles, J. S., Midgley, C., Wigfield, A., Buchanan, C.M., Reuman, D., Flanagan, C. & MacIver, D. (1993). Development during adolescence: The impact of stage-environment fit on young adolescents experiences in schools and in families. *American Psychologist*, 48 (*2*), 90-101.

Epstein, J. L. & Sanders, M. G. (2006). Prospects for change:

Preparing educators for school, family, and community partnerships. *Peabody Journal of Education*, 81（2）, 81–120.

Folkman, S.（1986）. Dynamics of a stressful encounter: Cognitive appraisal, coping, and encounter outcomes.*Journal of Personality and Social Psychology*,50（5）, 992–1003.

Fujita, K.（2011）. On conceptualizing self–control as more than the effortful inhibition of impulses. *Personality & Social Psychology Review An Official Journal of the Society for Personality & Social Psychology Inc*,15（4）, 352.

Gailliot, Matthew, Baumeister, T. , Roy, Dewall, F. & C., et al.（2007）. Self–control relies on glucose as a limited energy source: willpower is more than a metaphor.*Journal of Personality & Social Psychology*.

Garbarino, J.（ 2008）. Children and families in communities: Theory, Research, Policy and Practice. *Children and Society*,49（6）, 686–687.

Gibson, C. , Schreck, C. J. & Miller, J. M.（2004）. Binge drinking and negative alcohol–related behaviors: a test of self–control theory.Journal of Criminal Justice,32（5）, 411–420.

Hampel, P. & Petermann, F. .（2005）. Age and gender effects on coping in children and adolescents. *Journal of Youth and Adolescence*,34（2）, 73–83.

Hoy, W. K. & Hannum, J. W. .（1997）. Middle school climate: an empirical assessment of organizational health and student achievement. *Educational Administration Quarterly*,33（3）, 290–311.

Jang, H. , Reeve, J. , Ryan, R. M. & Kim, A. .（2009）. Can self–determination theory explain what underlies the productive, satisfying learning experiences of collectivistically oriented korean students ? . *Journal of Educational Psychology*,101（3）, 644–661.

Jia, Y. , Way, N. , Ling, G. , Yoshikawa, H. , Chen, X. & Hughes, D. , et al.（2009）. The influence of student perceptions of school climate on socioemotional and academic adjustment: a comparison of chinese and american adolescents.*Child Development*,80（5）.

Joffe, P. E. & Bast, B. A. .（1978）. Coping and defense in relation to accommodation among a sample of blind men.*Journal of Nervous & Mental*

Disease, 166 (8), 537.

Laible, D. J. , Carlo, G. & Raffaelli, M. . (2000). The differential relations of parent and peer attachment to adolescent adjustment. *Journal of Youth and Adolescence.*

Lazarus, R. S. & Folkman, S. . (2010). Transactional theory and research on emotions and coping.*European Journal of Personality*, 1 (3), 141–169.

Lerner, R. M. (2002). *Concepts and theories of human development* (*3rd ed*). London: Lawrence Erlbaum Associates.

Liu, W. , Li, Z. , Ling, Y. & Cai, T. . (2016). Core self–evaluations and coping styles as mediators between social support and well–being. *Personality & Individual Differences*, 88, 35–39.

Mcevoy, A. & Welker, R. . (2000). Antisocial behavior, academic failure, and school climate: a critical review.*Journal of Emotional & Behavioral Disorders*, 8 (3), 130–140.

O" Connor, B. P. & Dvorak, T. . (2001). Conditional associations between parental behavior and adolescent problems: a search for personality – environment interactions.Journal of Research in Personality, 35 (1), 1–26.

Park, H. J. , Heppner, P. P. & Lee, D. G. . (2010). Maladaptive coping and self–esteem as mediators between perfectionism and psychological distress.*Personality and Individual Differences*, 48 (4), 469–474.

Perry, Bruce D. (2001). Raising a nonviolent child: the power of attachment.*Scholastic Parent & Child.*

Reeve, J. . (2013). How students create motivationally supportive learning environments for themselves: the concept of agentic engagement. *Journal of Educational Psychology*, 105 (3), 579.

Roy, F., Baumeister, Kathleen, D. & Vohs. (2007). Self–regulation, ego depletion, and motivation. *Social & Personality Psychology Compass.*

Rubin, K. H. , Dwyer, K. M. , Kim, A. H. , Burgess, K. B. , Booth–Laforce, C. & Rose–Krasnor, L. . (2004). Attachment, friendship, and psychosocial functioning in early adolescence.*other*, 24 (4).

Ryan, R. M., & Deci, E. L. (2000).Self–determination theory and the facilitation of intrinsic motivation, social development, and wellbeing.

American Psychologist,55 (1),68 –78.

Steiner, H. , Erickson, S. J. , Hernandez, N. L. & Pavelski, R. (2002). Coping styles as correlates of health in high school students. *Journal of Adolescent Health Official Publication of the Society for Adolescent Medicine*, *30* (5), 326–335.

Sullivan H S. (1953).The interpersonal theory of psychiatry. *New York*: *Norton* .

Sussman, S. , Mcculler, W. J. & Dent, C. W. . (2003). The associations of social self–control, personality disorders, and demographics with drug use among high–risk youth. *Addictive Behaviors*,28 (6), 1159–1166.

Tangney J P, Banmeister R F , Boone A L. (2004).High self–control predicts good adjustment, less pathology , better grades and interpersonal success. *Journal of Personality* ,72: 271–322.

Wills, T. A. , Isasi, C. R. , Mendoza, D. & Ainette, M. G. . (2007). Self–control constructs related to measures of dietary intake and physical activity in adolescents. *Journal of Adolescent Health Official Publication of the Society for Adolescent Medicine*,41 (6), 551–558.

Ybrandt, H. . (2008). The relation between self–concept and social functioning in adolescence. *Journal of Adolescence*,31 (1), 1–16.

中文参考文献

安伯欣 . 父母教养方式、亲子沟通与青少年社会适应的关系研究 [D]. 陕西师范大学,2004.

白晓丽,姜永志 . 社会适应能力与青少年社交网络使用的关系: 压力知觉与社交网络沉浸的链式中介作用 [J]. 心理研究,2020,13 (03): 255–261.

鲍学峰,张卫,喻承甫,朱键军,鲍振宙,江艳平等 . 初中生感知校园氛围与网络游戏成瘾的关系: 学业自我效能感的中介效应与父母学业卷入的调节效应 [J]. 心理发展与教育,2016,38 (03): 105–115.

曾守锤 . 流动儿童的社会适应状况及其风险因素的研究 [J]. 心理科学,2010,33 (02): 456–458.

常梦琰 . 家庭功能对农村留守初中生疏离感的影响 [D]. 河南大学, 2014.

车文博．心理咨询大百科全书 [M]. 浙江：科学技术出版社 .2001.

陈建文，黄希庭．中学生社会适应性的理论构建及量表编制 [J]. 心理科学，2004，27（001）：182-184.

陈建文，王滔．关于社会适应的心理机制、结构与功能．湖南师范大学教育科学学报 [J]，2003，（04）：90-94.

陈建文，王滔．社会适应心理健康 [J]. 西南师范大学学报（人文社会科学版），2004，30（3）：34-39.

陈建新，伍莉，陈悦，金奕菡，杨伟平．专业硕士生生活事件与心理健康：消极应对的中介效应 [J]. 宁波大学学报（教育科学版），2020，42（05）：112-118.

陈妮娅，吉臣明，侯馨仪，郭宇，魏新益．教养方式与大学新生学校适应的关系研究 [J]. 福建师大福清分校学报，2018，151（06）：59-65.

陈世民，张莹，陆文春．父母教养方式的影响因素综述 [J]. 中国临床心理学杂志，2020，28（04）：857-860.

陈云祥，李若璇，刘翔平．父母心理控制、自主支持与青少年外化问题行为：控制动机的中介作用 [J]. 中国临床心理学杂志，2018，26（05）：151-156.

崔燕．教养方式对大学生社会适应能力的影响 [J]. 知识经济，2013，（05）：164.

邓敏，陈旭，张雪峰，马瑞瑾．留守初中生疏离感在应对方式与社会适应关系中的中介效应 [J]. 中国学校卫生，2010，31（10）：1185-1187.

丁莉，聂衍刚，杨安．青少年自我意识与社会适应行为关系的研究 [A]. 中国心理学会．第十一届全国心理学学术会议论文摘要集 [C]. 中国心理学会：中国心理学会，2007：1.

董金华．父母教养方式对初中生考试焦虑的影响：心理弹性的中介作用 [J]. 心理月刊，2020，15（06）：14-15.

董松华．家庭功能对青少年疏离感的影响：心理韧性的中介效应 [D]. 聊城大学，2015.

董妍，方圆，郭静．父母教养方式与婴儿适应行为的关系：消极情绪的调节作用 [J]. 中国临床心理学杂志，2019，27（03）：586-590.

方晓义，戴丽琼，房超，邓林园．亲子沟通问题与青少年社会适应的关系 [J]. 心理发展与教育，2006，22（3）：47-52.

方晓义，徐洁，孙莉，张锦涛．家庭功能：理论，影响因素及其与青少年社会适应的关系 [J]. 心理科学进展，2004，12（4）：544-544.

房超，方晓义，李辉，蔺秀云．大学生应对类型与学校适应的关系 [J].

中国心理卫生杂志,2009,23（03）: 204-208.

冯永辉 . 少年压力与吸烟行为的关系：应对方式的中介作用 [J]. 中国临床心理学杂志,2016,24（01）: 77-80.

冯正直,张大均 . 中学生心理素质特点的研究 [J]. 中华行为医学与脑科学杂志,2003,12（2）: 194-196.

高彬,刘伟方 . 儿童父母教养方式与学习成绩的关系：自主性的中介作用 [J]. 科教导刊(上旬刊),2016（10）: 129-131.

龚艺华 . 父母教养方式问卷的初步编制 [D]. 西南师范大学,2005.

谷禹,王玲,秦金亮 . 布朗芬布伦纳从襁褓走向成熟的人类发展观 [J]. 心理学探新,2012, 32（02）: 104-109.

顾娟 . 亲子沟通对寄宿初中生学校适应的影响 [D]. 辽宁师范大学,2020.

何安明,万娇娇,马瑞娟,惠秋平 . 青少年手机依赖与消极应对方式的关系：一项交叉滞后研究 [J]. 中国临床心理学杂志,2020,28（03）: 628-632.

何丹,范翠英,牛更枫,连帅磊,陈武 . 父母教养方式与青少年网络欺负：隐性自恋的中介作用 [J]. 中国临床心理学杂志,2016,24（01）: 41-44.

何丹丹 . 父亲参与教养对小学低段儿童孤独感的影响—挫折应对方式的中介作用 [D]. 四川师范大学,2020.

何婷,宋子婧,丁菀,刘伟,蔺秀云 . 父母心理控制与对立违抗障碍儿童抑郁和攻击行为的关系：父子依恋和母子依恋的中介效应 [J]. 心理发展与教育,2018,34（02）: 219-228.

何怡晓 . 高中生学习压力、自我控制与学业拖延的相关研究 [D]. 天津师范大学,2020.

何月月,张世西,尹安春,刘思雨,黄秀美 . 帕金森病患者病耻感与心理社会适应及应对方式的相关性研究 [J]. 护士进修杂志,2020,35（17）: 1537-1542.

胡宁,邓林园,张锦涛,方晓义,陈蕾,梅海燕 . 家庭功能与青少年问题行为关系的追踪研究 [J]. 心理发展与教育,2009,25（04）: 93-100.

黄希庭,余华,郑涌,杨家忠,王卫红 . 中学生应对方式的初步研究 [J]. 心理科学,2000（01）: 1-5+124.

纪伟标,王玲,莫宏媛,刘菁菁, 程云玮 . 结果预期对青少年攻击性行为的影响：中介效应与调节效应 [J]. 心理发展与教育,2013,29（1）: 86-93.

季思含．中学生疏离感与人格特征、父母教养方式的关系研究 [D]. 南京师范大学，2016.

姜乾金，黄丽，卢抗生，娄振山，扬爱如，陈慧，毛宗秀．心理应激：应对的分类与心身健康 [J]. 中国心理卫生杂志，1993（04）：145–147+190.

蒋奖，鲁峥嵘，蒋苾菁，许燕．简式父母教养方式问卷中文版的初步修订 [J]. 心理发展与教育，2010，26（1）：94–99.

蒋奖．父母教养方式与青少年行为问题关系的研究 [J]. 健康心理学杂志，2004，12（1）：72–74.

解亚宁．简易应对方式量表信度和效度的初步研究 [J]. 中国临床心理学杂志，1998（02）：53–54.

金灿灿，王博晨，赵宝宝．中学生的父母监控、自我控制和网络适应的关系：一个有调节的中介效应 [J]. 中国特殊教育，2019（7）：69–75.

琚晓燕，刘宣文，方晓义．青少年父母、同伴依恋与社会适应性的关系 [J]. 心理发展与教育，2022，27（02）：174–180.

雷雳，伍亚娜．青少年的同伴依恋与其互联网使用的关系 [J]. 心理与行为研究，2009，7（2）：81–86.

李彩娜，张曼，冯建新．家庭功能与社会适应：个人自主的中介作用 [J]. 心理发展与教育，2010，26（4）：371–377.

李彩娜，邹泓．青少年孤独感的特点及其与人格、家庭功能的关系 [J]. 陕西师范大学学报（哲学社会科学版），2006，（01）：115–121.

李冬梅，雷雳，邹泓．青少年社会适应行为的特征及影响因素 [J]. 首都师范大学学报（社会科学版），2007（02）：150–156.

李毓．高中生父亲在位、社会适应性与人际交往技能的关系研究 [D]. 天津师范大学，2019.

梁宝勇．应对研究的成果、问题与解决办法 [J]. 心理学报，2002，34（6）：91–98.

凌宇，杨娟，章晨晨，蚁金瑶，姚树桥．社会支持调节青少年应激与抑郁症状的追踪研究 [J]. 中国临床心理学杂志，2010，18（05）：610–613.

刘洪沛．适应行为研究的新理论——社会性能力理论 [J]. 中国特殊教育，2003（01）：60–64.

刘璐．亲子沟通、自我意识对初中生应对方式的影响 [D]. 西北师范大学，2012.

刘蒙．农村初中生网络成瘾和自我控制的关系研究 [D]. 河北大学，2018.

刘文婧，许志星，邹泓．父母教养方式对青少年社会适应的影响：人

格类型的调节作用 [J]. 心理发展与教育，2012，28（06）：625–633.

刘亚丽．需要层次理论与网络心理需求关系探讨 [J]. 湖南师范大学教育科学学报，2009，（04）：113–116.

刘在花．校园氛围对中学生学习投入的影响：学校幸福感的中介作用 [J]. 中国特殊教育，2017，（04）：85–90.

龙绍赟，付晖，郭蓉．课堂学习环境对学习动机行为影响的实证分析——以高职英语专业学生为样本 [J]. 湖北职业技术学院学报，2005，8（02）：49–53.

罗蕾，明桦，田园，夏小庆，黄四林．父母教养方式与大学生社会责任感的关系：自我控制的中介作用及其性别差异 [J]. 心理发展与教育，2018，34（2）：164–170.

罗云，赵鸣，王振宏．初中生感知教师自主支持对学业倦怠的影响：基本心理需要，自主动机的中介作用 [J]. 心理发展与教育，2014（03）：312–321.

马诗浩，植凤英，邓霞．流动儿童社会适应与自我提升的追踪研究 [J]. 中国特殊教育，2019（01）：77–83.

马文燕，陆超祥，余洋，等．农村留守中学生心理韧性在一般疏离感与主观幸福感间的作用 [J]. 中国学校卫生，2018，39（4）：619–622.

满佳奇．父母教养方式对小学生学业情绪的影响研究 [J]. 科教文汇，2020（08）：162–163.

毛洁昭．初中生自尊对应对方式的影响 [D]. 山西大学，2020.

聂衍刚，林崇德，郑雪，丁莉，彭以松．青少年社会适应行为与大五人格的关系 [J]. 心理科学，2008，31（04）：774–779.

聂衍刚．青少年社会适应行为及影响因素的研究 [D]. 华南师范大学，2005.

庞维国．自主学习的测评方法 [J]. 心理科学，2003（05）：115–117.

尚夕琼．自我控制研究综述 [J]. 社会科学前沿，2019，08（01）：159–166.

孙晓军，童媛添，范翠英．（2017）. 现实及网络社会排斥与大学生抑郁的关系：自我控制的中介作用 [J]. 心理与行为研究，2017，15（02）：169–174.

孙岩，刘沙，杨丽珠．父母教养方式，同伴接纳和教师期望对小学生人格的影响 [J]. 心理科学，2016，39（02）：343–349.

谭千保，钟毅平．（2003）. 高中生家庭环境与家庭功能的影响因素研究 [J]. 心理科学，2003（06）：1117–1118.

汤毅晖，黄海，雷良忻．青少年疏离感与家庭功能、人格的关系研究[J]. 中国临床心理学杂志，2014，12（02）：158-160.

唐芹，方晓义，胡伟，陈海德，吴梦希，王帆．父母和教师自主支持与高中生发展的关系 [J]. 心理发展与教育，2013，29（06）：604-615.

陶宇，李彩娜．自我控制对网络成瘾与父母教养方式的中介作用研究 [J]. 中国健康心理学杂志，2009，17（12）：1444-1447.

田菲菲，田录梅．亲子关系、朋友关系影响问题行为的 3 种模型 [J]. 心理科学进展，2014（06）：968-976.

田录梅，陈光辉，王姝琼，刘海娇，张文新．父母支持、友谊支持对早中期青少年孤独感和抑郁的影响 [J]. 心理学报，2012，44（07）：944-956.

田录梅，张文新，陈光辉．父母支持，友谊质量对孤独感和抑郁的影响：检验一个间接效应模型 [J]. 心理学报，2014，46（2）：238-251.

田录梅，张文新．父母支持、友谊质量对攻击—破坏行为和害羞—敏感行为的影响 [J]. 中国临床心理学杂志，2014（3）：517-520.

童成寿．国内外关于自我控制理论的研究 [J]. 安康学院学报，2007，19（04）：22-28.

王丹丹．父母支持对初中生学业投入的影响：心理资本的中介与自我控制的调节 [D]. 陕西师范大学，2018.

王桂平，陈会昌．中学生面临学习应激的应对方式及其与控制点、自尊和心理健康的关系 [J]. 中国心理卫生杂志，2001（06）：431-434.

王红姣，卢家楣．中学生自我控制能力问卷的编制及其调查 [J]. 心理科学，2004（06）：198-203.

王建平，李董平，张卫．家庭经济困难与青少年社会适应的关系：应对效能的补偿、中介和调节效应 [J]. 北京师范大学学报(社会科学版)，2010（4）：22-32.

王丽，傅金芝．国内父母教养方式与儿童发展研究 [J]. 心理科学进展，2005，13（3），298-304.

王琼，肖桃，刘慧瀛，胡伟．父母拒绝与留守儿童网络成瘾的关系：一个有调节的中介模型 [J]. 心理发展与教育，2019，35（6）：749-758 .

王燕．农村高中生父母教养方式、自我概念与自我控制的关系研究 [D]. 四川师范大学，2019.

王一晶．父母教养方式研究综述 [J]. 西部皮革，2017，39（02）：151-152.

王玥．高中生父母教养方式、主观幸福感与疏离感的关系研究 [D]. 东北师范大学，2012.

王振宏．初中生自我概念、应对方式及其关系的研究 [J]. 心理发展与教育，2001（3）：22–27.

魏欢．青少年疏离感发展的实证研究 [D]. 四川师范大学，2009.

魏义承，徐夫真．留守初中生学业适应与教师、父母期望知觉、学校疏离感的关系 [J]. 中国健康心理学杂志，2019，27（9）：1559–1561.

温盛霖，韩自力，顾华英，叶明志，潘集阳．影响心理应付方式的因素分析 [J]. 中国心理卫生杂志，2001（03）：158–159.

温忠麟，叶宝娟．有调节的中介模型检验方法：竞争还是替补 [J]. 心理学报，2014，46（5）：714–726.

吴波．中学生自主学习、自我控制能力与网络依赖的关系研究 [D]. 广西民族大学，2019.

吴云龙，毛小霞，田录梅．亲子关系与青少年冒险行为的关系：自控力的中介作用 [J]. 中国临床心理学杂志，2017，25（2）：367–370.

谢家树，梅里．中学生感知的校园氛围与欺负受害的关系：学生卷入度的中介作用 [J]. 中国临床心理学杂志，2018，26（01）：117–121.

谢立．高职生父母教养方式、自我效能感和应对方式的关系研究 [D]. 福建师范大学，2019.

邢晓沛，孙晓丽，王争艳，邵淑慧．父母心理控制与儿童自我控制和问题行为：有中介的调节模型 [J]. 心理科学，2017（03）：594–599.

熊红星，张璟，叶宝娟，郑雪，孙配贞．共同方法变异的影响及其统计控制途径的模型分析 [J]. 心理科学进展，2012，20（005）：757–769.

徐夫真，张文新，陈英敏．青少年疏离感与其家庭功能、同伴接纳的关系 [A]. 中国心理学会．第十一届全国心理学学术会议论文摘要集 [C]. 中国心理学会：中国心理学会，2007：1.

徐慧，张建新，张梅玲．家庭教养方式对儿童社会化发展影响的研究综述 [J]. 心理科学，2008，31（4）：940–942.

许毅．病理性网络使用大学生的自我控制能力研究 [D]. 西南大学，2006.

杨东，张进辅，黄希庭．青少年学生疏离感的理论构建及量表编制 [J]. 心理学报，2002（04）：77–83.

杨东，吴晓蓉．疏离感研究的进展及理论构建 [J]. 心理科学进展，2000（1）：71–77.

杨东，吴晓蓉．构建青少年学生疏离感量表及其理论验证 [J]. 中国临床康复，2005，9（24）：218–221.

杨东，张进辅．大学生疏离感和价值观关系的研究 [J]. 西南师范大学学报：人文社会科学版，2000（4）：78-83.

杨飞龙，李翔，朱海东．学校氛围和青少年社会适应的关系：一个有调节的中介模型 [J]. 中国临床心理学杂志，2019，27（02）：396-400.

杨尚儒．家庭教养方式与青少年社会适应能力的关系：心理弹性的中介作用 [D]. 西北师范大学，2017.

杨雪，王艳辉，李董平等．校园氛围与青少年的自杀意念 / 企图：自尊的中介作用 [J]. 心理发展与教育，2013，29（5）：541-551.

杨彦平，金瑜．中学生社会适应量表的编制 [J]. 心理发展与教育，2007（04）：108-114.

叶苑，邹泓，李彩娜，柯锐．青少年家庭功能的发展特点及其与心理健康的关系 [J]. 中国心理卫生杂志，2006（06）：385-387.

殷颢文，毛曦，顾友梅．社会适应问题研究综述 [J]. 湘南学院学报，2017，18（03）：115-117.

翟晟．男性未成年犯偏差行为，自我控制及其影响因素的研究 [D]. 华东师范大学，2006.

张帆．关于青少年社会适应性影响因素的研究综述 [J]. 祖国，2013（2）：29.

张进辅，杨东．青少年学生疏离感及其发展的研究 [J]. 心理科学，2003（03）：415-418.

张俊，高丙成．学校氛围和父母自主支持对小学生学业倦怠的影响：基本心理需要的中介作用 [J]. 中国特殊教育，2019（01）：89-96.

张庆守．浅谈自我意识的建构与社会适应不良的调适 [J]. 福州师专学报，1997（04）：42-45.

张文娟，邹泓，梁钰苓．青少年父母支持的特点及其对社会适应的影响：情绪智力的中介作用 [J]. 心理发展与教育，2012（02）：160-166.

张严文，刘拓．父母消极教养方式对中国性少数心理健康的影响：基于 Bifactor 模型 [J]. 心理科学，2020，43（05）：1103-1110.

张燕，张涛．大学生心理幸福感与社会支持、压力应对的关系研究 [J]. 成才之路，2020（30）：22-24.

张玉强．父母积极和消极教养方式对大学生体育锻炼态度的影响 [J]. 廊坊师范学院学报（自然科学版），2013（03）：90-95.

张月娟．初中生父母教养方式、羞耻感及应对方式的关系研究 [D]. 广西民族大学，2018.

郑林科．父母教养方式：对子女个性成长影响的预测 [J]. 心理科学，2009（05）：245-247.

郑炎杰 . 家庭功能对青少年攻击行为的影响：疏离感的中介作用 [D]. 中南民族大学，2019.

郑圆皓，张卫，李盛兵 . 学校氛围与初中生学校适应：意向性自我调节的中介作用 [J]. 教育测量与评价（理论版），2015（04）：47-52+58.

周浩，龙立荣 . 共同方法偏差的统计检验与控制方法 [J]. 心理科学进展，2004，12（06）：942-950.

周永红 . 童年创伤经历与研究生主观幸福感的关系：应对方式的中介作用 [J]. 中国临床心理学杂志，2016，24（03）：509-513.

周云，刘建平，王鑫强，许秀芬 . 政策执行偏差严重程度对公众地方政府责任判断的影响机制 [J]. 心理科学，2018，41（4）：910-915.

周云，朱海，吴红琴，谢念姿 . 父母支持对中学生积极社会适应的影响机制研究 [J]. 岳阳职业技术学院学报，2020（3）：48-51.

周宗奎，赵冬梅，孙晓军，定险峰 . 儿童的同伴交往与孤独感：一项 2 年纵向研究 [J]. 心理学报，2020，38（5）：743-750.

朱苓苓 . 初中生手机依赖、自我控制与学业成绩的关系 [D]. 济南大学，2019.

朱卫红，顾永清，黄希庭 . 家庭支持对初中生应对方式的影响 [J]. 中国临床心理学杂志，2003，11（4）：305-306.

朱烨 . 校园氛围研究述评 [J]. 上海教育科研，2008（3）：36-41.

邹泓，余益兵，周晖，刘艳 . 中学生社会适应状况评估的理论模型建构与验证 [J]. 北京师范大学学报（社会科学版），2012（01）：65-72.

邹泓，刘艳，张文娟，蒋索，周晖，余益兵 . 青少年社会适应的保护性与危险性因素的评估 [J]. 心理发展与教育，2015，31（1）：29-36.

邹泓，余益兵，周晖，刘艳 . 中学生社会适应状况评估的理论模型建构与验证 [J]. 北京师范大学学报（社会科学版），2012（01）：65-72.

邹泓，张秋凌，王英春 . 家庭功能与青少年犯罪的关系的研究进展 [J]. 心理发展与教育，2005（03）：120-124.